U0092693

羅馬人的故事 VI

羅馬　和平

塩野七生　著
張麗君　譯

三民書局

作者介紹

塩野七生

一九三七年七月生於東京，畢業於學習院大學文學部哲學系，一九六三～一九六八年間遊學義大利。一九六八年開始寫作，於《中央公論》發表〈文藝復興的女性〉。一九七〇年，首部長篇作品《凱撒波吉耳抑或優雅的冷酷》獲頒每日出版文化賞，之後長住義大利。一九八二年以《海都物語》得到三多利學藝賞。一九八三年，獲頒菊池寬賞。自一九九二年起，以羅馬帝國千年興亡為題，著手寫作《羅馬人的故事》系列，並以每年一部作品的速度發表。一九九三年《羅馬人的故事I》獲頒新潮學藝賞。一九九九年再獲司馬遼太郎賞。二〇〇一年發行《塩野七生文藝復興著作集》共七冊。二〇〇二年榮獲義大利政府頒授國家功勞勳章。二〇〇五年獲日本政府頒贈紫綬褒章，二〇〇七年再獲文部科學省評選為文化功勞者。

三十周年經典紀念版序

《羅馬人的故事》新版發售之際，作者送給臺灣讀者的話

這部既不算是研究歷史的專業書籍，也不是歷史小說，在歐洲稱之為「歷史散文」的作品，我持續執筆了半世紀多，最在意的其中一件事情就是，為什麼這個國家能在完全認同個人思想與表現的同時，維持歷時長久的獨立與繁榮。

因而執筆了《羅馬人的故事》與《海都物語》兩部作品。《羅馬人的故事》是為了想知道大國發生過什麼事。另一部《海都物語》則是因為想了解，為何即使是小國，在確保個人思想與自由表達下，同時也能達成國家的獨立與繁榮。

其次，舉例古羅馬帝國與中世紀文藝復興時期的威尼斯共和國作為代表大國與小國的典範，也是有原因的。因為這兩國即使國家規模大小有所不同，卻都有能享逾千年長壽的共同點。

有些國家在鎖國的情況下也維持了長治久安。像是古希臘的斯巴達或江戶時期的日本。然而，持續開國方針而能長命百歲的國家卻很少。羅馬與威尼斯在這部分也有相同點。

我同樣建議目前居住在臺灣的各位讀者也務必閱讀《海都物語》。因為日本也是小國，而

臺灣也是小國之一。小國自有小國的生存之道，只要正視這個事實，也有付諸實行的強烈意志，就會讓國家邁向獨立與繁榮。

還有，如果可以的話，再推薦各位閱讀我的另一部「文藝復興小說」（暫譯，原名「小説イタリア・ルネサンス」）全四集，我會感到十分榮幸。在這部作品中我創造了兩位虛構的主角穿插在這段真實的歷史中。希望能讓讀者領會，個人的思想與表達的自由如何能成為創新的泉源。幾乎也可以換句話說，在那種無法保證絕對自由的社會下不會產生創新。因為正是這種自由，誕生了達文西與米開朗基羅為首的義大利文藝復興。而佛羅倫斯、威尼斯，無論在地理、人口規模上都只能算是小國。

儘管如此，大國的磨難也並未比小國少。羅馬與威尼斯相比的話，無論「磨難」的種類或數量，都令人感到十分類似吧。我覺得這才是閱讀歷史真正的樂趣。因為畢竟可以說「歷史總是一再重演，只是表現的型態不同」。

二〇二二年春天，於羅馬

塩野七生

修訂三版說明

《羅馬人的故事》不是一部正統的羅馬史。

塩野七生說：

我以「羅馬人的故事」為題，如果將日文的書名譯為拉丁文，故事與歷史的意義幾乎是相通的。……使用“Gestae”這個字，所謂“RES GESTAE POPULI ROMANI”，可直接翻譯為「羅馬人的各種行徑」。

換句話說，這是一部詳盡蒐羅史籍與資料，進而細膩描繪人物的經典作品。當我們隨著作者富有文學性的筆調，逐冊閱讀《羅馬人的故事》時，便會發現比起事實的陳述討論，塩野七生在這部作品裡更著重於「人」的故事。羅馬人在面對各種挑戰時如何解決？在面對強敵的進逼時，羅馬人是如何逆轉取勝？平息內憂與外患後，又如何迎向和平？羅馬著名的公共建設，其目的是「使人過得像人」？偉大的建築背後，隱含怎樣的思考邏輯？

無論思想或倫理道德如何演變，人類的行徑都在追求無常的宿命。

隨著作者的引導，我們得以像羅馬人一樣思考、行動，了解身為羅馬人，言行背後的思想與動機。羅馬從義大利半島上的一個小部族發跡，歷經崛起壯大，終致破滅衰亡的過程，不僅是歷史上一個橫跨歐亞非三洲的輝煌帝國史，或許也可在其中發現「羅馬人」的群體生活史。

在《羅馬人的故事VI——羅馬和平》，聚焦在建立羅馬帝國的首任皇帝屋大維身上，從他結束多年以來羅馬內亂、凱旋而歸後，如何由期盼回歸共和政體的元老院手中，一步步以合法的方式謀得後人眼中的帝政權威。身為最高實權者，他如何循序漸進的針對當時羅馬內政、社會、軍事、稅收等問題作出改革，為日後的羅馬帝國打下基礎。作者以模擬心路歷程的方式撰寫出奧古斯都在選定接班人的曲折過程，與瀟灑不問出身的凱撒不同，過度重視血緣的奧古斯都，在面對膝下無子、放蕩不受控的女兒、毫無血緣關係卻優秀的繼子的種種抉擇，使奧古斯都的立體形象躍然紙上。

希盼本系列能與您一同思考：羅馬何以成為羅馬？羅馬的千年興衰，對世界有何影響？更重要的是，羅馬人留給現代哪些珍貴的遺產？期待在讀完本書之後，能帶給您跨越時空的餘韻。

編輯部謹識

給讀者的話

本冊的主人翁奧古斯都(Augustus)並沒有像第III冊登場的蘇拉(Sulla)那樣大放異彩，痛快淋漓；也不像第IV、V冊的凱撒(Caesar)那樣性情愉悅外放，令人無法忽視他的存在。

第V冊後半曾經介紹過，本冊的主人翁奧古斯都每戰必敗，後來他只當掛名的最高司令官，無需再披掛上陣，打仗的事全部委任他人。因此，本冊既無緊張到手心冒汗的戰鬥場面，也沒有勝利逆轉的精彩情節可以擊掌稱快。如果說戰爭和政治會反映出最高責任者的性格，只能說奧古斯都缺乏凱撒的鮮明個性，這也是無可奈何的事。

話雖如此，在探究奧古斯都的生涯與功績的過程中，我從來不曾感覺無聊過。因為從三十三歲退出沙場到七十七歲迎接死亡的這段漫長歲月中，我覺得奧古斯都其實一直在另一個戰場努力不懈。

朱利斯·凱撒(Julius Caesar)說過的話當中我最喜歡的一句是：「沒有人願意看到現實的全部，大多數人只希望看到他們想看的部份。」

凱撒雖然這麼想，仍然試圖讓才華洋溢的領導層成員看到他們不想看的現實。雖然在《內戰記》中凱撒對叛亂份子沒有一句有損他們高貴情操的責難言語，但是，反而更讓讀者感覺到元老院的衰敗已是不可否認的事實。

然而，即使目標相同，凱撒指定的接班人——奧古斯都卻使用完全不同的手段，為什麼呢？

一、奧古斯都生性謹慎，事事小心。

二、只有活著，才有機會完成大事業，這是因凱撒被謀殺所得到的教訓。

三、奧古斯都自知不論在演說或是著述方面都比不上凱撒。

奧古斯都選擇了讓大家看到他們想看的現實，而他自己則直視著不想看到的現實部份，朝向目標邁進。

我想，這正是奧古斯都終其一生所要打的戰爭。

承繼天才偉業的「非天才人物」要怎樣完成天才都達不到的目標呢？這就是我下面要講的故事。

目次

第二章　統治中期 143

西元前十八年～前六年

奧古斯都（四十五歲～五十七歲）

第一章

統治前期

西元前二十九年～前十九年
奧古斯都（三十四歲～四十四歲）

年輕的最高權力者

西元前三十一年九月，在希臘西岸的亞克興角 (Actium) 海戰中，安東尼 (Marcus Antonius) 和埃及女王克麗奧佩脫拉 (Cleopatra) 的聯合軍吃了敗仗；隔年，西元前三〇年八月，兩位戰敗者在埃及分別以劍和毒蛇自盡。西元前二十九年八月，為了迎接凱旋歸來的屋大維 (Octavianus)，羅馬舉行了為期三天、壯麗的凱旋式，羅馬人民為之瘋狂。凱旋式是為了表達對天神的感謝之意，同時慶祝打敗外敵埃及，而安東尼這個名字再也沒有人提起。但是，只要是羅馬人，甚至小孩子都曉得，這一年的凱旋式代表羅馬長期內亂的結束，供奉戰神雅努斯 (Janus) 的神殿終於關上，象徵羅馬脫離戰亂狀態。對時代潮流特別敏感的詩人，例如：維吉爾 (Vergilius Maro)、霍雷斯 (Horace) 等等，都高聲吟詠出重返和平的喜悅。這時候，屋大維正要滿三十四歲。

凱旋式結束後的九月，屋大維宣布將在羅馬廣場 (Foro Romano) 中心建立一座獻給義父——神君凱撒的神殿，同時凱撒生前所計畫的元老院議場也將按照原訂計畫，緊靠著「凱撒廣場」(Caesar's Forum) 而建（現在所能見到的是後代改建過的，位置有少許偏離）。此外還決定於帕拉提諾 (Palatine) 山丘上建造阿波羅神殿。當時正在建設中的還有以戰神馬爾斯

凱撒廣場：復原圖
（左側後方是位於卡匹杜里諾山丘 [Capitoline] 的朱比特 [Jupiter] 神殿）

朱利斯 (Julius) 元老院議場：復原圖

(Mars)神殿為中心的「奧古斯都廣場」(Augustus's Forum)。

西元前四十二年，與布魯圖斯(Brutus)對決的腓利比會戰前夕，屋大維曾在馬爾斯神之前發誓，如果打贏此仗便建一座神殿獻給祂，這座神殿就是為了實現對馬爾斯神的誓約。而阿波羅神殿則是「亞克興角海戰」前夕向阿波羅許下的允諾。雖然阿波羅神殿所在的帕拉提諾山丘是高級住宅區，一般平民造訪的機會較少，但是阿波羅神殿並沒有因此而成為孤立的聖域，因為在旁邊還建造了正好符合阿波羅「詩神」形象的國立圖書館，館內收藏有希臘文和拉丁文的書籍。除了這座國立圖書館之外，凱撒廣場上也有一座，總共有二座國立圖書館。

羅馬人重視公共事業，最重要的公共建設（基礎建設，Infra structure）當然不會忘記。順帶提一下，英文的"Infra"原本就是拉丁文，是「之下」、

奧古斯都廣場：復原圖

「之中」的意思，而相對於英文的"Structure"，拉丁文中也有"Structura"（構造）這個字。可見社會資本的概念在古羅馬時代已經存在。

羅馬人一樣了解對基礎建設維修工作的重要性。屋大維成為最高權力者之後立刻進行基礎建設整頓工作，其中最重要的工程就是修建從羅馬往北的二條幹線之一——弗拉米尼亞大道，而全部工程由屋大維自費完成。

以上是傳統上羅馬將軍凱旋歸國之後會做的事。因為對天神表達感謝之意、以勝利之名行公共事業來回饋全民，是獲得凱旋式榮譽者的責任與義務。

不過，西元前二十九年時的屋大維不只是凱旋將軍而已，如同西元前八十二年的蘇拉、西元前四十六年的凱撒，他同時也是唯一的絕對權力者。這三位手中都握有反對派造反的證據——落入蘇拉手中的是馬留斯(Gaius Marius)派黨羽的名單，凱撒則連龐培(Gnaeus Pompeius Magnus)黨羽的祕密書信都有，而屋大維也掌握了一切安東尼派的情報，但是三人的處理方式卻完全不同。

蘇拉憑著手中的證物，將反對派連根拔除。四千七百位羅馬有力人士遭到殺害，資產被沒收，連子孫都不得擔任公職。

凱撒則是看都不看就把這些文件燒掉，而且不論是公開的龐培派或是其祕密黨羽，全部予以赦免，原來的公職也都得以繼續擔任。

而身為眾所公認的凱撒接班人，屋大維也承襲了他的「寬容」，甚至那些跟隨安東尼到最後的人也都再次坐回元老院的席位。只是，雖然大家都說證物全被燒了，但是親眼看到的人卻是一個也沒有。三十四歲的絕對權力者決定將反對派黨羽的祕密恐懼就這樣放著。

軍備削減

正當羅馬上下都為國內再度「融和」而欣喜不已時，年輕的絕對權力者又發表了這份令人欣喜倍增的政策——軍備削減。這個政策如果沒有得到軍隊實際指揮者——阿古力巴的同意與協助，絕對不可能實現的。

西元前二十九年，成為唯一勝利者的屋大維手中留有龐大的軍事力量。根據他自己的記載，有超過五十萬人的兵力；這是由於增加了安東尼派兵將的緣故。當時投降敵軍只要宣誓效忠勝方將領就可免除成為俘虜的命運，而安東尼和克麗奧佩脫拉尚未打到陸戰就敗北了，因此敵軍投降時幾乎沒有什麼傷亡。

屋大維決定大幅削減多達五十萬的軍力，但是又不能讓這些軍人孑然一身地離開部隊，他們未來的工作地點、所需的資金——也就是退職金都必須準備妥當，否則必然成為社會不安的源頭。

問題在於財源。克麗奧佩脫拉留下的「托勒密」(Ptolemaios) 財寶變賣之後，所得的金額全部投入還是不夠，屋大維不得不拿出私人財產來支付不足。

由於志願從軍者多半屬於無產階級，即使有財產也是僅有一點資產的次男、三男，不管他們決定返回故鄉或是到行省的殖民都市，從選擇入殖地到購買土地都是屋大維的工作，因為殖民地的開發規畫也包括在國家政策中。

基於以上因素，軍備力量的削減不可能在一朝一夕完成，但是可以想見屋大維內心必定十分著急，因為只要想到五十萬兵力的維持費用，縮編行動就一刻也等不了。確實完成縮編的時間並不清楚，只知道最後留下二十八個軍團十六萬八千人的軍力。

屋大維不只是因為局勢穩定所以削減軍備，實際上是想藉機提高軍隊的經濟效益，進行軍事改革。我認為這才符合「重整」之名。至於他令人感佩的軍事整頓，容後再敘。

屋大維所用的方法雖然和凱撒不同，但兩人的目的與考量卻無二致，他們都認識到羅馬已從擴張領土的時代進入到維持領土的時代了。只是當凱撒朝這個目標邁進之時已經五十出頭了，而屋大維幸運之處就在於他開始的時期比凱撒年輕了二十年。消化器官虛弱的屋大維在健康方面大概不如凱撒吧！但是五十歲和三十歲在時間運用上的想法必定不同，屋大維認為可以慢慢來也是理所當然的。

國勢調查

屋大維凱旋歸來的第二年——西元前二十八年，他和另一位執政官——阿古力巴決定實施國勢調查。上一次國勢調查是在西元前七〇年，龐培和克拉蘇擔任執政官時，所以這次是間隔四十二年之後再度實施。由於國勢調查也是羅馬恢復和平的證明，人人都欣然接受。不過，這一年所舉行的國勢調查 (Census) 並不同於往昔。

"Census" 是現代許多國家「國勢調查」的語源，相信大家都知道它的意義是指國力的綜合性調查。以往羅馬的國勢調查只調查人民資產以及十七歲以上成年男子的人數，目的是要了解兵役義務者的人數，而且調查對象也只限住在本國、擁有公民權者。

但是西元前二十八年實施的國勢調查，連同屋大維在世時另外二次調查（分別是西元前八年、西元十四年），這三次的調查對象似乎皆遍及女子、孩童甚至奴隸。不過，遺留到現代的史料中仍然只有一般視為最重要的調查項目——也就是擁有羅馬公民權的十七歲以上成年男子的人數。

屋大維自己記錄的數字如下：

西元前二十八年——四百零六萬三千人

西元前八年——四百二十三萬三千人
西元十四年——四百九十三萬七千人

這項調查數據必定使屋大維再度認清了凱撒生前也看到的事實，那就是羅馬式共和政體的極限。

為什麼這麼說呢？因為羅馬式共和政體的最高決策機關是集合所有具公民權者所召開的公民大會，像這樣有權的公民不斷增加，能夠到首都羅馬來行使選舉權的人數將日益減少。如此一來，公民大會只能反映極少部份公民的意見。而且西元前一世紀時，羅馬統治者不只要管理具公民權的本國人，還有人數多達十倍以上的行省人民。

四十二年前的調查中具公民權的成年男子數是九十萬人，為什麼四十二年間人數如此暴增呢？原因之一應該是凱撒賦予北義大利行省人民公民權，因此這一年的國勢調查便將人納入版圖。其次，從人數的激增可以推斷，此項調查必定擴及所有行省。事實上，從此之後，徵收行省稅時都是以國勢調查的結果為依據。不管做什麼事，先正確掌握現況是理所當然的。

調查結果最早出爐的是義大利本國以及羅馬公民殖民的行省，因為羅馬人對這種調查習以為常，而且執行工作的必要組織以地方自治體為中心就能成立。而對於行省則無法要求達到與本國相同的效率，等到結果出來已是幾年以後的事了。

一千五百年之後，文藝復興時期的政治思想家馬基維利（Machiavelli）曾說：「要實施新政

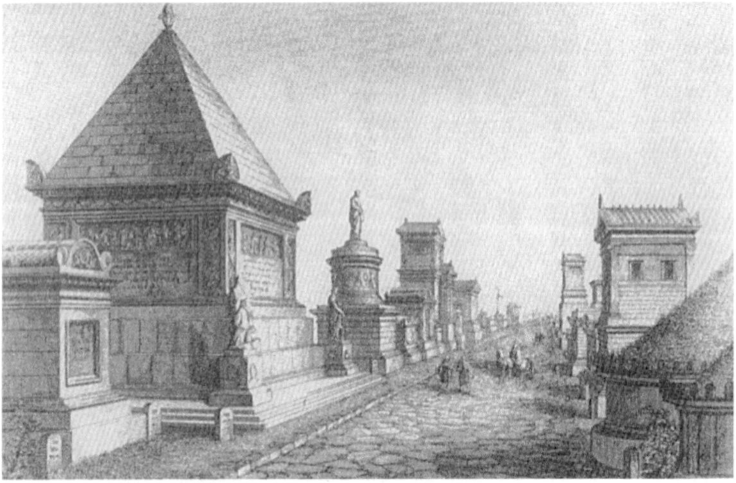
首都附近陵墓夾道的阿庇亞大道：復原圖

策的時候，不要給人們思考批評的時間，要一樣接一樣不停地執行。」這時的屋大維正是如此，彷彿他先替馬基維利的話做了示範。西元前二十八年，軍隊縮編正在進行中，遍及行省的國勢調查也已開始，屋大維又著手為自己的家族建造起墳墓了。

建設靈廟

古羅馬的領導者並不像建造金字塔的埃及法老那樣執著於身後事，也不像東方的專制君主那樣，為了誇示權力而建造靈廟，卻也不是對自己的墓園毫不關心，這點可以從現在仍並列在阿庇亞大道兩旁的墓園看出。甚至有模仿埃及金字塔建造的墳墓，但是規模之小則猶如狗屋與住家之比。而且陪葬品也只是一些日常用品，可見古代羅馬人對身後事並不很在乎，墓地對他們來說，

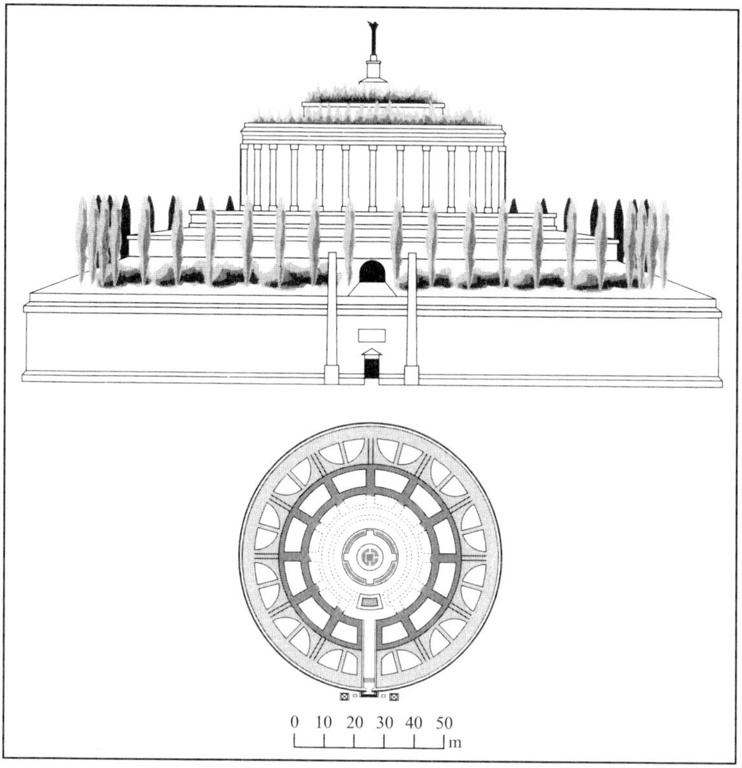

奧古斯都陵：復原圖（上）和平面圖（下）

充其量只是死後一處安身之地。

屋大維所建的墓園後來被稱為「奧古斯都陵」，位於從羅馬廣場直通北部的弗拉米尼亞大道，和從這一帶開始蜿蜒向南的臺伯河之間。現在這塊土地不但河岸工程完備，還有公路可供汽車通行，但在當時一定十分靠近臺伯河；就是被蜿蜒的臺伯河完全包圍起來，自古稱作「馬爾斯廣場」的北邊一帶。雖然「塞爾維斯城牆」已遭凱撒破壞殆盡，但是城牆內是共和政體時代羅馬市中心的概念仍舊存在；而這個墓園位在城牆的外側，所以並沒有違反不准在市中心設置墳墓的常規。

不過，直徑九十公尺的三段式圓形靈廟要不引人注意也是很難的。牆壁全是白色的大理石，間隔種植的絲柏樹提供整年的綠意。靈廟的外側圍繞著大理石的牆垣，最上方聳立著屋大維本人的銅像，比最上層的柏杉還要高出許多。入口向南，正對著羅馬居民常常聚集的「馬爾斯廣場」。

這座「奧古斯都陵」距離我的住處走路不用二分鐘，每次我打旁邊走過，都有一個疑問浮現心頭，讓我百思不得其解。

才三十五歲的男子會那麼急著想建自己的墳墓嗎？屋大維雖然體質虛弱，但是當時並未患有任何重病；而且在他之前，羅馬從來也沒有人建過如此大規模的墳墓。雖然二百年後哈德良(Hadrianus)皇帝也在臺伯河對岸建造了現稱為"Castel Sant Angelo"的大陵墓，但是之前仍以屋大維的「奧古斯都陵」最引人注目。

屋大維在帕拉提諾山丘上的住宅如此樸素，為何獨獨墳墓要造得那麼壯麗呢？平日他的行事作風並不會給人執著後事的印象，而且他時時不忘強調他是凱撒的接班人。既然凱撒對於建墳之事一點也不在意，為何他卻反常地對建造墳墓如此緊張呢？羅馬人對於王政復活本能地有排斥感，難道他不怕因為建造陵墓而引起人民的疑慮嗎？

事實上，「奧古斯都陵」的建造純粹是基於政治上的因素，而這位三十五歲的建造者也沒有忘記對最敏感的元老院施行懷柔政策。

情報公開

西元前五十九年凱撒初任執政官時所制定的法律，到西元前二十八年時仍然通用。當時有所謂的《日報》和《元老院議事報》，將元老院的討論事項、決議事項於會議次日全部公開，張貼在羅馬廣場的牆上，可說是一種「情報公開法」。在此之前，元老院一直是關著門辦事，一般民眾想知道他們在做什麼，只能從議員的發言、元老院公布的決議，或是召開公民大會時才有機會了解。而凱撒將元老院的運作從審議階段就公開於人民之前。元老院議員即使內心不滿，也不敢投票反對這個賦予人民知的權利的法案。

從元老院的立場來看，確實能夠體會他們的不滿，因為擁有祕密是增加權力最有效的手段。凱撒之所以促使元老院的運作透明化，除了使大家認同情報公開的必要性之外，也是為了搖撼元老院一直以來所頌讚的固有權力。

身為凱撒的養子，大家公認的凱撒接班人，屋大維卻修改了這項律法。自宣布修改法律的隔天開始，羅馬市中心——羅馬廣場便不再出現《元老院議事報》的張貼了。元老院的議員當然開心了。他們開始認為這個凱撒的接班人和專門破壞「元老院體制」的凱撒不同，他似乎有心認同元老院的權威。

不過，屋大維並沒有把實施了三十年，而且廣受好評的情報公開制度完全廢除，而是依照內容將《日報》和《元老院議事報》分開處理。

《元老院議事報》依舊是以速記方式記錄議會情形，然後全部交由「公文書庫」保管，想看的人都可以自由閱讀。這麼做同樣符合情報公開的理念，但是又不會像以往那樣，張貼在人來人往的市集中，連不想看的人也會在無意識間被迫接收訊息；這是只有真正想知道的人才會去閱讀的實際化情報公開法。對元老院議員來說，在這項改革之後，自己的發言再也不會在隔天立刻成為民眾茶餘飯後的話題，真是歡迎都來不及。

至於《日報》則改名為《官報》，逐一記錄政府各項政策、元老院的決議事項，以及公職選舉的結果等等，使本國的地方自治體和殖民都市的羅馬公民都能夠知道。後來到第二代臺伯留皇帝時，《官報》上更揭載了元老院的會議摘要，使得內容愈加充實。有學者就認為《官報》是現代報紙的鼻祖。《官報》發行百餘年後的一位史學家塔西圖斯(Tacitus)在他的著作當中有以下的記述：

「《官報》不只在羅馬公民聚居的羅馬軍事基地或殖民都市內流傳，甚至在行省人民之間也都有很高的閱讀率。」

《元老院議事報》、《官報》，以及持續了五百年以上、算是羅馬官方記錄的《最高神祇官記錄》，這三樣是了解羅馬人的正式資料來源。羅馬人深知正確資料的重要性，因此只要羅馬帝國存在一天，這三樣記錄就不會中斷。

重整元老院

因為廢止張貼公報而博得元老院好感的屋大維，立刻著手重整元老院。既得權利如果受到改革波及，元老院議員當然不會高興，但是屋大維卻以他們歡迎的方法實現了改革。而且，西元前二十八年的元老院正處於一種紛亂無序的狀態，這點連最頑固的保守派都無法否認。

西元前四十五年，凱撒降服了以龐培為首的元老院體制堅持派之後，將元老院議員的人數由蘇拉改革以來的六百人，增加為九百人，強力實施元老院改革。這些新增的議員包括：居住在行省的羅馬公民、剛被凱撒征服不久的中、北部高盧部落族長等。雖然同化戰敗者在羅馬已經有一段很長的歷史，但是這次凱撒的開放作風，連羅馬人自己也覺得吃驚，尤其是以自己出身為榮的西塞羅和布魯圖斯等元老院議員。

凱撒遭暗殺後，計畫奪取實權的安東尼為了鞏固自己的勢力，再度增加元老院議員人數。這個時期取得議席的人甚至被戲稱為「冥界所任命的議員」。因為安東尼自知比不上凱撒的聲勢，因此強調此次任命是凱撒生前既定的人選。

後來屋大維降伏安東尼之後，不但完全赦免安東尼派的議員，並且准許他們恢復公職，使內亂之後的元老院幾乎容不下所有的議員，據說當時人數超過一千人。屋大維則考慮將人數減至六百人。

首先，屋大維親自出馬，說服部份議員自行辭去議席，而這部份議員也都出乎意料地爽快答應，可以想見這部份議員必定是由凱撒所帶進元老院的高盧人。高盧人的地位總是比不上羅馬出身者，而且傳說凱撒被殺的真正原因就在於引進這些高盧人，所以屋大維首先排除這部份議員也不是沒有道理的。只是，行省人民因此有九十年的時間不被任用，直到克勞狄斯(Claudius)皇帝時代為止。這件事也是後世學者認為屋大維比凱撒保守的理由之一。

屋大維這麼一出馬，立刻就減少了七十位議員。由於形式上他們是主動辭去議席的，因此屋大維也不忘回報他們。今後凡是國家主辦的競技比賽或是劇場表演，都給他們保留與元老院議員同等級的座位。

接下來，屋大維對另外一百四十位議員採取了強硬手段，剝奪他們的席位。這一百四十位議員是在凱撒遭暗殺後的混亂時期進入元老院的，其中甚至有奴隸藉著攀附權貴而得以成為元老院議員。驅逐這些不合傳統議員身份的人，正好合了那些世代為元老院階級者的意，沒有反對的理由。而這一百四十位遭驅逐者當然不可能得到任何回報。

至此，雖已成功減少二百一十人，但是距離目標仍然多出近二百人，於是屋大維採取了下面的方法來向目標挑戰。

首先，由身為執政官的屋大維和阿古力巴兩人先各選三十人，接著由這三十人分別再選出三十人，然後被選中的人又再各選三十人，一直到滿六百人為止。

屋大維將元老院議員人數恢復為六百人也有助於他博取元老院的好感。羅馬建國之初，元老院人數是三百人，後來蘇拉把人數增加到六百人，凱撒又增加到九百人。只不過蘇拉的用意是強化元老院體制，而凱撒卻是想打倒元老院。屋大維將元老院成員回復為六百人的舉動，連共和派人士都認為是屋大維尊重元老院的證明。沒想到隔年，屋大維做了一件更令共和主義信奉者狂喜的事。

恢復共和宣言

西元前二十七年一月十三日，對著元老院座無虛席的議員，三十五歲的屋大維宣布從此恢復共和政體。

屋大維並不善於即席演講，遇有重要議事時，據說他都是照著預先準備好的稿子發表演說，這一天的宣言想必也是這樣。屋大維死後才被公開的《神君奧古斯都業績錄》裡面，有一段關於這件事的記述：

「內亂已完全平息，在吾第七度擔任執政官這年（西元前二十七年），將全體國民託付給吾的權力，全部歸還到元老院和羅馬公民的手中。」

根據別的史家記載，當時歷經劃平布魯圖斯等反對派，打倒安東尼這個對手，成為羅馬唯一權力者的屋大維，簡直像一位剛剛奮戰完畢，卸下冑甲的戰士，面對著滿座的元老院議員說了下面一段話：

「所有集中在吾身上的權力，今天全部歸還給各位。吾宣布，所有武器、律法，以及羅馬霸權下的領土，全部都歸還給元老院和羅馬公民手中。」

這等於是宣布軍事、政治、外交等決定權，全都回歸元老院及羅馬公民的手上。元老院議場在一瞬間如凍結了一般悄然無聲，但是下一刻立即響起如雷的歡聲。由於事出突然，平日一舉一動都講求穩重的元老院議員，居然表現得像孩童一樣。

所謂回歸共和政體就是意味著由元老院決策、經公民大會表決成立，被稱做寡頭政治的少數領導制又復活了。這種政體也可以說是「元老院體制」，是凱撒渡過盧比孔河(Rubicon)，甘犯國法也要打倒而且已經成功打倒的政體。聽到凱撒接班人這番等於是背叛凱撒的宣言，元老院議員之所以歡聲雷動，是因為想到自己又可以掌握羅馬這條大船的舵了。

為了防止權力集中，羅馬連國家最高官職——執政官都是兩人同任，只有三次曾發生所有權力都集中在一人手中的例子，那就是蘇拉、凱撒和這時候的屋大維。

蘇拉完成反對派大肅清之後，自任為無限期的獨裁官，大力推動強化元老院的國政改革，目標達成之後自行辭去屬於危機處理系統的獨裁官職位，表明他堅持共和政體的決心。只是之前蘇拉肅清行動的淒厲恐怖，讓元老院體制堅持派都深覺手中失而復得的政權似乎沾滿了血腥。

凱撒掌權之後赦免了所有反對派成員，而且同意他們回復公職；雖然避免了一場肅殺風暴，但是他就任「終身獨裁官」的行動，卻完全粉碎了西塞羅、布魯圖斯等共和主義者期待元老院體制復活的美夢。

屋大維掌握大權之後，也沒有採取報復反對派的行動，並且允許叛亂者恢復公職。如今他又發表回復共和政體宣言，等於是宣布內戰時期他所享有的一切特權都還給元老院和羅馬公民，無異議接受的元老院議員當然是喜不自勝。

屋大維放棄集於一身的特權，當然會得到共和政體下公民們的讚賞，只是，到目前為止他所擁有的特權到底有哪些呢？

一、三巨頭政治權。

二、義大利誓約。

三、世界的支持。

特權一是指西元前四十三年底由安東尼、雷比達(Lepidus)、屋大維三巨頭所組成的共鬥體制，史上稱作「第二次三巨頭政治」中的權力。不同於龐培、克拉蘇(Crassus)、凱撒私自組成的「第一次三巨頭政治」共鬥體制，「第二次三巨頭政治」是得到公民大會同意的，可說是合法的「危機處理系統」。

不過，由於西元前三〇年安東尼敗亡自殺，之前雷比達又已引退，「第二次三巨頭政治」早已有名無實了。而且「第二次三巨頭政治」組成的第二年，就強力實施反對派肅清政策，還製成了反對派名冊，受波及的羅馬人達二千三百位，使得「第二次三巨頭政治」染上了血腥和恐怖的印象。在這次肅清行動中，名列反對派名冊之首而遭殺害的西塞羅，是犧牲者當中最有名望、最受尊敬的人物。而屋大維特別派西塞羅的兒子到元老院去報告「亞克興角海戰」戰勝安東尼的結果。由於屋大維也參與了反對派名冊的製作，西塞羅之死他理應負一部份責任，但是因為他戰勝了安東尼，結果撲殺反對派的負面印象全都轉嫁到安東尼身上了。因此，放棄「三巨頭政治權」反而是比較有利的選擇。

特權二的「義大利誓約」是西元前三十二年，屋大維面臨與安東尼及埃及女王克麗奧佩脫拉決一死戰的時刻，向義大利半島所有公民要求的誓約。義大利所有的地方自治體對屋大維的回應就是選出屋大維為「為保衛羅馬國而進攻埃及的最高司令官」，並且宣誓對他效忠。因此，這項特權也是以危機處理為目的而產生的，安東尼和克麗奧佩脫拉死後，如果再繼續保有這項權力，可能會被誤解為共同體的私有化。

特權三——我不得不直譯為「世界的支持」，其實內容是義大利以外的羅馬行省賦予屋大維如同「義大利誓約」的特權。由於當時羅馬帝國的東半部都在安東尼的手中，所謂「世界的」，其實只有羅馬西半部而已。不過，它的意思就是代表連行省人民都一致支持屋大維。

「義大利誓約」並不止於口頭上的誓言，還包括承認屋大維擁有士兵召募權，並且願意負擔臨時稅。但是「世界的支持」並無承諾上述義務，甚至連行省稅都未增加。屋大維只是希望當他出發到東方決戰之時，自己的背後，也就是世界的西方能夠維持穩定，直到事情告一段落。

總而言之，第三個特權也是因應危機而生的臨時特權。既然戰爭已告結束，還是放棄比較恰當；尤其是特權二，因為包含了臨時課稅權，如果再繼續保有，可能被誤會為與民意作對。

儘管事實上放棄這三項特權反而對屋大維比較有利，不過這些特權也確實與羅馬式的共和政體相牴觸，因此屋大維宣布回復共和政體並非謊言。

只是，屋大維並未放棄一切權力，使自己降為與元老院議員同等的地位。那麼，他沒有放手的是什麼呢？

首先，他沒有辭掉執政官的職務。屋大維在西元前四十三年，以十九歲的年紀首度被選為執政官，然後從西元前三十一年開始又連任該職，到西元前二十七年宣布回復共和政體那年，他正處於第七度的執政官任內。執政官是共和政體中的國家最高職位，屋大維甘冒可能違法的危險，也要保住這個職位。

如果大家覺察到這個實情，那麼，聽到屋大維的：「所有武器、律法，以及羅馬霸權下的領土，全部都歸還給元老院和羅馬公民手中」宣言，可能會有完全不同的感想了吧！不會只因為回歸共和政體而歡喜萬分。不過，即使屋大維接連數次擔任執政官，由於執政官是常設官職，與他宣布要放棄的特權並不衝突，因此也不能說他說謊。

屋大維第二項沒有放棄的是平常使用「大將軍」(Imperator) 稱號的權利。「大將軍」本來是羅馬士兵在戰爭勝利之後對勝利將軍的敬稱，凱撒就有平日使用此稱號的權利，而且他的形象與這個稱號完全相符。但是全羅馬的人都曉得，屋大維打仗靠的是阿古力巴上場指揮。雖然如此，不止是凱撒了解這個「大將軍」稱號在羅馬人心目中的份量，屋大維也一樣清楚，因此他以世襲的方式保有了這個稱謂的日常使用權。從此以後，凡是他所興建的建築物上，經常可以看到他的名字前面刻有「大將軍」(Imperator) 的縮寫 "IMP"。不過生性謹慎的他極力避免使用這個稱號，以免讓人有軍事方面的聯想。像他在寫《業績錄》的時候就從來不用。

「大將軍」的稱號以世襲方式傳遞可謂意義重大，代表軍隊指揮權代代相傳，不就是實質上的帝政嗎？西元前二十七年，當屋大維宣布回歸共和政體時，不知道有幾個羅馬人察覺出這個「大將軍」(Imperator) 將會成為「皇帝」的意含呢！

屋大維未放棄的第三項權力是「第一公民」(Princeps)的稱號。這個稱號在古羅馬只是代表國家公民中的第一人，引申之後也可用來指稱領導人。西元前二十九年，元老院為了感謝三十四歲的屋大維打敗安東尼，結束國家長期內戰狀態而贈予他這個封號。雖然屋大維有權在任何時候使用「大將軍」的稱號，但是自重的他不願濫用這個帶有軍事意味的稱號，因此有了「第一公民」的封號，無疑像是提供了便利的隱身衣一般。

如果說「大將軍」的封號對共和主義者隱含著挑釁的意味，那麼「第一公民」就完全沒有這份疑慮了。打敗漢尼拔贏得第二次布尼克戰役(Punic War)的西比奧・亞非利加努斯(Scipio Africanus)也曾受贈過「第一公民」的稱號。這個類似隱身衣的稱號發揮了驚人的效果。羅馬時代的史學家在寫到不久後成為「奧古斯都」的屋大維時，多半以「第一公民」稱之，而非「凱撒」(屋大維是凱撒的養子)。屋大維自己在《業績錄》中也曾三度以這個稱號稱呼自己。也許因為這個「第一公民」稱號的緣故，有些學者甚至將此後屋大維執政的時期稱為「元首政治」而非「帝政」。三十五歲的屋大維不只欺騙了同時代的羅馬人，難道連後世的研究者也被騙過了嗎？以上是西元前二十七年屋大維宣布回歸共和政體時，所放棄和未放棄的權利。問題是，宣布回復共和政體的屋大維由此得到了什麼？

「奧古斯都」

回復共和政體宣言不過宣布三天，一月十六日元老院就一致通過要贈與「奧古斯都」的封號給屋大維。

屋大維自己在《業績錄》中有如下記載：

「為了答謝吾宣告恢復共和，元老院決議從此以後稱呼吾為『奧古斯都』，並且附加以下的榮耀。

吾住屋玄關兩邊的側柱以月桂樹裝飾，門上置放『公民冠』。而為了感謝這次吾的決斷、寬容、公正、慈愛，元老院與羅馬公民決定將此事雕在黃金的盾牌上，並將盾牌保存在元老院議場內。

從今而後，吾的權威雖在萬人之上，但是吾的權力絕未超越任何一位同僚。」

這段記載沒有什麼咬文嚼字，是平鋪直敘的文章，內容也沒有說謊，只是最後一段卻未必是事實。不過對屋大維來說，除了這麼寫之外，大概也不可能有別的寫法。因為這時候的他正在一齣超大型政治劇中演出，而這齣劇我想連想像力豐富的凱撒都會讚賞的。

這整個贈與封號的過程只能以「絕妙」來形容。理由有三。第一，從宣布回歸共和到決定贈與「奧古斯都」封號，只隔了三天的時間。第二，提議贈與「奧古斯都」封號的人選。第三，為何是「奧古斯都」這個封號而不是別的。

三天，剛好夠議員們充分品嚐回復共和政體的喜悅滋味，但又還來不及去探究這突如其來的宣言背後可能隱藏的意義。可以說三天的時間不早也不晚。

至於提案的人選，以人選稱之是因為確信整個過程都是按照計畫周詳的劇本來展開的，因此這個提案人也絕非偶然。

平常要九天後才召開的元老院會議，那一次不知道為什麼，三天後就召開了。而在會中提議贈與「奧古斯都」封號的是備受同僚尊敬的元老院議員波利奧。

波利奧是一名教養良好的武將，生於西元前七十六年，西元前二十七年一月當時正要步入四十八歲。波利奧的父親只是地方上的有力人士而已，他之所以能夠走上高級公職的路（所謂的「榮譽公職人員」），全是由於凱撒的拔擢。

西元前四十九年一月，二十六歲的波利奧跟隨凱撒渡過了盧比孔河，他也是西塞羅口中「羅馬的年輕激進派」的一員。凱撒所著的《內戰記》中完全沒有提到盧比孔河渡河的情形，後世的人都是從波利奧留下來的記錄中，才有幸了解當時的實況。

同年四月，波利奧被任命為三十五歲的古里奧副官，他們遵照凱撒的戰略，先征服西西里，再往北非前進。

八月，古里奧因為戰敗而自殺，剛滿二十七歲的波利奧帶著僅剩的殘兵回到西西里。

凱撒將他升為軍團長，此後波利奧就一直在總司令官凱撒之下工作；包括和龐培對決的狄爾哈強攻防戰、法爾沙拉斯會戰、在北非大敗龐培黨羽的塔普索斯戰役，以及在西班牙降服龐培之子的孟達會戰，他全都參加了。

西元前四十四年，凱撒出發遠征帕提亞(Parthia)之前，任命三十二歲的波利奧在他遠征東方期間，擔任西班牙行省的總督。即使在凱撒遭到暗殺後，他之前所策畫的人事布局並未更動，因此波利奧離開了局勢動盪的羅馬，照預定行程出發前往西班牙赴任。

但是當凱撒的遺囑公開之後，安東尼和屋大維之間形成一種微妙的牽制狀態，而這時期波利奧公開地以安東尼派自居。也許是因為波利奧和安東尼都曾在凱撒手下共事，還存有同袍之誼的緣故吧！當初安東尼和屋大維的聯合軍與布魯圖斯及加西阿斯(Cassius)對戰時，波利奧也是在安東尼軍下參戰。

安東尼後來逐漸受克麗奧佩脫拉的影響，終於演變成與屋大維率領的羅馬軍對峙，這時波利奧無法再站在安東尼那邊了。但是屋大維也尊重他無法對安東尼扯開弓箭的心情，並沒有勉強他參戰。所以亞克興角海戰以及次年安東尼自殺的消息，波利奧都是在義大利接獲的。

追隨安東尼的羅馬人都得到屋大維的寬恕，甚至回復公職；因此，波利奧應該也可以重新開始中斷了的公職生涯，四十六歲的他仍然有足夠的精力在戰場上衝鋒陷陣。然而波利奧只保留凱撒給他的元老院議席，其他公職全都辭掉，選擇過另一種知性的優雅人生。為此，他贏得了不逢迎獻媚的清流名聲。

屋大維很有眼光的選上波利奧，幾乎令人難以置信他才三十五歲的年紀。因為如果選擇同派人士來提案，一定會讓元老院議員起疑；但是如果託付給暗地裡仍然尊敬布魯圖斯的共和主義者，又不曉得要等到何年何月。這種事情如果不速戰速決，很容易失敗的。

「奧古斯都」這個稱號正合屋大維的政治感覺，相信一定是經過深思熟慮之後才做的選擇。

羅馬人是一個愛用外號的民族。像西塞羅的好朋友雖然叫阿提克斯，但也不是他的本名，因為他最愛的希臘起源於阿提卡 (Attica) 地方，所以就取了一個意為阿提卡人的外號。這個愛取外號的傾向到了重要人物身上就轉變成取尊號了。

打贏漢尼拔的西比奧被稱做亞非利加努斯，意思就是征服北非迦太基 (Carthago) 的人。西比奧出身的柯爾涅留斯一族是羅馬的名門世家，其中的西比奧家族要人輩出，西比奧後面加上亞非利加努斯就可以與別個西比奧有所別，是尊稱也是方便。

同屬柯爾涅留斯一族的蘇拉，擁有包括降服潘特斯國王米斯里達茲等眾多功績，本來贈予他一個尊號也是應該的，但是他收服了馬留斯 (Marius) 派黨羽，掌握絕對權力之後，開始實行冷酷恐怖的肅清行動，結果誰也沒想要送他一個尊號。即使蘇拉的虛榮心並不重，但是似乎也不滿自己沒有任何稱號，於是就送給自己一個「菲利克斯」的稱號，意思是「幸運之神眷顧的人」。

這位大家最怕成為他敵人的人物死後，沒有人再以蘇拉．菲利克斯來稱呼他。對蘇拉而言，他自己也許是一位「幸運之神眷顧的人」，但是對在反對派肅清行動中遭他殺害，沒收財產，甚至子孫都被剝奪公職就任權的人來說，簡直一點也不「幸運」。

龐培也是有尊號的人，他的尊號是「馬尼斯」，意思是「偉大的人」。龐培身為蘇拉門下的俊傑，年紀輕輕就非常活躍，尤其是殲滅海盜一戰，成功稱霸東地中海海域，成為一名受人矚目的武將。「馬尼斯」就等於"The Great"，與亞歷山大大帝並稱。

凱撒生前沒有外號也沒有尊稱，或許是因為他打敗了「偉大的龐培」，大家實在不曉得該封他什麼更高的尊號才好。不過凱撒死後被神化，「神君凱撒」就成了他的尊號。

由羅馬人愛取外號的習慣來看，贈封號給對國家有功績的人絕不是什麼特殊的待遇，問題在於贈什麼封號。屋大維雖然立了平息內亂的大功，但是實際上指揮戰鬥的卻是阿古力巴，因此驍勇善戰的稱號並不適合，而屋大維本人又不甘心只得到一個與先人相似的單純稱號。

奧古斯都 (Augustus) 這個字在古羅馬是指神聖受崇敬的東西或是場所，完全沒有武力或是權力方面的暗示意味。而且，由於羅馬是多神教的世界，雖然這個字有神聖的意思，卻還不到獨一無二、絕對權威的地步。別忘了，連街頭的小廟也算是神聖受崇敬的場所。

三十五歲的屋大維為自己所選的稱號就是這個「奧古斯都」。為了得到這個稱號，他挑選了不攀炎附勢、聲譽清白的波利奧來擔任提案人的角色，而且時機是在回復共和宣言發表三天後，趁大家尚未從共和政體復活的興奮中清醒過來之際，經由受贈的方式得到這個稱號。西元前二十七年一月十六日出席會議的元老院議員，必定認為「奧古斯都」這個稱號不會和權力扯上關係，這點可以從他們附贈屋大維的其他榮耀中看出來——住屋玄關側柱飾以月桂樹的枝葉、玄關門上掛「公民冠」，以及將這件事蹟刻在黃金的盾牌上，安放於元老院議場，以感謝屋大維手握所有大權仍然願意回歸共和政體。其中「公民冠」和「盾牌」另有深厚的含意。

首先，我們都知道「盾牌」的防守意義大於攻擊之意；而所謂的「公民冠」是以橡樹葉編製而成，不同於月桂葉編成、代表勝利者的「月桂冠」。「公民冠」是獎勵羅馬士兵救援友軍成功的勳章。有趣的是，羅馬士兵認為得到這個「勳章」比當上攻擊先鋒是更高的榮譽；奧古斯都也比較想得到「公民冠」。因為與其拿到和他形象不符的月桂冠，不如「公民冠」還可以彰顯他平息內亂，使羅馬國免於崩潰的功績。

事實上，看看遺留至今為數眾多的奧古斯都像，其中極少有戴月桂冠的肖像。可能正因為他本身比較偏愛公民冠，所以戴公民冠的像也就呈現壓倒性的比例。

不過，元老院全場一致通過贈與的「奧古斯都」尊號，事實上並不是如元老院議員所想的那麼與權力無緣。

表面上，奧古斯都這個稱號給屋大維帶來的是權威而非權力，但實際並不止於此。經過十四年的權力鬥爭之後成為唯一最高權力者的屋大維，憑著他的威信，所發言論份量之重當然是其他人所不能比擬的。前面提過，屋大維所放棄的權力全都是有害無益的；而且後面還會看到，軍事上的最高權力他根本沒有放棄。像這樣的人物再添上權威會變成什麼情形呢？結果就是無論在議場發言或是決策時，從屋大維口中說出的話，在元老院議員或是一般公民心中必定具有不同的重要性吧！奥古斯都自己寫過：「從今而後，吾的權威雖在萬人之上，但是吾的權力絕未超越任何一位同僚。」理論上是這樣，實際則不然。

奥古斯都身為執政官，他的同僚，也就是另一位執政官，通常都是阿古力巴。阿古力巴一直是奥古斯都的左右手，但是他缺乏像屋大維在變成「奥古斯都」時所獲得的權威，因為他並沒有受封賦予他權威的稱號。所以奥古斯都的權力根本就超越了他的同僚。

有位研究者對這時期的奥古斯都作了如下的批評，我也是深有同感。他說：「奥古斯都卓越的政治手腕在於他的所作所為完全合法。」

何謂卓越的手腕呢？奥古斯都所做的每件事都合乎共和政體下的法制，但是這些全部加起來，最終將會導向共和政體下絕對不合法的帝政。

西元前二十七年，對當時大多數的羅馬人而言是慶祝恢復共和政體的一年；但是在後人眼中，即使只是半世紀後，這一年卻是帝政正式開始的一年。

從這一年起，屋大維的正式名稱變成了：「大將軍・朱利斯・凱撒・奥古斯都」(Imperator Julius Caesar Augustus)。

一個宣布恢復共和政體的人有這樣的名字，變得有點諷刺。

照我看來，三十五歲的奧古斯都對這種情況完全有自覺，因為他連要以何種面貌將自己主導的新生羅馬介紹給大家都考慮到了。以他三十五歲的年紀，實在是頭腦清醒得令人感到恐怖。

形象作戰

奧古斯都是少見的美男子。當凱撒指定當時十七歲的美少年奧古斯都為後繼者時，長相粗俗的安東尼氣得幾乎口出惡言。即使步入三十歲以後，奧古斯都年少時的美貌也未見衰退，而且由於十八歲登上政治舞臺之後，十四年來征戰布魯圖斯、安東尼等人，在天生的美貌上又添了一份自信，三十歲以後的奧古斯都給人的是一種「男子漢」的美感。

不過奧古斯都的美不僅是形體上的；無論在說話或是傾聽的時候，他都流露出一股深不可測的寧靜和明朗，這種氣質給人的印象遠超過他的容貌之美。

古代羅馬的史學家蘇埃托尼烏斯 (Suetonius) 描述奧古斯都是「少有的美男子，但並不愛打扮。」也許正因為天生俊美，不需要再花太多心思在上面。不過三十五歲的奧古斯都很清楚自己此時處於顛峰的美貌，具有多大的力量。

雖然隨著時間流逝導致風化和破損，再加上基督徒的破壞，但是古羅馬雕像中遺留下來

左、中：奧古斯都肖像
右：刻在奧雷斯金幣（西元前 2 年～西元 1 年左右）上的奧古斯都像

最多的還是首位皇帝的像。從羅馬帝國全境都有奧古斯都雕像出土的事實看來，當時想必製造了很多，然後派發到全國各地，至於存留最多一定是因為機率的緣故。

但是這些出土雕像全都是以三十幾歲的奧古斯都為模特兒，除了一尊疑似他晚年的頭像之外，其他全都明顯可以看出是四十歲之前的奧古斯都。奧古斯都活到七十七歲的高齡，老年時代就不管了，但是羅馬人公認四、五十歲為壯年期，奧古斯都也沒留下一尊可以了解他當時形象的雕像。將自己成熟的形象留下來無疑是比較自然的，而且蘇埃托尼烏斯也曾寫道奧古斯都的魅力到老也未見減退。

我想，奧古斯都是故意將自己的公眾形象限定在三十幾歲的青年期。奧古斯都的責任是將凱撒留下的藍圖付諸實現，為了要凸顯自己和比較晚才開始公職生涯的凱撒有所不同（凱撒只留下五十幾歲的雕像），強調自己的年輕不正是最容易又最有效的方式嗎？而且奧古斯都所要建立的新生羅馬，也是想要給人和平、開朗、無攻擊性的印象，這正好與他三十幾歲充滿活力的形象不謀而合。奧古斯都準備建立的羅馬新秩序，乍看之下似乎與雕像、錢幣毫無關聯，但是其實特性都顯示在其中了。

作家眼中的奧古斯都

在羅馬史上，奧古斯都的重要性僅次於凱撒，不，應該說和凱撒同等程度。集結了二十世紀多位舉足輕重的學者論文而成的《羅馬通史》中，奧古斯都所占的頁數也足以和凱撒匹敵。因此可以說奧古斯都的一生非常具有寫成詳細傳記的價值，而且不愁魅力不夠。

但是，奧古斯都的傳記卻十分少見，不曉得有沒有凱撒的十分之一，這還是指學者所寫的傳記，至於作家為他寫的傳記可以說根本就沒有。至少，有作家之名的人都沒有寫他的傳記。為什麼會有這樣的情形呢？一定有其原因存在。根據我的推斷，可能是以下三個因素：

第一，奧古斯都不是那種可以強烈觸動作家心絃的類型。前面敘述過，他並不是一個沒有魅力的人；相反的，其實是魅力十足。只是他的魅力不是那種能使作家胸中一熱的魅力，反而會讓作家的腦袋益發清醒。換句話說，前者令人感動，後者令人感佩；也可以說是改變時代潮流的男人與之後使這股潮流穩固下來的男人之間的差別吧！

不過，凡是選擇以文章為表現方式的人就知道，能激發熱情的魅力對作家來說有多重要，因為只有在心靈被深深觸動的情況下，才有可能寫出超越自己現狀的作品。

日本的出版界有一個迷信，那就是只要是寫織田信長的書一定可以賣得好。雖然喜歡信長的讀者很多也是原因之一，但是我認為日本的歷史人物當中，尤以織田信長最能打動作家的心，受到感動的作家因而寫出超越自己的作品。本來就喜歡信長的讀者，由於發現好的作品，更是樂意去閱讀，於是才出現那種「迷信」的說法。

第二個因素是，與凱撒相比較，奧古斯都的事蹟當中有不少難以下筆的事。奧古斯都老年時，地位已經穩固，於是提筆想寫自己的回憶錄，結果也是中途放棄。有的學者認為他是不願意被拿來與凱撒的好文筆比較，但是我想，奧古斯都會不會是寫一寫，發現自己的生涯終究難以整理，乾脆把它丟入垃圾筒不寫了。

那麼，到底奧古斯都的傳記難寫在哪裡呢？

奧古斯都並不是那種按順序來解決問題的類型，如果以畫畫來比喻，大概是這樣的：凱撒是在寬廣的壁面上以他獨特的「快攻」法畫出濕繪壁畫(Fresco)，完成一個壁面之後，立刻轉向旁邊的牆壁挑戰；就這樣在旁觀者的感嘆聲中快速地完成一面又一面的壁畫，結果寬闊的沙龍裡放眼望去，四面全都是鮮麗耀眼的大壁畫。

奧古斯都和凱撒不同，他有充分的時間可以畫。寬敞的沙龍中架設了大大小小為數眾多的畫架，但是奧古斯都並不是一幅畫完再畫一幅。他最初只在大多數的畫布上輕輕地描上素描，但是偶爾也有一氣呵成的作品；那是因為他判斷將該幅畫完成，呈現在觀眾面前比較有利的緣故，也就是趁機造成事實以示人。例如：宣布恢復共和政體、促成元老院奉上「奧古斯都」稱號時的演出都是這樣；至於其他畫作則要花上一段時間才能完成。偶爾他覓得不錯的時機，就回到畫架前稍稍加上幾筆。這種動作不斷重覆，一般觀眾開始感到不耐煩，注意力也漸漸轉移了；但這正是奧古斯都動筆的大好機會，而油畫就在大家不知不覺中全都完成了。

另一個非列舉不可的原因是，相較於凱撒時代，奧古斯都時代的史料實在嚴重不足。

首先，身為主角的奧古斯都自己就沒留下什麼著述。雖然他著有《神君奧古斯都業績錄》，但是內容簡直就像一般書籍的目錄一樣，列舉了三十五項他希望他的同胞或後人知道的事。雖然其中沒有任何捏造不實的部份，但是事實也沒有全部呈現出來。

而且這《業績錄》中連事件的時間、經過都不明確，因為作者奧古斯都有政治上的顧慮，無法全部記述所有細節。至於由歷史學家李維斯 (Titus Livius) 以第三者的立場所寫的《羅馬史》，則由於基督教對羅馬的興隆以及羅馬和平毫不關心的緣故，在中世紀基督教統治之下，消滅殆盡。

此外，凱撒時代還有希爾提斯和薩斯提斯等凱撒部下的證言，奧古斯都時代卻沒有。再加上奧古斯都時代並沒有像西塞羅那樣熱衷政治、勤寫書信、收集情報的人物，如果想了解該時代的情況，必須從後代的史書、碑文、紙莎草紙文書 (Papyrus)、貨幣等，一點一滴挖掘出事實，再像拼馬賽克 (Mosaic) 一樣拼湊出一個大概。如果奧古斯都做事是循序漸進式的，那還有可能為他寫出編年式的傳記，但是奧古斯都完全不是這樣的人，因此整理起來非常困難。

既然如此，那麼學者們又是如何處理這位碰觸羅馬史時，不可能不管的重要人物呢？簡單來說，就是依照奧古斯都的政策以分類方式來敘述，例如：政治改革、行政改革、貨幣改革、社會改革、軍制改革等等。即使是這種敘述法也很令學者感到困擾，因為光是軍制改革一項，奧古斯都就花了二十八年才完成。

這種分類敘述的傳記雖然可以從中了解奧古斯都的功績，但是卻無法體會到他的特質，也就是他能夠平安活到七十七歲高齡的原因——深謀遠慮的個性。換句話說，這種寫法無法使人了解奧古斯都這個人。如果只是當作學問來研究，也許這樣已經足夠，但是對於不是學者的我來說，可不能這樣就算了。因為我所關心的並不是奧古斯都的成就，而是他的個性、做事方法，他是什麼樣的人？又以何種方式完成了什麼事？等等。

雖然我這麼想，但是我也不可能再去發現什麼新的史料，還是會遭遇和學者們一樣的困擾，因此我只能盡可能地採編年體的方式敘述，在適當時機再將他的功績做一完整的呈現。所以有些事情也許在奧古斯都畫上素描時，我會先做簡短的介紹，等他把油畫完成之後再詳盡地敘述。

採用這種敘述的方式，還有三件事無論如何必須先在這裡提一下，因為這三件事在西元前二十七年時必然已經描上素描了。第一件是中央政府的行政改革。第二是行省的統治方針確立。第三件則是軍制改革的事。而這三件事在奧古斯都的《業績錄》中一句話也沒有提到。為什麼一句話都不提呢？我想是因為奧古斯都認為不要提及比較好吧！因為這三件事如果與宣布回歸共和扯在一起，就會凸顯出他言行矛盾之處。

「內閣」的創設

奧古斯都將元老院重整完畢之後，立刻著手創設這個以現代的說法相當於是內閣的組織，這時奧古斯都正是三十六歲左右的年紀。這個“Concilium Princepium”（直譯是第一公民的輔佐機關）是以奧古斯都（第一公民）為中心，再加上執政官兩人以及法務官、審計官、財務官、按察官等代表各一人，加上從元老院議員中抽選出來的十五人所共同組成。英文“Council”的語源就是“Concilium”這個字。而這個“Concilium”所做的決定具有與元老院體制的強力武器——「元老院諍言」同等的效力。

乍看之下，這似乎是非常民主的改革，因為除了奧古斯都之外，還包括十五位元老院議員等，是多人組成的合機關，由於合議制的外表，以及成員中包括十五位抽選出來的元老院議員，因此即使這個「內閣」的決議被定為與元老院的決議效力相等，元老院也沒有反對。

內閣創設時，身為「第一公民」的奧古斯都還兼任執政官，當時另一位執政官是阿古力巴。如果把法務官、審計官、財務官以及按察官的代表算作奧古斯都派，就一共有六票，而由於元老院的十五位代表是抽選出來的，不能隨「第一公民」任意擺布，因此順利的話，元老院可以有十五票的力量，遠超過奧古斯都的六票。

但是，我想大家一定立刻看出來，實際上這樣是行不通的。為什麼？雖然「第一公民」、「奧古斯都」等稱號只是一種權威象徵，不具有「否決權」，但是執政官卻是握有實權及否決權的。內閣創設時奧古斯都正好是執政官，假使元老院的十五人提出與奧古斯都相左的政策，奧古斯都只要使用否決權就可以推翻掉。雖然執政官兩人都有否決權，但是另一位執政官阿古力巴可說是奧古斯都親信中的親信，根本不用擔心他有反對意見。事實上，“Concilium”的決議根本就不可能與奧古斯都的意見相左。

不過，「內閣」的決議只是與元老院的決議具有同等效力，並沒有超越其上。因為當初如果奧古斯都將內閣決議的效力定在元老院之上，勢必引起元老院的反彈，於是奧古斯都決定以另一種方式解決這個難題。

奧古斯都將元老院的定期會議減少成每個月初一和十五兩次，而且每年有二個月的休會期。另一方面，「內閣」則是全年無休，有需要就召開，這麼一來，兩個決策機關的重要性就分出了高下。名義上兩者的決議是同等效力沒錯，實質上根本就不一樣。

統治行省的基本方針

派遣總督的行省統治權，長久以來為元老院所獨占。蘇拉的國政改革規定，必須具備執政官或是法務官經驗者才能擔任行省的總督，而在只有元老院議員才能夠擔任執政官和法務官的前提下，結果就是只有元老院的人才能擔任行省的總督；而且在共和政體之下，軍團指揮權只授與行省總督，因此，獨占總督派任權就等於是獨占軍事力。

打破這個情況的是凱撒。他尊重行省總督必須是元老院議員的這個條件，因為元老院確實也等於是國家的領導人才庫，不過總督的任命權就被凱撒拿走了。

西元前二十七年，屋大維宣布恢復共和政體之後，行省總督的任命權理應歸還給元老院，因為羅馬的共和政體不是由君主一人獨裁，而是由六百位元老院議員共同執政的少數領導制。但是為了表示對奧古斯都這位年輕的最高權力者宣布回歸共和的感激，元老院不只奉上了尊號，連行省的軍事權也委由他來負責，直到和平確立為止。

堅決反對凱撒的西塞羅、小加圖 (Cato)、布魯圖斯都已經不在了，元老院也從實際經歷過共和政治的一代移交到只在理論上了解共和政體的世代。對他們來說，三不五時要面對蠻族以及諸多不便的軍營生活，當然不如氣候溫暖、舒適的本國生活，或是行省當中生活水準比較高的地方來得有吸引力；而且元老院階級的人也都有足夠的經濟能力可以過舒服的生活。希望大家讀到這裡不要妄下結論，以為羅馬的上流階層已經開始墮落。喜歡過舒適生活的人無論哪個時代都有，不是嗎？而且從詩人的作品中也看得出來，這個時期的羅馬人正沉浸在內亂終了的和平氣氛中，還不想醒來。

奧古斯都便充分利用這種氣氛來取得行省的統治權，但是又為元老院保留了面子。

羅馬國全境可大分為四：

一、從阿爾卑斯山到墨西拿海峽的本國義大利。
二、元老院任命的總督所統治的行省，歷史上稱作「元老院行省」。
三、奧古斯都直接統治的行省，歷史上稱為「皇帝行省」。
四、由於國情特殊，屬於征服者奧古斯都個人所管轄的埃及。

以上四區再加上那些承認羅馬霸權，外交和軍事都追隨羅馬的所謂「同盟國」，便構成了圍繞地中海的羅馬帝國。

那麼第二項和第三項的行省又是如何區分的呢？

如果是平庸無能的掌權者一定會將經濟有利、容易統治的地區劃歸自己轄下，但是三十五歲的奧古斯都反而做了相反的選擇。

成為行省時日已久的地方，也就是羅馬化（羅馬人稱作文明化）歷史悠久之地，或是在國家安全上不屬於前線地區，也就是不需要軍團駐紮的地方便歸元老院管轄。這些「元老院行省」包括：

一、西西里 (Sicilia)。
二、薩丁尼亞 (Sardegna) 和科西嘉 (Corsica)。
三、伊比利半島 (Iberia) 南部的倍帝加地方。
四、從南法到瑞士的高盧・拿波南西斯行省。
五、相當於希臘北半部的馬其頓行省。
六、相當於希臘南半部的亞該亞 (Achaea) 行省。
七、小亞細亞西部的亞細亞 (Asia) 行省。
八、小亞細亞北部的俾斯尼亞行省。
九和十是克里特 (Crete) 和塞浦路斯 (Cyprus)。
十一、埃及西邊的昔蘭尼加 (Cyrenaica) 地方。
十二、舊迦太基 (Carthago) 的領土——亞非利加 (Africa) 行省。
十三、舊努米底亞 (Numidia) 的領土——努米底亞行省。

以上這些行省也可稱作是文官的統治區，仍舊援往例由元老院任命具有執政官或法務官經

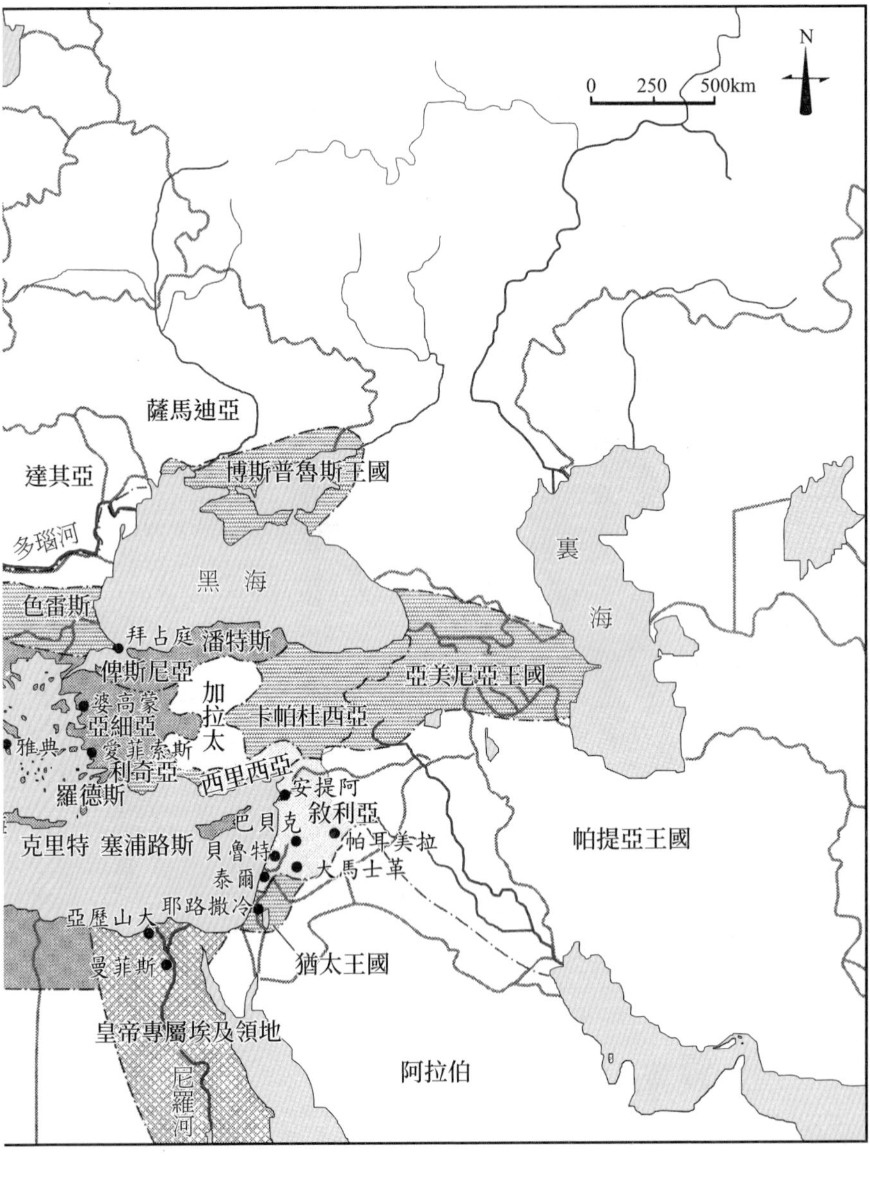
N
0
250
500km
薩馬迪亞
達其亞
博斯普魯斯王國
多瑙河
黑海
裏海
色雷斯
拜占庭
潘特斯
俾斯尼亞
亞美尼亞王國
加拉太
婆高蒙
亞細亞
卡帕杜西亞
雅典
愛菲索斯
利奇亞
西里西亞
羅德斯
安提阿
巴貝克
敘利亞
克里特
塞浦路斯
貝魯特
帕耳美拉
泰爾
大馬士革
帕提亞王國
亞歷山大
耶路撒冷
曼菲斯
猶太王國
皇帝專屬埃及領地
阿拉伯
尼羅河

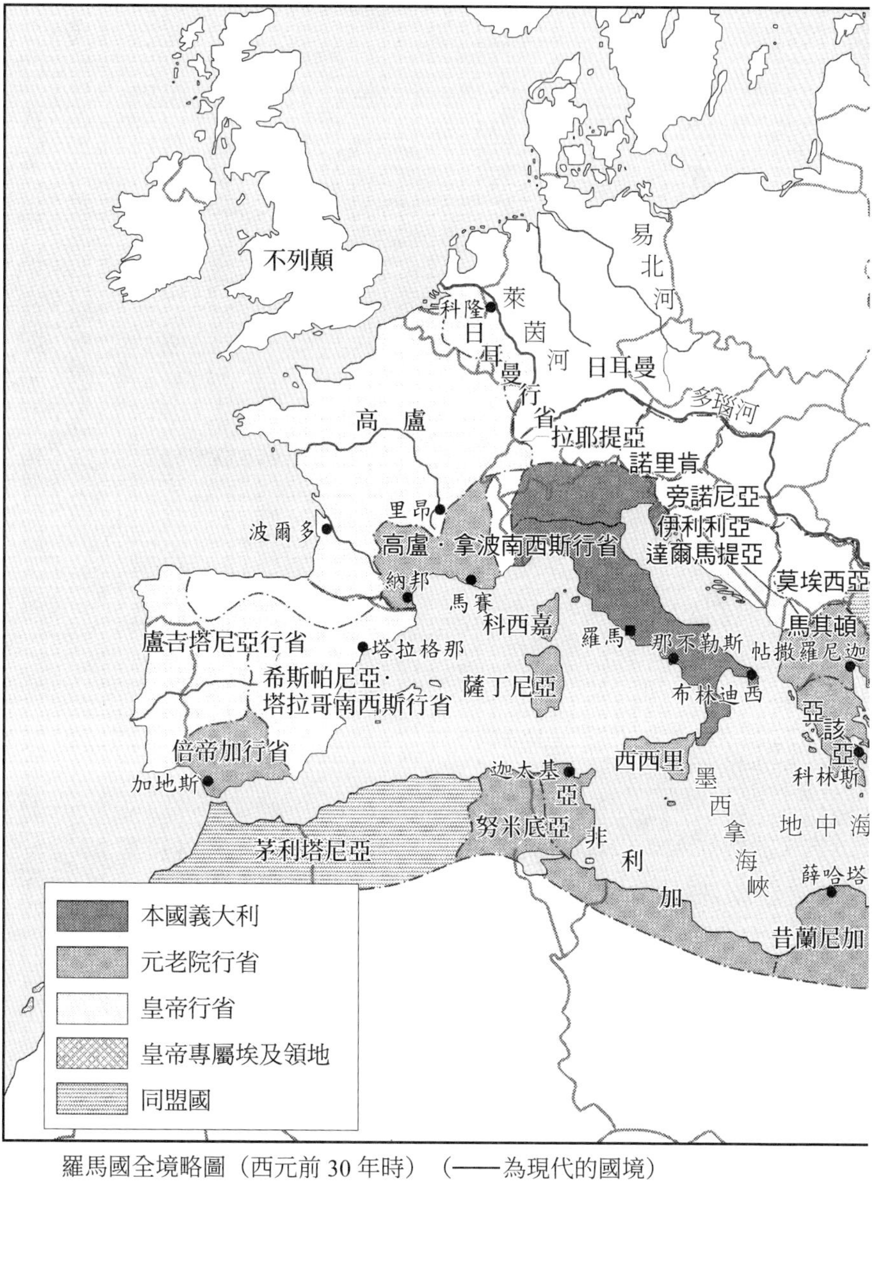

羅馬國全境略圖（西元前 30 年時）（——為現代的國境）

驗者去赴任，為期還是一年。對元老院議員來說，除了法務官等政府公職之外，經歷過行省總督的職務才真正算得上是所謂的「榮譽公職人員」，如今又能夠到問題少的行省去赴任，因此奧古斯都的這項決定可說大受歡迎。

至於報酬方面，由於總督的工作算是榮譽公職人員的義務，所以從來就是無給職，但是所需經費可從當地收得的行省稅中扣除。

另一方面，奧古斯都所管轄，帝政確立之後人稱「皇帝行省」的地方如下：

一、伊比利半島西部的盧吉塔尼亞行省。

二、伊比利半島東部的希斯帕尼亞·塔拉哥南西斯行省。

伊比利半島最北部的征服行動尚未完成。

三、南法以外的高盧全境，後來這塊地方又被分成三個行省。

大概不需要我說明大家也明白，這個行省是萊茵河防線的前線地區，同時也是大後方。

四、伊利利亞、達爾馬提亞地方。

建立多瑙河防線的工作因凱撒被暗殺而中斷，因此在多瑙河防線建立之前，這塊地方就是防衛的前線地區。

五、小亞細亞東南部的西里西亞行省。

六、敘利亞行省。

其中第五和第六個行省等於是面對頭號假想敵帕提亞(Parthia)王國的前線地區。

這些「皇帝」直轄的行省由奧古斯都任命的將軍來擔任統治工作。這些行省都可算是邊境地區，在邊境地區的主要任務就是防衛工作，因此這些被賦予軍團指揮權的行省總督都是武官，是有報酬的公職，任期則由奧古斯都視情況決定。站在法律的立場，如果要賦予這些武官軍團指揮權，奧古斯都勢必得擁有更高的權力，否則整個帝國的防衛系統就無法發揮功能。基於這個考量，奧古斯都得到了公認的「全軍最高司令權」。

就這樣，元老院連軍事權也交到奧古斯都手上了。不負擔義務就無法擁有權利，這是必然的結果。但是奧古斯都並不是因為想得到軍事權才實行行省二分制度的，實在是大勢所趨。

「安全保障」

防衛乃至安全保障的觀念是從羅馬時代開始的，拉丁文是"Securitasu"，後來成為英文"Security"的語源。讀者們如果認為共和時代是非擴張主義，帝政時代是擴張主義，那就完全弄錯了。共和時代才是霸權擴張的時期，帝政時代反而成為防衛守成期。這個轉變最先起自凱撒，他認為以羅馬的現況看來，一再擴張領域是不切實際的，而凱撒的後繼者奧古斯都也有這個共識。國家的目標從攻略轉變為防衛之後，確保防衛線就成了最重要的課題。凱撒征服高盧，也是為了建立國家防衛線而採取的軍事行動。奧古斯都時代並非與戰爭無緣，但是除了一個例外，其他的戰爭行動都是為了確保國家安全才進行的。為了保障國家安全，奧古斯都成了羅馬史上第一位設立常設軍隊的人。

共和時代的羅馬只有四個軍團的最低限防衛力，除此之外並沒有超越這個規模的常設軍事力；每當需要兵力時就徵兵組織軍團。國勢調查主要就是為了調查十七歲以上成年男子的人數以方便徵兵才應運而生的。即使後來兵役改成了募兵制，仍舊維持有必要才組織軍團的作法；羅馬軍常常不能先發制敵，就是因為缺乏常設軍的緣故。

共和時代末期雖然出現像凱撒軍團那樣的常設軍，但是士兵的誓約只到戰爭終了為止，而且與其說是國家與士兵的誓約關係，不如說是最高司令官與士兵的誓約關係還比較符合實際情形。

在共和時代的霸權擴張期，需要時再招兵買馬的方式並無不便之處；因為既然是攻擊行動，當然得先有一個目標，目標決定了才來組織軍隊，然後予以充分訓練再出擊也不遲。而且在這段準備期間，得到消息的敵方心理上常常自己先心生膽怯，到時候羅馬大軍只要往前開進，敵人便恭恭順順地自動投降了，臨時徵兵甚至有這種好處。

只是一旦目標改成防衛，這種臨時抱佛腳的方式就不合用了。敵人何時來襲並不確定，因此平常就必須有所準備。奧古斯都了解如果要達成防衛目的，常設軍是絕不可少的軍力，於是就將它付諸實行了。

這項軍制改革是與縮減軍備一起進行的，這一點也很有意思。由於是常設的軍力，所以必須在可能的範圍內以最少的經費組成最大效果的軍備，否則國家經濟如果負擔不了，早晚得提高行省稅，這麼一來必將導致行省人民爆發不滿情緒，到時候違論防衛外敵，連帝國內部的安全都不保了。

我想，到這裡都是西元前二十七年秋天之前，當時三十五歲的奧古斯都著手進行的政策。他的任務是實現凱撒留下的建國藍圖，但是如果馬上開始進行，可能會招來獨裁的疑惑；因此在這個時期，他可能只考慮先打穩基礎。建築物穩固與否全看地基打得如何，但也可以解釋為基石是否擺在正確的位置吧！不過，奧古斯都在堆砌石子之前，間隔了一段時間，因為他決定先進行容易讓人理解、易獲好評的事業，也就是能夠明記在《業績錄》裡的事業，因此奧古斯都要趁此機會完全征服伊比利半島。

重整西方領地

西元前二十七年秋天，剛滿三十六歲的奧古斯都離開羅馬，經由奧雷里亞大道進入南法；同行的除了同輩的得力助手阿古力巴之外，還有兩位少年——十六歲的馬爾凱斯和十五歲的臺伯留。奧古斯都打算讓姊姊歐古塔薇亞的兒子馬爾凱斯、他的妻子莉薇亞和他結婚時帶過來的小孩，也就是奧古斯都的繼子臺伯留，體會一下初次的實戰經驗。雖然和莉薇亞結褵十載，但是奧古斯都未曾獲得子嗣。

這一年冬天，奧古斯都是在高盧．拿波南西斯行省的首都納邦 (Narbonne) 度過，所謂度過可不是輕輕鬆鬆地遊玩、休養。凱撒做一件事絕不會只為了一個目的，這一點奧古斯都也一樣。雖然奧古斯都高唱「征服伊比利半島」為此行的目的，但是其實重整羅馬帝國的西半部才是主要目的。

征服現今西班牙北部高山民族的工作屬於軍事行動，奧古斯都便全部委任阿古力巴來負責。但是奧古斯都身為最高司令官，沒有理由一直待在南法這個遠離戰場的地方，於是第二年春天就移往西班牙的塔拉格那 (Tarragona)。塔拉格那位於巴塞隆納南邊約五十公里處，是一個面向地中海的港口城市。從西班牙東部的行省取名為希斯帕尼亞·塔拉哥南西斯來看，在古代塔拉格那的重要性可是巴塞隆納遠不能及的，而且行省的首都也設在這裡。

即使奧古斯都移到了塔拉格那，離戰場也還有四百公里以上的距離。雖說是伊比利半島的征服行動，但是這種軍事行動還不到需要最高司令官親臨的程度。當阿古力巴專心於海陸進攻行動時，最高司令官就一直待在塔拉格那。阿古力巴經過二次戰鬥，不到二年的時間便徹底壓制西班牙北部的高山民族，但是奧古斯都直到西元前二十三年之後才凱旋回歸羅馬，這三年半的時間他到底在做什麼？

首先是西元前二十七年冬天開始著手處理高盧問題。

對除了南法之外的高盧全境來說，在羅馬為內亂所苦的十四年間，正是他們推翻羅馬霸權的大好機會，但是和其他行省一樣，高盧仍繼續維持行省的狀態。在內亂期間，高盧並沒有像希臘一樣被當作戰場，集中了羅馬的軍力；也不像其他行省被羅馬統治已久。高盧是才被凱撒征服不久的行省，從凱撒遭到暗殺後十四年，再加上內亂終了到西元前二十七年無暇管理的三年，總共十七年的時間，在高盧根本看不到半個羅馬士兵的影子。但是羅馬並不需要擔心高盧人民叛亂，因為降服高盧之後，凱撒的處理方式十分巧妙。那麼到底是怎樣的處理法呢？

凱撒明白只有在領導階層的煽動之下，被征服的人民才會群起反抗，人民並不會自主地起來打反旗的。而凱撒也知道領導階層只有在失去自己原有的權威和權力時才會感到不滿。

凱撒保全高盧全境的所有部族，沒有一個部族遭到被趕盡殺絕的命運。所謂保全部族包括了：保持各部族的根據地、保留各部族的領導階層，另外宗教、語言、生活習慣也全部維持原狀。

但是光這樣並不能消除高盧不安定的因素——幾十個部族間抗爭不斷，處於劣勢的部族會求助於萊茵河東岸的日耳曼民族。因此凱撒將四個有力部族提升到全高盧的領導地位，這四個部族是：黑杜伊族、歐維紐族、賽克亞尼族、林格南斯族。四大部族的族長負有統領其下各中小部族的任務。連一度將凱撒逼入絕境的維爾欽傑托斯所屬的歐維紐族都受到這種優遇，從這裡我們可以清楚看到凱撒處理方式的合理性以及敏銳的政治感。

同時四大部族的族長也負有一年一度召開全境部族會議的責任，這是為了防止四大部族自行獨立、互相爭霸的對策。

就這樣，凱撒成功地掌握高盧的領導層。部族長原有的權力與權威得到承認，並且得到羅馬公民權，有力的部族長甚至被授與元老院的席位，高盧子弟紛紛到羅馬去留學。同時凱撒的族名「朱利斯」(Julius) 大受歡迎，在史料上常常看到，即使在凱撒遭到暗殺之後，不，甚至帝政確立之後還是有不少人以朱利斯為名，雖然有點好笑，不過在古代羅馬賜與族名等於是結成保護 (Client) 關係，有點像在日本，店家允許老店員使用同個字號來開業，表示照顧之意一樣。

但是凱撒所做的不只這些。因為人民即使不會主動群起反抗，但是不滿情緒的爆發卻是自主發生的，而最容易成為導火線的就是經濟方面的因素。

共和時代羅馬的行省人民規定要付十分之一的直接稅，又稱為「十分之一稅」；將收入的十分之一繳給羅馬政府，類似付保護費的感覺。行省人民沒有服兵役的義務，因為軍團兵只限於擁有羅馬公民權者才能夠擔任。

十分之一的稅額會隨著每年行省人民收入改變而變動，凱撒便將行省稅重新規定成一定金額，也就是高盧全體人民每年繳交四千萬塞斯泰契斯銅幣 (Sesterius) 的稅。讀者如果想知道這個金額在當時可以買多少東西，請參照第IV冊的〈戰後處理（二）〉單元；但是可以確定的是這個金額並不高。

此外，共和時代羅馬的行省稅徵收系統有一項特色，那就是收稅的工作全部由一個叫做 "Publicanus"（普布利加努斯 "Publicanus"，以競標制度來決定的民間收稅人員）的私營徵稅系統負責，但是後來凱撒將這項制度廢除了。那麼高盧的行省稅變成由誰徵收呢？這個史料上並無記載，只能推測依凱撒的行事作風來看，應該也是交由各族族長負責吧！然後在高盧部族會議時再將各族的稅金集合起來交給凱撒。凱撒雖然不貪財，不至於發生中飽私囊的情形，但是凱撒對自己的錢和別人的錢分得並不清楚，這一點看在嚴格的公私分明主義者眼中就覺得很困擾。很有可能從高盧來的行省稅，在與龐培派抗爭中就被用來支付戰爭費用了。

先不管稅金的去向，站在高盧人的立場來看，被凱撒征服後的高盧變成怎樣了呢？

首先，各族間的紛爭已成過去，日耳曼民族的侵犯行為也因凱撒二度渡過萊茵河給予嚴厲的教訓，而不再需要擔心害怕。奧古斯都時代的地理學者斯特雷波 (Strabo) 就曾在書中提到，凱撒征服高盧之後，高盧民族就由狩獵民族變成了農耕民族，足證高盧人民生活轉趨安定。即使不需要再擔心外敵入侵掠奪，可以專心農耕，但是高盧各部族的內部結構仍和以前一樣。各族領導層具有公認的權威和權力，範圍涵蓋內政的治理到行省稅的徵收。此外最重要的就是稅金很便宜，連本國義大利都要繳百分之五的關稅，但是高盧只要百分之二．五而已，因為當時高盧在經濟上尚為落後國家。

這就是為何連凱撒遭到暗殺、羅馬內部一片混亂之時，高盧都還能維持穩定局面的原因。有些學者認為是由於高盧人民崇拜凱撒個人，但是我想，只憑對一個人的崇拜之情是不太可能維持一個行省十七年的安定的。

但是在羅馬內亂平息、恢復安定之後的西元前三〇年起，高盧反而彌漫著一股不安的氣息，肇因者是奧古斯都所派去的一個解放奴隸官員。

這個解放奴隸官員是奧古斯都的心腹，他主張高盧也要與其他行省一樣照規定繳交「十分之一稅」，因而引起高盧各部族族長的反彈。奧古斯都知道這次必須由他親自出馬才能解決，所以西元前二十七年到前二十六年奧古斯都待在納邦，就是為了這個問題。

也許是奧古斯都把西元前二十八年所做的國勢調查結果拿給高盧部族族長們看，結果他們也不得不承認四千萬塞斯泰契斯銅幣的稅金真的是太便宜了，從此高盧的行省稅也改成與其他行省一樣的「十分之一稅」。

不過奧古斯都似乎明白增稅如果和減稅一起施行，所受的阻力會小一點，因此高盧的關稅由原先的百分之二．五再降為百分之一．五。至於徵收權，由於史料上沒有記載，我想會不會是和以前一樣全都交由各族族長負責。因為這段時期並沒有共和時代的「普布利加努斯」制度復活的史料記載，而類似地方稅務局的組織又是在十餘年之後的西元前十五年前後才設立的。由此可知，「慎重」是奧古斯都終其一生影響最大的性格。

繼稅制改革之後，奧古斯都開始進行高盧全境的重整工作。

北是多佛海峽和北海，西有大西洋，南邊是庇里牛斯山脈和地中海，東有萊茵河和阿爾卑斯山圍繞，高盧被分為五大區域。

一、南法行省「高盧．拿波南西斯」。

這行省的首都為拿波（現在的納邦），主要都市有特羅札（現在的圖盧茲 Toulouse）、馬西利亞（現在的馬賽 Marseille）、經凱撒開發成軍港，位於現在坎城和桑得羅培之間的法姆．尤利（現在的弗雷朱斯 Fréjus），北上還有克拉羅（現在的格勒諾伯 Grenoble）以及隆河沿岸的瓦連弟亞（現在的瓦倫斯 Valenc）。

這個區域成為羅馬行省已經有二百多年的歷史了，非常的羅馬化，整個高盧也只有這裡是屬於元老院轄下的行省。這裡的行省稅是收入的百分之十，關稅也與本國一樣為百分之五。

凱撒所征服的是此地以外的高盧地方，奧古斯都將其分成四區。

二、亞奎塔尼亞行省。

凱撒原本是將庇里牛斯山脈到加倫河 (Garonne R.) 之間的地區定為亞奎提諾地方，奧古斯都將這區往北擴大到羅亞爾河 (Loire R.) 為止，成為亞奎塔尼亞行省（現在的亞奎丹 Aquitain 地方）。原因可能是這樣的：從前奧古斯都和安東尼爭戰未果之時，亞奎丹地方曾經發生過小小的暴動，雖然一下子就被阿古力巴壓制下來，但是為了防止暴動再度發生，所以奧古斯都才會想藉著擴大區域範圍，希望該地民族與加倫河以北的強大部族，如：歐維紐族、比都里吉族等融合。這個行省的首都是布魯迪卡布（現在的波爾多 Bordeaux），位於加倫河的河口，正是掌控大西洋的絕佳位置。

主要都市除了首都之外還有：里摩努（現在的布瓦迪埃 Poitiers）、阿巴利古（現在的布爾日 Bourges）、奧古斯都利特姆（現在的里摩日 Limoges）等。

三、高盧・盧古都南西斯行省。

這個行省南至羅亞爾河北到塞納河流域，位於索恩河 (Saone R.) 和隆河兩河交會處的里昂

北　海
不列顛
多佛海峽
日耳曼
科隆
萊茵河
日耳曼行省
亞眠
特里爾
斯瓦松
蘭斯
盧昂
摩澤爾河
馬恩河
塞納河
巴黎
高盧·盧古都南西斯行省
比利時嘉行省
勒曼
都爾
桑斯
羅亞爾河
迪戎
貝桑松
布爾日
歐坦
布瓦迪埃
索恩河
日內瓦
亞奎塔尼亞行省
里摩日
比斯開灣
里昂
格勒諾伯
波爾多
瓦倫斯
本國
義大利
加倫河
高盧·拿波南西斯行省
隆河
圖盧茲
納邦
馬賽
弗雷朱斯
N
0
100km
庇里牛斯山脈
西班牙
地中海

高盧全境（---表示現代國界）

(Lyon) 也包括在這個行省之內。首都是盧古都努（現在的里昂），行省名「盧古都南西斯」就含有「里昂行省」的意思。主要都市是：凱撒羅德努（現在的都爾 Tours）、史溫地努（現在的勒曼 Leman）、羅特馬古（現在的盧昂 Rouen）、路特提亞（現在的巴黎 Paris）、阿傑丁古（現在的桑斯 Sens）、奧古斯特杜努（現在的歐坦 Autun）等等。

尤其是羅馬人著眼其地勢之利而開發的里昂，不只成為這個行省的首都，而且漸漸發展成全高盧的要塞。這區的有力部族黑杜伊族是傳統的親羅馬派；雖然在阿列沙攻防戰中曾經一時關係疏離，但是之前之後一直都與羅馬維持良好的關係。

四、比利時嘉行省。

凱撒在《高盧戰記》一開頭所寫的渡過萊茵河移居高盧的人，就是比利時人，居住在塞納河和馬恩河 (Marne R.) 以北的地帶。奧古斯都將這個地帶再加上南邊林格南斯族、賽克亞尼族、特雷維利族等三部族聚居的地方，合併成為「比利時嘉行省」，也就是「比利時行省」的意思。

首都是位於摩澤爾河 (Moselle R.) 沿岸的奧古斯特．特雷維羅姆（現在的特里爾 Trier），也就是現在德國最西端，盧森堡的東鄰位置。

主要都市有：薩馬羅布里巴（現在的亞眠 Amiens）、諾維歐杜努（現在的斯瓦松 Soissons）、杜羅可托（現在的蘭斯 Reims），後來再度重劃之前還包括了第比歐（現在的迪戎 Dijon）、貝左提歐（現在的貝桑松 Besancon）、傑那瓦（現在的日內瓦 Geneve）。這區的有力部族是雷米族，自從降服凱撒之後，一直都是親羅馬派的。

五、最後是日耳曼行省。

雖然叫日耳曼行省，但是所含地帶只有萊茵河西岸一帶。這個行省是防守萊茵河東岸日耳曼民族入侵高盧的前線，因此首都正是萊茵河畔的科隆尼亞．阿古力皮南西斯（現在的科隆 Cologne）。「科隆尼亞」是殖民都市的意思，從羅馬人所冠上的這個名字可知，這個現代德國的重要都市科隆在當時原是軍團基地。

由首都科隆的位置和角色相信大家看得出來，這個行省的主要目的是在軍事方面，而主要都市也幾乎都是羅馬軍的基地，而且幾乎全都位於萊茵河畔，也就是最前線。

萊茵河防線是由凱撒策畫，奧古斯都開始打下基礎，再經過百餘年歷代皇帝合力完成；由於最大的目的就是堅持下去，軍團基地在建設時也做了地政上的考量，因此即使二千年後的今天，這些軍團基地仍舊是能夠發揮機能的都市。

奧古斯都重整高盧全境的方式有很多地方引起我的好奇心。第一點是各行省的劃分方式；第二點是各行省首都的位置；第三點是安置駐留軍的位置。奧古斯都並沒有為了方便管理而做機械性的分割，而是仿傚凱撒將多達數十支的高盧部族分配到四大部族管轄之下，除了純軍事目的的日耳曼行省之外，其他三個他轄下的行省都是採取由當地有力部族管理的方式。亞奎塔尼亞行省有歐維紐族；高盧．盧古都南西斯行省有黑杜伊族；比利時嘉行省有雷米族。當然，負責行省統治工作的「長官」是奧古斯都從羅馬派來的；但是「現地法人」的管理職位如果由當地的有力者來擔任，治理工作運作起來不就更順利了嗎？果然沒錯，本來奧古斯都的直轄省設置軍團是理所當然的，但是這三個行省中連一個軍團都沒有，這就是最好的證明。配置在高盧的五個軍團全都集中在日耳曼行省，形成萊茵河的防衛線。除此之外，高盧其他地方連武裝羅馬兵的影子都看不到。

各行省首都的位置也很有意思。依照一般慣例，通常都是將戰敗者的「家」作為「省政府」所在地，而且這種方式也比較方便；但是奧古斯都選擇根據地的基準全看地利。波爾多、里昂以及特里爾等行省首都都位在交通要道上。不過，因為替高盧整頓交通網的是羅馬人，也許應該說這些首都位置在可能成為交通要道的地方。

有力部族雷米族的根據地蘭斯和黑杜伊族所在的歐坦雖然沒有被選上，但是這些城市的交通網，也就是羅馬人所謂的公共建設並沒有遭到忽視。不但沒被忽略，還將各原住民居住的城市全都連結起來成為交通網。羅馬人即使已經站在絕對優勢的立場，仍然考慮周到。就好像當初羅馬成為義大利半島唯一的霸權者時所鋪設的阿庇亞大道，將霸權下各部族的根據地全部連起來一樣；勝者和敗者的命運便成為一體。

高盧和西班牙都是皇帝行省和元老院行省並存的地方，當阿古力巴全心征服西班牙北部民族時，奧古斯都先後在南法的納邦和西班牙的塔拉格那坐陣，企圖建立起這兩區的統治系統。由於高盧和西班牙是兩種行省並存之地，因此這個時期形成的統治系統便成為羅馬所有行省的典範。

奧古斯都意識到統一與分離、中央與地方、中央集權與地方分權這些矛盾的概念能否並立，以及適合共同生活的系統是否構築完成，才是不同人種、不同宗教、不同文化能否融合，羅馬帝國能否存續的關鍵。即使乍見之下似乎全權交由元老院管轄的「元老院行省」，也沒有完全依照共和時代的作法繼續下去。

由元老院派遣具有執政官或法務官經歷者擔任為期一年的統治工作的是「元老院行省」，在共和時代也只有這一種行省，全都由各省總督負責治理，包括軍事、司法、行政等，連行省稅的徵收權也是；只不過收稅是透過私營的專門收稅員來執行，總督只是坐陣指揮而已。

奧古斯都雖然高唱回歸共和，但是行動卻朝完全相反的方向前進。他一心想讓統一與分離並存，而元老院行省交由元老院負責也只是一種分權而已。

前面已經提過，被羅馬同化的地方是不需要駐軍的，因此軍事權已經從元老院的手中取得。奧古斯都的想法是：軍事分權才是第一優先的。

此外奧古斯都也將司法半集權化。擁有羅馬公民權者即使住在行省也有控訴權，而行省人民也有向總督提出告訴的權利，但是最終裁判則是羅馬「第一公民」奧古斯都的任務。總督就好比是地方法院的院長，奧古斯都則是最高法院院長一樣。

不只是行省稅，連關稅等間接稅的徵收權也都離不開總督之手。奧古斯都決定設立專門管稅的部門，不分皇帝行省或是元老院行省全都由此部門派員負責稅務工作。

「國稅局」的創設

「稅吏」的設置可說是奧古斯都行省統治制度中最重大的改革，由奧古斯都親自任命「騎士階級」的人擔任。這個階級的人我經常意譯為「經濟人」，換句話說就是熟知經濟的人。這些人在共和時代也都是擔任私營的稅賦徵收員，奧古斯都只是把他們變成了國家公務員。稅吏是有給職，如此便省下了從前要給收稅員百分之十的手續費，更重要的是這對帝國的統治十分有效。

奧古斯都建立稅吏制度的用意有以下三點。

一、使各行省徵稅公正化。

共和時代元老院所派遣的總督兼具預算權和稅徵收權，因此總督在任期內中飽私囊的行為，可說是共和時代行省統治工作的「瘤」。要拔除此「瘤」，權力的分離是必須的。稅吏設置之後，總督只要專心經管稅收的使用即可，收稅事務就由稅吏全權負責了。

二、稅金可以按照帝國統治的藍圖來分配使用。

各個行省的經濟力不同，從各行省繳交的十分之一稅上面就看得出來。帝國花費最多的就是防衛經費，結果需要大量國防支出的地方，除了敘利亞行省之外都是經濟落後地區，根本無法期待他們能交出充裕的稅收來支持國防，因此現實上如果不將先進地區的稅收轉用到落後行省，帝國的國防就無法成立。

奧古斯都設立稅吏來統一全國稅務工作，也是為了解決這個問題。

三、確立統治的連貫性。

稅吏的任期也是由奧古斯都決定，連任十年以上者也不稀奇。這是為了改善「元老院行省」的總督只做一年就換人，缺乏連貫性的缺點。

稅吏所收得的稅金扣除各省經費之後便繳入羅馬國庫，但是從國庫支出的金額也很大。首先是為了安全保障的軍事費，然後還有帝國全境，包括行省在內的公共建設費用。奧古斯都時

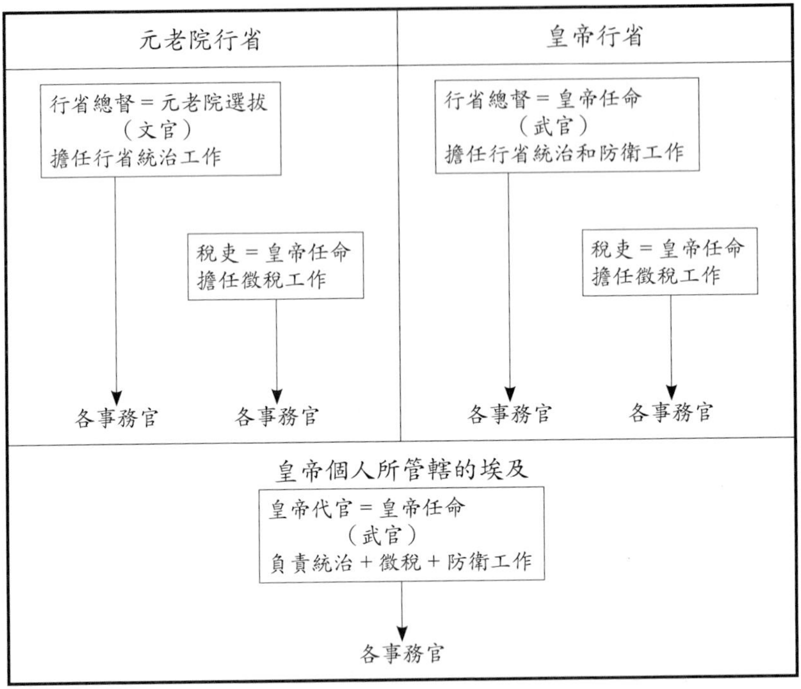

奧古斯都所建立的行省統治系統

代也是各行省道路鋪設突飛猛進的時期。在阿古力巴主導之下，光是里昂就有多達四條道路以此為起點，分別是西往亞奎塔尼亞行省，西北到大西洋，東北至萊茵河，以及沿著隆河到達馬賽的四條道路。西班牙也一樣掀起開路的風潮。

由於道路鋪設工程是由軍團兵擔任，因此羅馬的軍事費和社會資本充實費很難分開計算，但是這兩者也未必非分得那麼清楚不可。

而且，因為某個目的所造出的好東西也會對其他事情有所幫助——沒有比羅馬式道路更能充分證明這項真理的例子了。

以軍事為目的的道路網，由於完全追求效率性，連帶地也振興民間經濟。舉一個例子來看：為了容易搬運沉重的攻城武器，羅馬的街道都儘可能鋪設得又平坦又直，即使地勢不允許，也想辦法鑿隧道、填沼澤，或是切割山崖以改變地勢。如此一來，貨車行走在平坦的道路上也比以前能夠負載更多的貨物，貨物交流變得更頻繁，人的交流也更頻繁。而一旦人的交流頻繁，必定會交流到羅馬人的知識與思想，於是支持羅馬文明的一大文明圈便開始形成。

和高盧一樣，對於凱撒所規畫的西班牙領地，奧古斯都也加以重整。原本凱撒將伊比利半島分成東西兩部份，東半部是「近西班牙行省」，西半部是「遠西班牙行省」，奧古斯都則重新劃分為三，包括：南部的「倍帝加行省」、西部的「盧吉塔尼亞行省」以及西班牙東部，加上新近征服完成的西北部，面積占伊比利半島一半以上的「希斯帕尼亞．塔拉哥南西斯行省」。前面提過，「倍帝加行省」是元老院行省，同化歷史很悠久，不需要駐軍。「希斯帕尼亞．塔拉哥南西斯行省」雖然同化歷史也很久遠，但是因為負有監視剛剛征服的西北部的任務，因此和「盧吉塔尼亞行省」都成為奧古斯都的皇帝行省。實際上，駐紮在西班牙的四個軍團就是以包圍西北部的形勢分布在「盧吉塔尼亞行省」和「希斯帕尼亞．塔拉哥南西斯行省」。

奧古斯都在這三個行省所選定的首都及主要都市如下：

希斯帕尼亞．塔拉哥南西斯行省——首都塔拉可（現在的塔拉格那）。主要都市南有卡爾塔果諾瓦（現在的加泰海納 Cartagna）、北有特雷杜姆（現在的特雷多 Toledo），還有凱撒建設的凱撒．奧古斯塔（現在的薩拉哥薩 Zaragoza）、龐培建設的龐巴洛（現在的邦普羅

西班牙領地（---表示現代國界）

那Pamplona）、西北部的阿斯特力加·奧古斯塔（現在的阿斯托爾加Astoraga），以及雷吉歐（現在的雷翁Leon）和大西洋沿岸的布拉卡拉·奧古斯塔（現在的布拉加Braga）。

盧吉塔尼亞行省——首都是艾瑪利塔·奧古斯塔（現在的美里達Merida），主要都市有北部的薩馬提加（現在的薩拉曼卡Salamanca），以及西部的歐里斯波（現在的里斯本Lisbon）等等。

倍帝加行省——這

省屬於元老院所管，首都是科杜巴（現在的科爾多瓦 Cordoba），南部有馬拉加（現在的馬拉加 Malaga），以及從布尼克戰役時代就成為殖民都市的意達利卡，意達利卡南方就有希斯帕里斯（現在的塞維爾 Sevilla），以及直布羅陀海峽附近的卡德詩（現在的加地斯 Cadiz）。

奧古斯都特別安排許多老兵入住薩拉哥薩和美里達，以建設當地為殖民都市，因為西班牙和高盧不同，西班牙的原住民中並沒有足以領導各部族的有力部族存在。"Case by Case"也是羅馬人做事的傳統，入住殖民地的羅馬公民並沒有悶著頭自己過自己的生活。由於羅馬軍團規定服役期間不得結婚，士兵役滿退伍時大約是四十歲前後，移住到殖民地的退役羅馬士兵便和當地女子結婚，這就是羅馬人的殖民方式。這種由凱撒開始的大規模民族融合，即使在進入帝政時代之後仍然一直延續下去。

「幸運阿拉伯」

高盧全境和伊比利半島的重整陸續在西元前二十六年到前二十四年期間完成，這段時期奧古斯都所發動的戰爭只有一次不是為了防衛上的必要。不過與其說是戰爭不如說是遠征比較接近事實，而且是遠征到遙遠的阿拉伯半島。

這次遠征的前哨戰是征服衣索比亞，不過這是為了確立埃及領地南邊的防衛線。埃及駐軍沿著尼羅河南下，一直進攻到今日蘇丹的納帕塔，結果與衣索比亞人成功講和，確立帝國南邊的防線。

就在這段期間，奧古斯都嘗試進攻當時人稱為「幸運阿拉伯」的葉門。為什麼說是嘗試呢？因為只派遣了不到兩個軍團的兵力；不過這對於以確保防線為外交第一要務的奧古斯都來說是少有的例外。

「幸運阿拉伯」並不是當地阿拉伯人自己叫的，好像是地中海世界的希臘人和羅馬人所取的稱呼。所謂的幸運是指當地販賣香料、沒藥、珍珠、寶石以及經由印度運來的中國絲綢等高級商品，非常賺錢。

為什麼奧古斯都會看上這個位在遙遠阿拉伯半島一角的「幸運阿拉伯」呢？因為奧古斯都一生都為了確保國家財源而費盡心思，他認為如果能夠控制紅海的入口，就可以獨占東方物產貿易所得的利益。當奧古斯都待在南法的納邦時，還有印度國王派來的使節遠道來訪，這件事奧古斯都自己也記載在他的《業績錄》中。

不過，「幸運阿拉伯」的遠征行動並不止於《業績錄》中所記載的「殺掉抵抗者，打了勝仗，殲滅了許多城鎮」而已。羅馬軍在渡過紅海、登上阿拉伯半島之前還沒什麼，但是要前往薩倍族首都馬里巴的這段沙漠行軍真是極度困難，三百公里的路程花了六個月的時間，到達馬里巴城牆前面時已經沒有剩餘的力氣可用來進攻，只有打道回府一途。以征服行動來看，這一趟算是失敗了，但是這一次遠征卻也成功地將紅海北部的三分之一納入羅馬帝國，而且在阿拉伯的雷烏凱可美、埃及的倍雷尼斯和尼羅河沿岸的科普特設置稅關。本國義大利的關稅是百分之五，屬於落後地區的高盧是百分之一．五，而由東方來的高級品要課徵高達百分之二十五的關稅。

奧古斯都在高盧停留時必定會注意到不列顛的存在，但是他既未表明要繼承他「父親」凱撒之志繼續征服不列顛，也沒有表示不會征服不列顛。不過，當時高盧情況很穩定，並沒有發生高盧不滿份子跑到不列顛煽動部族挑釁的情形；而且還有兩個多佛海峽附近肯特地方的部族派使者向羅馬宣誓效忠。大概是奧古斯都認為征服不列顛並不是迫在眉睫的問題，所以沒有什麼行動。奧古斯都是屬於等待時機成熟的政治家，通常事情如果不是到了火燒眉毛的階段，他是不會採取任何行動的。

此外，除非有必要納入羅馬領地內，否則手握軍事大權的奧古斯都寧願維持同盟關係。例如：和西班牙隔著古稱「天神赫拉克斯雙柱」(The Pillars of Hercules)的直布羅陀海峽遙遙相對的茅利塔尼亞王國(Mauritania)，奧古斯都的對策就是這樣。這種對外方針並非奧古斯都所獨創，蘇拉、龐培和凱撒也都同樣遵循，是羅馬傳統的外交處理方針。

王室傳承中斷的茅利塔尼亞王國的王位，奧古斯都將它交給塔普索斯會戰中敗給凱撒而自殺的努米底亞王的孤子。這位以猶巴二世之名繼承茅利塔尼亞王位的王子，在五歲那年被派去代表戰敗者參加在羅馬舉行的凱撒凱旋式之後，一直住在凱撒家中當作人質。凱撒被殺後又改住奧古斯都家。這位王子接受了與羅馬上流家庭子弟一樣的教育，後來奧古斯都將克麗奧佩脫拉和安東尼所生的埃及公主許配給他。這位埃及公主名叫克麗奧佩脫拉．塞勒涅，自從雙親自殺後就被帶到奧古斯都的姊姊家，也就是安東尼的前妻，與異母的兄弟姊妹一起長大。

這個婚配以及藉此復興茅利塔尼亞王室的計畫都很成功。年輕的國王和王妃都有很好的教養，精於內政，外交上一直是羅馬忠誠的同盟國。尤其王妃雖然繼承母親的聰明伶俐，但是並沒有母親那樣的野心，在她身邊形成了一種文化圈，連羅馬來的人都得前去表示敬意。西北非就這樣成為奧古斯都心中「羅馬和平」的一翼。

西元前二十四年底，奧古斯都完成羅馬世界西半部的重整工作後回到羅馬，時年三十九。去國三年的「第一公民」再度返回首都羅馬，公民們都深信必定會舉行盛大的凱旋式，因為雖然軍事行動只集中在一處，但是終於完成整個西班牙的征服工作。有別於一般平民只關心戰爭是否勝利，元老院議員都了解領地重整的重要性，對於重整西半部領土完畢歸國的奧古斯都，元老院早就通知他獲得舉行凱旋式的權利。

但是奧古斯都並未接受。婉拒的原因一如往例，沒有解釋。也許是期待將來閱讀《業績錄》的人讚嘆一聲：「多謙虛的人啊！」而且真正上場作戰的是阿古力巴，奧古斯都實際上是待在離戰場四百公里遠的地方專心處理「外政」。因此，像駕著四匹馬車遊街接受歡呼的事還是能免則免。只是如果什麼都沒有的話，一般百姓一定會很失望的，因為領取凱旋將軍所發的「禮物」是平民生活的一大樂趣。

奧古斯都雖然不舉行凱旋式，但是卻決定仍舊發放「禮物」給老百姓。每戶可以拿到四百塞斯泰契斯銅幣，與大方的凱撒所發金額相同，於是奧古斯都「大方又謙虛」的名聲就此確立。只不過大家還不曉得，這位謙虛的人物也是一位卓越的策略家。

護民官特權

西元前二十三年，四十歲的奧古斯都再度宣布出人意料的決定，而且立刻付諸實行。

這個決定就是奧古斯都要與阿古力巴一起辭去連任多屆的執政官職務，從此以後執政官就按照共和時代的慣例，每年由公民大會投票選出。奧古斯都之前執政官連任的例子在羅馬史上並不是沒有，從馬留斯 (Marius) 之後比比皆是，幾乎數都數不清。不過大家也都明白，一年任期的執政官才是共和政體的象徵。奧古斯都的這個宣布讓共和主義擁戴者再度流下感激的眼淚。懷著感謝之意的元老院議員，未經深思就對奧古斯都接著提出的「謙虛」要求投下了贊成票。

奧古斯都的要求就是——賦予他一年期限的護民官特權。所謂護民官特權是指護民官所享有的各項權利，包括了：

一、肉體的不可侵犯權。
二、以平民代表的身份，具有維護平民權利的地位。
三、平民大會的召集權。
四、政策立案權。
五、否決權（Veto）。

護民官的否決權除了對危機處理制度的獨裁官無效之外，對其他的政府機關和政府決策都具有效力。也就是說，不管是元老院的決議或是執政官下的決定，只要動用護民官的否決權，這些決定就形同白紙一張。由於奧古斯都被凱撒收為養子，晉身貴族階級，不可能出任只有平民才能擔任的護民官，因此他提出的要求不是要擔任護民官，而是賦予他護民官的特權。

元老院議員為了每年的執政官選舉得以再度舉行而感激涕零，除了因為如此一來才算是真正回歸共和政體之外，也是為了自己終於有機會可以擔任執政官而高興，因此他們都贊成以往的一年任期。但是，最高權力者奧古斯都卻提出：如果沒有異議的話想要更改任期。而誰又敢對他的要求發出異議呢！這樣執政官實質上根本就變成終身制了。而護民官特權經由終身獨裁官凱撒修正之後，將從前多達十人擁有的情形，改成只有一人能擁有這項特權。凱撒是為了防止否決權被濫用而導致國政無法運行才進行這項改革，奧古斯都也繼承了這個想法。於是，從西元前二十三年開始，羅馬國的否決權為一人所獨占，遭到暗殺前的凱撒制度又復活了。

奧古斯都並沒有仿傚凱撒自己就任不合羅馬政體的「終身獨裁官」，但是他卻成了實質上的終身獨裁官。這是他一貫的作法——先歸還他原有的、但是已無意義也無效的權力，讓元老院議員開心之後，再取得表面上看不出意義和效果，但是對奧古斯都未來達成目標影響重大的權力。每一步都是絕對合法的，然而整個串連起來之後，就悄悄地將羅馬政體轉變成帝政了。到這個時期為止奧古斯都歸納起來所取得的權力有：

凱撒——這是奧古斯都十七歲被凱撒收為養子，並在遺言中指定為繼承人所得到的名字；隨著帝政時代來臨，逐漸變成「皇帝」的代名詞。二千年後德國人名的「凱撒」、俄國人名的「查理」也都帶有「帝王」的意思。

「第一公民」——當初元老院奉上這個稱號時，只不過代表公民中的第一個人；對奧古斯都來說，用這個稱號來掩人耳目再方便不過了，從他自己經常使用就可以證明。

奧古斯都——這是一個完全不帶權力意味的尊稱，因此正代表超越權力抗爭的立場。凱撒生前一邊打倒「體制」，同時也了解僅靠反對體制來獲取力量的「反體制」的空洞，因此他才會以建立「新秩序」為目標。對繼承凱撒的奧古斯都來說，超越「體制．反體制」的「奧古斯都」稱號當然是便利又有用的尊稱。

大將軍——這本來也是凱撒所使用的稱號，元老院答應奧古斯都的要求，讓他繼承這個稱號的使用權，因為在元老院議員眼中，這個稱號只不過是士兵尊稱勝利將領的稱號。但是這個稱號的使用權如果與奧古斯都所擁有的羅馬「全軍最高司令權」結合起來，「大將軍」就成了羅馬全軍的終身最高司令官了。

再加上奧古斯都將這個「全軍最高司令權」擴及到傳統上不設軍力的首都羅馬，因此法律上，奧古斯都也具有在首都內行使軍力的權限。但是奧古斯都可以說具有一百分滿分的自制力，他在世時，也只有手下將領舉行凱旋式，才會在首都內看到軍隊行軍的畫面。

「護民官特權」——護民官是共和時代最民主、最自由的公職，因為護民官的職責是保護生來就處於劣勢的平民百姓的社會權利。為了保護護民官不致因為得罪貴族而遭受迫害，因此賦予肉體上的不可侵犯權；如果有人侵害到此特權，也就是殺害或傷害護民官的人，將被裁定叛國罪。凱撒擁有護民官特權，因此殺害凱撒的布魯圖斯等人便觸犯了國法。

奧古斯都出席議會時，必定讓強壯有力的同派議員圍繞在自己身邊，雖然有肉體不可侵犯權是不錯，但是奧古斯都不會天真到認為這樣就萬無一失了。而且，奧古斯都想要「護民官特權」的真意，必定是著眼於平民大會召集權、政策立案權以及最重要的否決權。

有了平民大會召集權之後，如果奧古斯都想要通過一項政策，他只要召開平民大會，在大會上通過他的政策，即使元老院反對也能以平民立法的方式使之成立，而這正是西元前二八七年通過的「霍田西」(Hortensius) 法所承認的立法方式，與執政官所召開的公民大會決議具有同等價值。而且別忘了，奧古斯都還擁有令元老院、執政官的提案都化為白紙一張的否決權。

為何這麼大的權力會輕易落入奧古斯都一人之手呢？原因可能有兩個。

第一，元老院議員對於奧古斯都丟出的終止連任執政官的餌欣喜萬分，就輕易上鉤了。第二，護民官制度從西元前四九四年實施以來已經存在近五百年了，是羅馬公民都非常熟悉的制度。也許就是太習以為常了，誰也沒想到這個大權能有什麼新的活用法。

最先發現這個大權新用法的是凱撒，但是他還來不及付諸實行就被殺了。不用我說，相信大家一定猜得到，像取得「護民官特權」這種大事，《業績錄》中是一句話也不會提的。因為「護民官特權」中的否決權是奧古斯都能否通往帝政的關鍵點所在。

證據是，奧古斯都取得的「護民官特權」並非完全無益於他所創設的「內閣」機能。直譯是「第一公民的輔佐機關」，羅馬時代的內閣是由「第一公民」奧古斯都加上執政官兩人，還有重要官署代表各一人，以及抽選出來的十五位元老院議員所組成。除了「第一公民」之外，其他人的任期都是一年。

當內閣成立時，奧古斯都還是執政官，根據羅馬法律是擁有否決權的，因此奧古斯都不需要害怕他的政策受挫。

但是從西元前二十三年奧古斯都宣布停止連任執政官之後，內閣會議的決定就有可能因執政官一人的否決而受挫，這時「護民官特權」中的否決權就大有用處了。

雖然在羅馬法律上，執政官與護民官的否決權具有相同的價值，但是奧古斯都並不是共和時代多達十人的護民官之一，他是唯一享有「護民官特權」者；而且是羅馬的「第一公民」，更是具有超然身份的「奧古斯都」。

到這個地步，任誰讀到奧古斯都自己在《業績錄》中所寫的「從今而後，吾的權威雖在萬人之上，但是吾的權力絕未超越任何一位同僚」，必定會忍不住苦笑吧！實際上，內閣會議的決議根本就操縱在奧古斯都個人手上。這個時期內閣的成員中，元老院代表已從十五人增加到二十人，但是元老院的決策影響力已經不是人數多少的問題了。即使如此，元老院對於抽選二十人加入內閣之事仍然感到十分滿意。

「護民官特權」的取得終於確立了奧古斯都身為領導者——或者該說是「皇帝」——的地位。這一點可從奧古斯都之後的皇帝都繼承奧古斯都的稱號為正式稱號看出來。

"Imperator Caesar Augustus Tribunicia Potestas"

（大將軍．凱撒．奧古斯都．護民官．特權）

羅馬皇帝的稱謂到此都是相同的，"Potestas" 後面才各自加上自己的名字。

如果是普通的皇帝，走到這一步必定開始想要為所欲為，或是興建什麼豪華的宮殿，但是四十歲的奧古斯都可以說是凱撒名副其實的繼承人，兩人都對充實私財毫不關心。奧古斯都仍然繼續住在位於高級住宅區的樸實住宅，以充實帝國整體經濟為目的，開始著手進行通貨制度的根本改革。因為這件看似只與經濟政策有關的事，對羅馬帝國來說卻也是「安全保障」的一部份。

通貨改革

羅馬長久以來只有銀幣和銅幣兩種通貨。金幣是為了紀念凱旋式或其他特殊時機才鑄造分發的，並不是日常流通使用的貨幣。當然，金幣是由百分之百純金打造的，收到了也沒有壞處，只是並非所謂的「通貨」罷了。

把金幣納入通貨之列的人是凱撒。凱撒將金與銀的關係值定為一金可換十二銀，銅幣的鑄造權仍然保留給元老院，金幣和銀幣的鑄造權則在他自己——終身獨裁官身上。不過凱撒在這個階段就被暗殺了；奧古斯都實行通貨改革，重新執行凱撒中斷的通貨制度計畫，而且由於奧古斯都在權力和時間方面都很充裕，因此他所實施的改革，徹底程度無庸置疑。因此，即使隨著帝國經濟力的變遷，金屬含有率也不斷改變，但是奧古斯都所定下的制度卻一直持續了三百年，到西元四世紀為止。在西元前的末期，也就是帝國的初期，奧古斯都大力推行通貨改革的目的只有一個，就是建立值得信賴又強而有力的基本貨幣，並藉此促成帝國全境經濟的活性化。

奧古斯都所訂立的通貨制度在我這個對經濟一竅不通的人眼中，也看出了幾個非常有趣的地方。

奧古斯都所實行的通貨制度改革（西元前23年開始）

金屬	名稱	交換價值	重量（公克）	重量（利布拉）	含有率
金	奧雷斯（金幣） 奎利納里斯（金幣）	25 狄納利斯 1/2 奧雷斯	7.80 3.89	 1/42	金 100% 金 100%
銀	狄納利斯（銀幣） 奎利納里斯（銀幣）	1/25 奧雷斯 1/2 狄納利斯	3.90 1.95	 1/84	銀 100% 銀 100%
銅	塞斯泰契斯銅幣（銅幣） 都龐狄斯（銅幣）	1/4 狄納利斯 2 亞西	27 13.65	1 1/2	黃銅（銅加鋅）
銅	亞西（銅幣） 古瓦迪朗斯（銅幣）	1/4 塞斯泰契斯銅幣 1/4 亞西	10.90 3.24	1/4 1/16	銅 100% 銅 100%

＊「利布拉」是羅馬的重量單位　1 利布拉 = 327.456 公克

〔註〕

(1) 一金幣（奧雷斯）=25 銀幣（狄納利斯）=100 銅幣（塞斯泰契斯銅幣）。

(2) 塞斯泰契斯銅幣 (Sestertius) 之前本來是銀幣的名稱，奧古斯都將它改成使用度最高的銅幣名稱。

(3) 銅和鋅合成的黃銅呈現有光澤的黃色，加工度高、耐腐蝕，因此是最適合用在製造使用最多的通貨。但是其素材價值較純銅為高。

因此為了使素材價值與幣面價值一致，奧古斯都將二種純銅製貨幣的重量增加。這麼一來，從前是 7 公克的亞西銅幣變成 10.9 公克，本來是 1.7 公克的古瓦迪朗斯銅幣就變成了 3.24 公克。

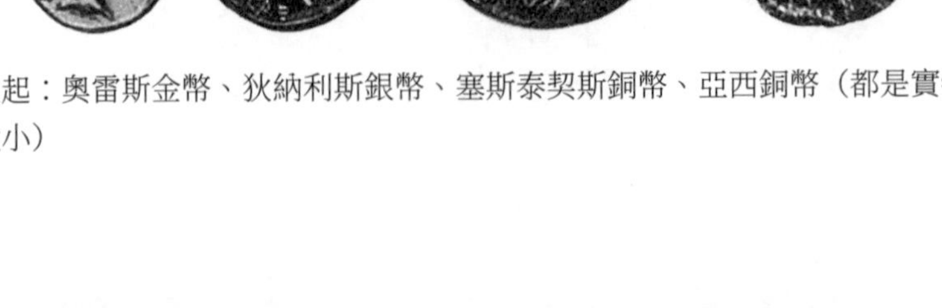

左起：奧雷斯金幣、狄納利斯銀幣、塞斯泰契斯銅幣、亞西銅幣（都是實物大小）

第一，一奧雷斯金幣＝二十五狄納利斯銀幣＝一百塞斯泰契斯銅幣。金、銀、銅三種通貨之間的關係實在是單純明快。一個制度經過時日通常會逐漸變得複雜，因此基本簡單一點比較好。

第二，當我研究這個由凱撒開始、奧古斯都完成的羅馬通貨改革時，一個存在我心中很久的想法似乎得到了證實。這個想法就是——從事經濟工作的人不了解政治也可以成功，但是一個政治家絕對必須對經濟有所了解。

我認為奧古斯都通貨制度之所以成功的一大要素，就在於幣面價值與素材價值的一致性，不然羅馬通貨不可能一直被當作基本通貨。奧古斯都知道，所謂「通貨」與羅馬皇帝、羅馬軍團都沒有關係，只是依照經濟原則忠實地活動。在那個紙幣尚未出現的時代，要使這個「生物」不會輕舉妄動，只有保持幣面價值與素材價值一致。

我的第三個感想是，由奧古斯都所制定、之後三百年間未曾改變的通貨，最多也只是羅馬帝國的基本通貨，而不是帝國整體的共通貨幣。因為從一位一百多年後的希臘作家普魯塔克(Plutarch)的著作中可以看出來，羅馬帝國時代的希臘作家在著作中所記述的通貨與以前一樣，還是希臘的通貨「德拉古馬」、「泰連」等等。會出現在著述中就表示仍然存在，繼續使用中。

羅馬明明具有強制帝國內其他民族使用同樣貨幣的權力，但是並沒有這麼做。從自治都市到自由都市，羅馬都允許他們製造使用自己獨特的貨幣。因為通貨除了具有經濟上的意義之外，更是一種獨特的文化。想想看，如果日本國內不用日圓，美金到處流竄會是什麼情形？與國外的經濟活動是便利多了，但是經濟的活性化不能單單只考慮到經濟而已，這樣的活性化無法擴及所有層面。

現在（一九九七年春）歐洲各國似乎不顧一切，不管付出多大的代價，一心要實現歐洲共同貨幣。我實在想不通為什麼連貨幣都非統一不可，我想這與其說是一種經濟對策，不如說是暗中與美金較勁的政治對策還來得貼切。

話題再回到二千年前吧！第四個令我覺得有趣的是：

奧古斯都承襲了凱撒的作法——除了紀念幣之外，在通用貨幣上也都刻上自己的肖像或是事功。而且不只是奧古斯都擁有鑄造權的金幣、銀幣，連屬於元老院鑄造的銅幣上也刻了他的肖像，可以說基本貨幣上全都是奧古斯都的肖像。這和現代英國紙幣的差別只在一個是金屬，一個是紙做的罷了。羅馬貨幣的使用期是用到壞掉、需要重鑄為止。事實上，對帝政時代的羅馬來說，等於是國家敵人的布魯圖斯所鑄的銀幣，由於含銀量百分之百，因此仍然一直被使用，並沒有因為是布魯圖斯所鑄的而廢止不用。羅馬皇帝也不會因為錢幣上刻的是前任皇帝的肖像就宣布回收重鑄。

在那個紙幣不存在的時代，羅馬通貨的幣面價值和素材價值的變遷，如實地反映出羅馬帝國經濟力的變化。由這個角度來看，經濟上的「羅馬和平」確實存在過，而且是從奧古斯都時代開始的。

奧古斯都比凱撒更適合當一位政治家——許多研究者都這麼認為。正如歷史學家塔西圖斯(Tacitus)曾評論奧古斯都，說他成為唯一的勝利者之後，仍舊「一點也不感到累，慢慢地花時間把所有的權力一樣一樣弄到手。」相反的，凱撒一成為唯一的勝利者之後，立刻自行就任終身獨裁官，強行推動革命。

我認為這種差異其來有自。第一，二人性格本來就不同；第二，凱撒五十四歲才得以開始「革命」，奧古斯都三十三歲便開始了，年齡上就差距很大；第三，由於凱撒被殺的教訓，使奧古斯都興起絕對不能被殺的意志。除了這三點之外，我覺得還有一個差異不妨也考慮進去。那就是「含著銀湯匙出生的人」與普通百姓的差異。

凱撒出生在羅馬，家族起源於王政時代，擁有七百多年的歷史，可說是名門中的名門。奧古斯都也出生在羅馬，祖父那一代從事何業並不清楚，家族位於小都市維雷多利，經濟上即使比凱撒富裕，但是直到父親那一代才得以進入元老院。不過，這位父親雖然當上元老院議員，卻年紀輕輕就死了，無緣經歷那些政府要職。母親阿蒂亞的娘家是名門世家，但是阿提斯家族在羅馬史上根本就沒沒無名。凱撒出身「貴族階級」，而奧古斯都卻是羅馬社會中排名第二的「騎士階級」。雖然奧古斯都是凱撒妹妹女兒的兒子，具有血緣上的關係，但是這種關係似乎太遠了，講出來可能會成為笑柄。王政時期多達三百家的名門，雖然在共和時代末期遽減為十四家，但是元老院中仍充斥著如：華雷利烏斯、克勞狄斯、柯爾涅留斯等名門後裔。奧古斯都的妻子莉薇亞所帶過來的兩個小孩也是克勞狄斯一族的直系後代。

正因為如此，凱撒認為光是指定當時的屋大維為後繼者還不夠，因此才將他收為養子，使他成為凱撒家的一員。不過，對於仍存有十四名門的羅馬領導階層來說，養子和親生的畢竟不同。而且，一般大眾喜歡貴族，對這種事情更是在意。凱撒做什麼都沒有關係，奧古斯都卻不得不小心翼翼地進行任何計畫。

奧古斯都在這方面的考慮，都不是為了滿足他個人的虛榮心，而是為了國家的安定繁榮，這種情操實在令人感動佩服。

奧古斯都在馬爾斯廣場最北部，為自己及家族所建的前所未有的壯麗陵墓即是一例。此外，從羅馬廣場擴建之初的「凱撒廣場」，和紀念為凱撒報仇成功的「奧古斯都廣場」建造計畫的差異，也可看出奧古斯都的苦心。

「凱撒廣場」中重要的雕像只有兩尊，一是豎立在正殿的女神維納斯，而維納斯正是凱撒家族所屬的朱利斯一門的守護神；另外一尊則是神殿前廣場中央、青銅製的凱撒騎馬像。

「奧古斯都廣場」就不同了，光是列舉其中主要的雕像，數目就很驚人。

首先是立在廣場中央駕著四匹馬車的奧古斯都青銅像，因為這座廣場是獻給復仇之神（戰神）馬爾斯的。而神殿內的中央是復仇之神馬爾斯，左手邊是女神維納斯，右手邊是被神化了的凱撒像，只要想想這座廣場建造的理由應該就可以理解了。

可是，主要的雕像可不只這些。從朱利斯一門的始祖——維納斯女神的兒子伊尼亞斯、

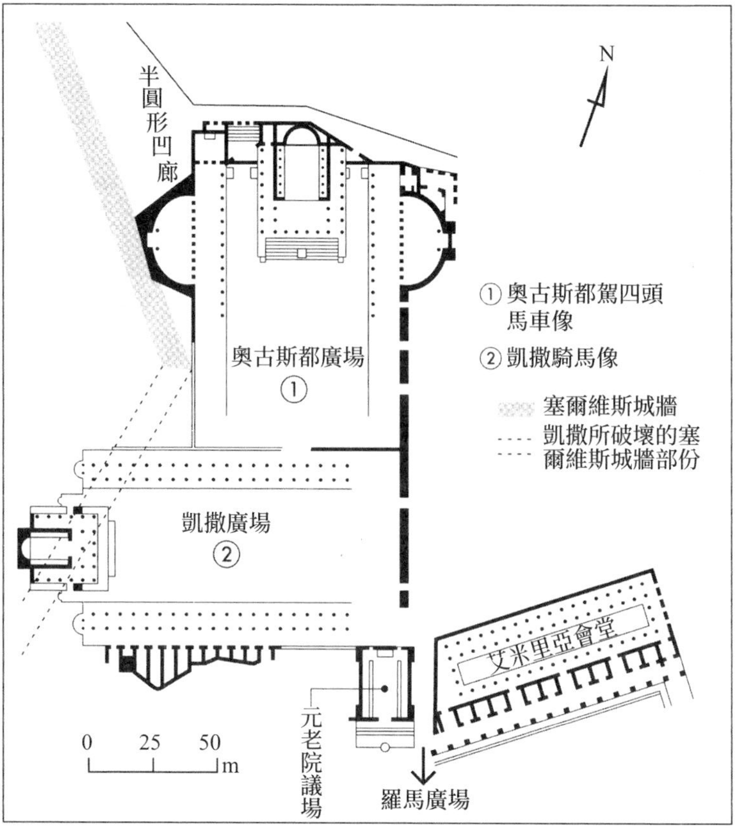

伊尼亞斯的孫子塞爾維斯和親族，到朱利斯一門起源地的阿爾巴隆加地方的國王，以及羅馬進入共和之後，各時代的偉人，大家一起排排站。一定是奧古斯都感到需要這些歷史背景在後面撐腰吧！為了達到奧古斯都的願望，廣場兩側特別加建半圓形的空間，以容納這些已知至少有十六尊的雕像。建築師的才能真是讓人佩服！

於是，不同於「凱

撒廣場」，「奧古斯都廣場」成了充滿威嚴，令人肅然起敬的空間，也因此產生了一個副作用。那就是，羅馬時代的情人都對這裡「敬而遠之」。

半圓形部份是偌大的廣場中最舒適的空間，但是那裡也豎立著建國以來偉人的像，其中以阿庇尤斯(Appius Claudius Caecus)最殺風景了。阿庇尤斯(Appius)是羅馬式街道系統的創始者，阿庇亞大道就是他鋪設的。這位先生即使到了老年，視茫茫而髮蒼蒼之際，仍然精力充沛，當元老院因打了敗仗而打算與敵人講和時，這位老先生大聲斥責他們：

「羅馬只有打勝仗和人講和的，從來沒有打輸了來和人講和的！」

在這麼一位人物的注視下，似乎隨時會有叫罵聲從天而降，情侶們怎麼能夠放心地你儂我儂呢！因此羅馬的情侶要幽會時，必定移到隔壁的「凱撒廣場」去。

「凱撒廣場」則有愛神維納斯和愛情高手凱撒在守護著。帝政時期有一位詩人，不知是馬爾夏(Martialis)還是朱文納(Juvenalis)，曾經寫過一首詩，幽默地描述一位在法庭上辯才無礙的年輕律師，邀請他心儀的女孩到「凱撒廣場」約會，但是在凱撒的騎馬像之下，卻一句話也說不出來。馬背上的凱撒看了可能也要笑道：「加油！」吧！

雖然情侶們不愛光臨，但是「奧古斯都廣場」並未因此被冷落，反而成為當時私塾型態的中小學校最佳的戶外教學場所。即使被偉人環繞也無妨，因為這些雕像正是最好的教材，簡直是太方便了。

和安東尼及克麗奧佩脫拉聯軍決戰的亞克興角戰役前夕，當時還是凱撒．屋大維的奧古斯都向阿波羅神祈求勝利。凱旋之後就立刻在帕拉提諾山丘上建立一座阿波羅神殿，而阿波羅並不是羅馬社會傳統所重視的天神。被當作是天神聚居的聖域——卡匹杜里諾山丘（Capitoline Hill）上，建有男神朱比特（Jupiter，希臘名為宙斯 Zeus）、其妻朱諾（Juno，希臘名為希拉 Hera）以及智慧女神密涅瓦（Minerva，希臘名為雅典娜 Aehena）等三位主要天神的神殿。這些天神很早就從希臘傳來，之後與羅馬原來的諸神融合，成為羅馬宗教的主神群。此外還有戰神馬爾斯（Mars，希臘名為阿瑞斯 Ares）也是羅馬主神之一。只有在希臘被奉為主神之一的阿波羅（Apollo），不知是否因為所掌管的項目——光與詩對羅馬人來說太抽象了，一直沒有得到很大的重視；祂的神殿也一直都建在離市中心很遠的地方。

但是這次奧古斯都將神殿建在自宅附近、也算是市中心的帕拉提諾山丘上，成為羅馬第一權力者的守護神，提高了阿波羅在羅馬諸神中的地位。由於奧古斯都不像凱撒有家族傳統的守護神，因此可以看出他苦心的選擇。

即使是缺點也能將之轉變成優點——這是一個創造者必備的才能。阿波羅神常常被塑造成清新俊美的年輕男性形象，而奧古斯都則堅持自己的雕像只能表現他四十歲之前的樣貌。由阿波羅來做奧古斯都的守護神真是再適合也不過了。

選舉改革

不好的事情是：單靠形象，卻沒有任何具體行動，只有一個空殼子高掛在那裡。西元前二十三年，執政官選舉再度舉行，重新燃起人民的政治意識，在奧古斯都眼中，正是他改革選舉制度的好時機。

花費許多時間，以掩人耳目之法終至手握種種大權的奧古斯都一定很清楚，自己這樣大張旗鼓地舉辦選舉不過是一種偽善的行為。

即使是以強硬的手法取得大權的凱撒也明白，能夠自由地行使選舉權可以帶給人民多大的滿足。人民滿足了，大事業才會成功。拉丁文的"Consensus"以及現代英文的"Consensus"，與其說是表示對目的的意見一致，不如說是對手段的意見一致。凱撒興建的「朱利斯選舉會場」，在奧古斯都手中完成；地點在「萬神殿」(Pantheon)的東鄰，是一百二十公尺×三百公尺大小的列柱迴廊，選舉時則按選區隔開。選舉的方法與共和時代相同，也就是說，當選與否並不是計算全部的選票為準，而是各選舉區的結果就成為該選區的「選票」，然後再計算這些「選票」來決定當選與否。這個方法從西元前五〇九年共和時代開始就一直沿用下來，是羅馬獨特的選舉方法。

奧古斯都的選舉制度改革之所以成為改革的原因，在於他首創羅馬史上，或者可以說古代首見的，承認首都以外地區的投票。對現代人來說，各地方自治體的有權者投票之後，再將票送到首都去統計，這種方法本來就是理所當然的。但是在古代，也許是因為都市國家的歷史，選舉在首都舉行才是理所當然的。奧古斯都的改革，等於是承認不在場投票。

當時有權投票者超過四百萬人，如果仍然維持以前的制度，只有能來首都羅馬的公民才能行使選舉權，那麼，連國家最高官職的執政官選舉就真的只是一種表面上的偽善了。史實上並未記載居住在行省的羅馬公民也可以不在場投票，但是，大部份有權投票者都居住在義大利國內，因此不在場投票的實施使選舉權的得以公平行使。別說是古代了，即使是二千年後科技發達的現代，不管在日本或是義大利，都未能做到定居海外公民的不在場投票。

選舉雖然能帶動社會生氣，但是如果任它發展，不設定規範，違法的行為也會蠢蠢欲動。奧古斯都也訂出了處罰辦法。

候選人必須繳交一定金額的保證金，如果有違法情事，便沒收保證金收歸國庫。但是，資助候選人選舉金是被允許的，這也是羅馬的慣例。資助金額是一人一千塞斯泰契斯銅幣。而那個時代，一個士兵一年的本薪是九百塞斯泰契斯銅幣；最高權力者是這個金額，那麼其他人也不好意思捐助更高的金額了吧！此外，想被提名為「榮譽公職人員」（擔任無給職的國家要職）的候選人，至少要擁有一百萬塞斯泰契斯銅幣的資產，與元老院議員的財產資格相同。如果沒有這麼多家財，就不能被提名，也不能成為元老院議員；但是，如果只是經濟能力不足，其他

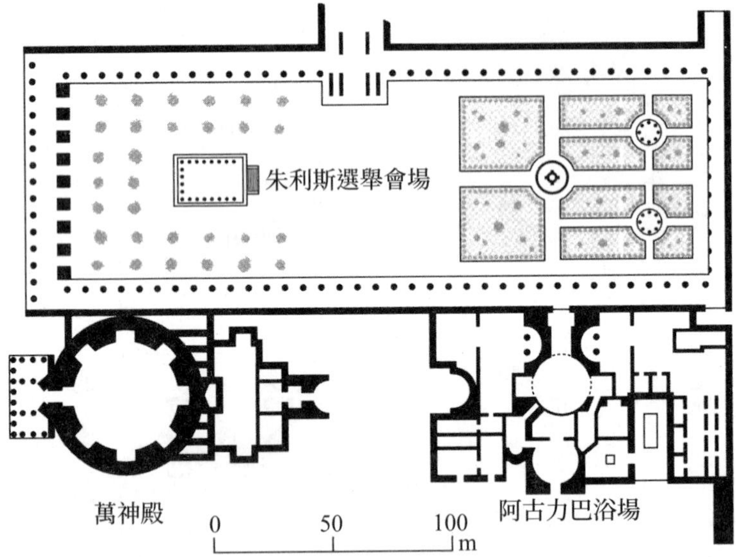

上：朱利斯選舉會場的平面圖

下：經哈德良皇帝改建過的萬神殿，以及阿古力巴浴場的平面圖（想像圖）

條件都符合的人選，奧古斯都就會慷慨解囊，大力相助。

這種程度的改革難道真能消除違法情事嗎？實際上幾乎都消除了。與凱撒那時代相比，買票賣票的情況實在是好太多了，甚至會讓人以為自己眼花了呢！

然而並不是說這四十年間，羅馬人民的倫理道德進步了；也不是因為如果違法，保證金會被沒收，太可惜。真正的原因是，即使買票謀得了公職也得不到經濟上的好處，因為公職上有利的權力已經不存在了。當選審計官任滿之後可以得到元老院一席之地，然後向法務官的選舉挑戰，接著再向執政官選舉挑戰，這一切都是為了後面等著的行省總督職務。結果，奧古斯都將以往屬於行省總督的徵稅權收回，交由新設的「稅吏」專管，使帝國時代的總督不可能再像共和時代的總督那樣，在任期內累積一筆財富。「利益」不見了，才是羅馬公職選舉轉趨乾淨的主因。

不過，「榮譽公職人員」的觀念仍然存在。即使沒有利因，想要為國家奉獻服務的人還是很多；更何況，人的內心深處總是有一股虛榮心。而一般大眾都將選舉看成是廟會一樣，在一年一度的選舉期間，廣大的「朱利斯選舉會場」真是人山人海，盛況空前。

奧古斯都的選舉改革中，執政官仍然維持兩人，法務官仍然是十六人，維持凱撒時期的人數。但是，凱撒所設定四十人的審計官，則減到之前蘇拉所定的二十名。這也是奧古斯都對元老院的懷柔政策之一。蘇拉雖然是個爭論很多的人物，但是他卻盡全力強化元老院的體制，而被元老院視為恩人。審計官的名額雖然減少了一半，但是這項相當於「榮譽公職人員」入門的公職資格年齡，也由原來的三十歲調降為二十五歲。奧古斯都的目的並不是想促成政府要職人員的年輕化。如果審計官的資格年齡為三十歲，任期屆滿之後就很可能直接進入元老院，因為元老院的資格年齡也是三十歲。但是如果訂為二十五歲，從任期屆滿到可以進入元老院還有四年的間隔；而這四年間，奧古斯都就可以考核該人是否適合擔任元老院議員。

即使在共和時代，要進入元老院也不是自動生效的，必須經過財務官討論決定。唯一的例外是具有護民官經歷者，可以無條件自動成為元老院一員，這也是攏絡平民階級的一種懷柔政策。

財務官既然有權審核元老院議員資格，可見共和時代財務官的權力有多大。當時要成為財務官必須具有執政官等經歷，甚至行省總督的經驗，也就是只有元老院的有力人士才有資格擔任。全心全意要打倒「元老院體制」的凱撒，當然也不會忽略財務官的這項權力；他廢除這項由財務官審核決定元老院議員的制度。誰能夠進入元老院，變成了他這位終身獨裁官的權限。

奧古斯都也沿用凱撒的方式，但是進行的方法不同。對於審計官任滿，至少已三十一歲的元老院議員候選人，凱撒必須立刻告知是否合格，可否成為元老院的一員；但是奧古斯都就還有四年的緩衝期。即使奧古斯都明明手握大權，足以左右一個人未來的前途，但是四年的時間卻可以大大地淡化這個印象，可見奧古斯都是怎樣一個深謀遠慮的人！

總之，執政官兩人、法務官十六人、審計官二十人，總計三十八名的國家要職，有數倍的人在爭取，這種選舉戰的盛況當然不難想像了。

羅馬時代的「諾門克拉特爾」（隨從）

自古以來，羅馬的有力人士出門時，必定有位稱作「諾門克拉特爾」的隨從陪同。因為有力人士即使只是在羅馬廣場走一走，都會有絡繹不絕的人趨前致意。要記得全部人的名字是不可能的，因此每當有人上前，身為「諾門（"Nomen"意為『名字』）克拉特爾（"Clator"意為『照顧』）」的隨從就會向主人低語提示，然後主人就能夠發出適當的招呼聲。

「呀——普布里斯・華雷利烏斯，最近好嗎？」

如果是選舉戰期間，「諾門克拉特爾」要記得的可就不只是名字而已了。而且，如果只等著人家來打招呼，肯定當選無望。因為有選舉權的公民中，也包括沒有資產、必須仰賴每天工作以換取溫飽的「無產者」，以及從前是奴隸，後來得到自由的「解放奴隸」。因為解放奴隸只要擁有自己的資產和兒子，就可以獲得公民權。即使父親是元老院議員，已滿二十五歲了還在挑人打招呼，連一絲好感都別想得到了。「諾門克拉特爾」的腦袋必須像電腦一樣才行。

「呀——蓋烏斯・蘇埃托尼烏斯，在東方生意做得怎麼樣啊？這樣啊！那真是太好了！我想你一定看過候選人名單了吧！我這次要選審計官，請你多多幫忙了。」

「這不是昆托斯・塔西圖斯嗎？沒想到會在這裡遇見你呀！我在南高盧行省工作的時候，多虧你的親族們照顧了，真是感謝呀！這次我要選法務官，拜託你了。」

如果是執政官的候選人，在選舉活動中也必須維持面子，不失了身份。

「啊！是你呀！提圖斯・普魯塔克。聽說你在雅典留學是嗎？不知道打算留學多久呢？哦——這麼久啊！如果我經歷了執政官的職務之後，我希望能夠到亞該亞行省（雅典在它管轄之內）去擔任總督的工作，到時候說不定還能為你盡點心意喔！」

羅馬領導階級絕對少不了的隨從「諾門克拉特爾」，他們滿腦子的資料還可運用到另一項工作中，那就是決定宴會的席次順序。羅馬人習慣橫臥在類似寢臺的臥榻上吃飯，想親近有力人士的人常會花點小費，好得到一個有利的位置。「諾門克拉特爾」這個字在現代還被使用，只是字尾稍稍有了變化。因為共產主義國家的特權階級叫作「諾門克拉杜拉」。

羅馬的選舉除了候選人的選舉活動之外，另有最高權力者以「推薦」方式進行的選舉活動。最會活用這種方式的首推凱撒和奧古斯都這兩位帝政推行者，而帝政卻是讓人感到不民主的政體，這一點實在值得玩味。不過，這兩人的作法是不相同的。

「獨裁官凱撒致A選區的選民諸君：希望藉由你們的選票，使得候選人B及候選人C，能夠當選他們所屬意的官職。」

這份推薦函只要換上不同的選區名稱和候選人名字，就可通用全部選區，確實是合理主義者凱撒的作風。

奧古斯都並沒有像凱撒那樣發送推薦文。選舉的時候，廣大的「朱利斯選舉會場」必定會以布幕等物區隔出不同選區，而奧古斯都就在本派候選人的陪同之下，繞行各個選區之間，請求支持他所推薦的候選人。不過，這種作法在西元八年之後便停止了。可能因為那時奧古斯都已達七十一歲高齡，體力方面無法支持，或是他認為已經不需要再扮演「謙虛的人」，真正的原因就沒有人曉得了。西元八年之後，奧古斯都的選舉活動改變成凱撒的方式了。不過，不管是凱撒或是奧古斯都都習慣親自到投票所去投下自己的一票。羅馬的帝政是有選舉制度的帝政。

經由奧古斯都卓越的政治手腕，羅馬一步一步地往帝政邁去。但是由於奧古斯都真正的用意都深藏在煙幕後面，表面上會給人一種「這是共和政體嗎？」的印象。而且，「大多數的人都只看到自己想看的現實」。因此，在元老院議場中，奧古斯都很多時候都必須忍受議員們不客氣的言語態度。

換作是蘇拉的話，議場必定鴉雀無聲，靜得連一根針掉下來都聽得到吧！誰會有勇氣批評一句或是發表相反的意見呢！因為只要被蘇拉冷酷的視線瞄一眼，就代表這個人已納入「處罰者名冊」，政治生命不用提了，連肉體的性命都不保。

如果是凱撒的話，由於他出了名的「凱撒的寬容」，不管說什麼都不致惹上殺身之禍，因此議場上必定氣氛活潑、發言熱烈吧！如果要對凱撒發出責難或是反對之聲，得先有心理準備；因為憑著凱撒的機智，只要他回敬一句，到時候可能落得在同僚爆笑聲中站著不知所措的下場。小加圖 (Marcus Porcius Cato) 等人就曾經好幾次因此而咬住嘴唇。

奧古斯都本來就不像蘇拉和凱撒，具有令人折服的魅力。而且魅力還要有肉體條件來配合。奧古斯都身高一百七十公分左右，在羅馬人之中既不算高也不算矮，無法像遠高於一百八十公分的蘇拉或是凱撒那樣，自然地散發一股威嚴。

有一次奧古斯都在元老院議場中說明法案的時候，一個議員很不客氣地打斷他。

「講的什麼東西嘛！根本就聽不懂……」

這對在言語上沒有什麼自信的奧古斯都是很大的打擊。但是，議員們的無禮行為並未就此結束；其他的議員又發出了諷刺的話語。

「如果你允許我發言的話，我想對你提出逐條反論！」

這下連奧古斯都都受不了了。他跑出議場外去，後面還有聲音追著說：

「國家政事，應該是由元老院議員討論決定的！」

奧古斯都在外面等待氣消之時，也會忍不住踢一下小石頭來洩洩憤吧！

儘管如此，誰也沒有受到處罰，也沒有人被降職。因此，元老院議場內發言自由，反對意見充斥，常常會有對「第一公民」無禮之事發生。

奧古斯都之妻莉薇亞帶過來的小孩臺伯留，從小在奧古斯都家中長大；也許因為年輕，他對繼父所受的對待一定感到憤憤不平。關於這件事，留下了一封奧古斯都寫給他的信。

「親愛的臺伯留：你還年輕，難免會這樣；但是即使有人講我的壞話，也不可以發怒。想想他們沒有拿劍對著我們，就應該滿足了，是不是？」

我只能說：奧古斯都實在是位自制力一流的男人。

血緣的執著

西元前二十三年底，奧古斯都首次遭受家庭悲劇的打擊。

這個打擊就是姊姊歐古塔薇亞的兒子——馬爾凱斯突然病死了。

對四十歲的奧古斯都來說，等於一下子失去了女婿、外甥和他最中意的接班人人選。特地把自己的獨生女嫁給他，期待他成為一位有為的領導人，卻年紀輕輕二十歲就夭折，也沒有留下

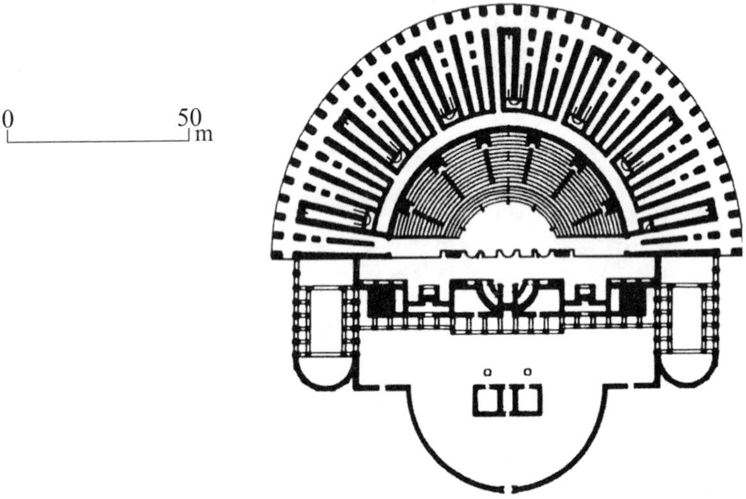

馬爾凱斯劇場：平面圖

一兒半女。葬禮上，奧古斯都親自唸誦弔辭。馬爾凱斯便成了最先葬在奧古斯都陵的人。

從這個陵墓有挖掘出一塊大理石板，上面刻著馬爾凱斯和他母親歐古塔薇亞的名字。從這裡可以看出這位遭受喪子之痛的母親有多麼悲傷，才會連自己的墓都一起先建好了。二十歲的兒子竟然先走一步，白髮人送黑髮人，不管怎樣的母親都會興起厭世之心吧！奧古斯都身為馬爾凱斯的舅舅和岳父，這份傷心沮喪絕對不是輕易可以忘記的，這一點從他在十年後將完工的劇場取名為「馬爾凱斯劇場」就可以看出來。這個劇場是繼「龐培劇場」之後，羅馬第二座石造劇場，由凱撒著手興建，在奧古斯都手中完成。本來這座劇場應該像「朱利斯選舉會場」、「朱利斯元老院議場」、「朱利斯水道」等一樣，叫做「朱利斯劇場」才對，結果奧古斯都卻違反了傳統的取名方式，將之命名為「馬爾凱斯劇場」。

不過，奧古斯都與凱撒不同的一點就是：奧古斯都對於血緣的傳承非常執著。

喪期一過，馬爾凱斯十六歲的未亡人尤莉亞立刻再婚，對象是奧古斯都十七歲時由凱撒派在奧古斯都身邊，此後一直是奧古斯都最佳拍檔的阿古力巴。由於阿古力巴與奧古斯都同年，因此他成了四十歲的新郎。當時阿古力巴早已和歐古塔薇亞的女兒瑪爾雀拉結婚，並且育有一女，但是奧古斯都強迫他離婚，再和女兒尤莉亞結婚。而被迫離婚的瑪爾雀拉則被安排和安東尼的一個兒子結婚。

阿古力巴和尤莉亞的婚姻在血緣的承續上，可說是成功的。二年後他們的長男誕生，再三年後次男也誕生。奧古斯都在四十三歲的時候當上了祖父。

即使執著於自己血統的延續，奧古斯都也沒有一刻忘記國家的利益。當年十七歲的他會受到凱撒的青睞，恐怕就是因為他那強烈的責任感吧！而這份責任感也是他身負國政之後，支持他日以繼夜政治生涯的活力泉源吧！對於侵襲首都的糧食危機，奧古斯都的應變不但果決迅速，而且還不忘確立顧及將來的對策。那個深受家庭不幸打擊的人，似乎也消失在燃燒女婿遺體的火焰中。

糧食確保

自從第一次布尼克戰役結束之後二百年間，羅馬國家放棄了糧食的自給自足。因為那一戰，羅馬從迦太基手中得到了西西里的占有權，由於西西里極適合小麥生長，使義大利本國的小麥在價格方面根本沒有競爭力，從此改往橄欖油和葡萄酒方面生產。結果成績很不錯，所得的葡萄酒和橄欖油都達到出口的品質，但是作為主食的小麥卻不得不仰賴進口了。對總人口據說已達百萬的首都羅馬來說，小麥存量的重要性是無庸多言，就連義大利本國，小麥存量也一直是重大的問題。

糧食確保在共和時代是按察官的管轄範圍，但是一旦糧荒問題嚴重時，設立未久的按察官就無法解決了。這時候，素有威信的政界大老常常會臨危受命來解決糧荒問題。例如：西元前五十七年的龐培就是一個好例子。

凱撒則設置了一個專門負責這項重要任務的官職。他把以往只有四人編制的按察官增加為六人，其中兩人職稱為「糧食管理按察官」，專門負責小麥進口地的確保以及給貧民的無償給付。但是，糧食管理按察官的任期和其他官職一樣都是一年，並不利於立案及實施永久的對策。

奧古斯都則考慮將這個制度常態化。不過，依照他的性格，凡事必定一個階段一個階段慢慢來。西元前二十二年時，奧古斯都根本沒有著手進行徹底的解決方案；剛開始時，他甚至好像只是在一旁觀看仿照共和時代所選出的兩位執政官如何表現。如果實地仿照共和時代的執政官權限，執政官想從國庫挪用一筆臨時支出，就必須徵得元老院的同意。而當元老院六百位議員對於這項要求還在熱烈討論之際，陷入恐慌狀態的民眾，已對奧古斯都發出呼聲，希望他能夠出任獨裁官，以便一舉解決糧食問題。獨裁官是羅馬的危機處理制度，因此並不需要和元老院商議，就可以獨自將決策付諸實行。但是，奧古斯都婉拒了這項請求。其實奧古斯都手中握有的權力早就可以媲美終身獨裁官了，只是他巧於掩飾，因此大多數人並沒有發覺。由於他的婉拒，共和主義派人士可是大大地鬆了一口氣。

但是，奧古斯都不能放任人民的恐慌不管。他拿出自己所有的錢，火速派遣同派人士到海外購買大量小麥。像這樣的事他一定會記在《業績錄》中——「僅僅數日間，便將首都居民從危機和恐慌中救出。」

人民感激他是一定的，在感激之餘，經過不斷的討論，大家終於開始察覺到共和政體的極限了。

雖然如此，奧古斯都並沒有趁機利用這種氣氛。危機解決之後，糧食問題仍舊交還一年任期的「糧食管理按察官」手中。這點再度讓共和派人士感動不已。因為能夠掌管「食」幾乎就如同握有軍事大權一樣。

但是奧古斯都並沒有等到二十八年後再度爆發糧食危機才採取行動。他新設了一個「糧食局局長」的官職，為了凸顯這個職務是行政職，而不是政治職，因此都從「騎士階級」而不是元老院階級來任命。這個官職也是由皇帝任命的行政官吏，因此任期很長，終於確立了羅馬的糧食安全保障制度。只是這麼一來，連管理「食」的權力也落入了皇帝手中，元老院又丟了一個原本屬於他們的權力。

講完了「食」的安全保障之後，雖然「水」的安全保障不是在同一時間進行的，但是我想在此順便提一下。上下水道和街道同為羅馬社會基礎建設的兩大支柱，我打算在別冊再詳加敘述，在這裡就只稍稍說明一下。

這方面的建設如同街道鋪設一般，奧古斯都也是完全委任給阿古力巴。阿古力巴也是萬神殿最初的建造者。為了解決首都的「水」問題，阿古力巴將建築、道路、水道等方面的工程技術專家組織起來，而這些專家全都是奴隸。

西元前十二年阿古力巴死時，把所有的財產都留給了奧古斯都，連同他的奴隸在內。這些奴隸其實都是公共工程的專家，奧古斯都不僅讓他們恢復自由之身，還將他們的地位一下子提升到僅次於元老院階級的騎士階級，並且以這些專家為中心，新成立了「公共事業部」。

重要的「水道局」也包括在內。到帝政中期時，首都羅馬已有十幾條供水的水道，其中兩條就是阿古力巴完成的。除了要確保「水」的供給之外，也許因為他所組織的技術團中，水道工程的專家特別優秀也說不定。

至於這個「水道局局長」，奧古斯都則要元老院議員中具有執政官經驗者來就任。「食」歸自己與自己的後繼者管轄，而「水」則交給元老院去管。部份也是因為在羅馬傳統上，社會的基本建設應該交由社會地位崇高的人士來負責。

西元前二十二年，四十一歲的奧古斯都將國政改革的步伐暫停四年，先行解決別的事情，那就是羅馬帝國東半部的重整，以及解決先前擱置的帕提亞問題。而且，一般大眾比較喜歡華麗的戰果，勝過無味的國政改革。此外，此刻許多方面的時機皆已成熟，正好趁此機會親自出馬去整頓帝國的東半部。

重整東方

現代土耳其的首都安卡拉為中心的小亞細亞中央部份，古代稱作加拉太(Galatia)地方，在羅馬共和時代是羅馬的同盟國，按照羅馬人的說法是「羅馬公民的友人和同盟者」。西元前二十四年時，該王族的最後一人也死了。加拉太的東鄰是同為羅馬同盟國的卡帕杜西亞(Cappadocia)，而卡帕杜西亞的東邊一直到裏海的廣大地區是亞美尼亞(Armenia)王國，亞美尼亞也是羅馬的同盟國。羅馬一直藉著敘利亞行省和這些同盟國，採取由西邊呈半圓形包圍最大假想敵帕提亞的戰略。因此，即使加拉太並未直接與帕提亞相連，但是對羅馬來說，加拉太的一舉一動都將大大影響羅馬的防衛戰略。如果加拉太脫離羅馬的控制，那麼這個地區的防衛戰略將完全崩潰。

當加拉太王去世的消息傳來時，奧古斯都正在西班牙的塔拉格那忙於西方領土的重整工作。但是西班牙征服行動一完成，他立刻派遣阿古力巴到東方去，而且是賦予他僅次於自己的身份，也就是權力、權威具備的特命全權大使。奧古斯都的意思是想趁此機會將加拉太變成羅馬直轄省，但是不使用武力。

出發到東方的阿古力巴並沒有軍團跟隨，而且他不直接進入目的地加拉太，而是先待在小亞細亞西岸的雷斯波斯，以和平方式進行交涉工作。

不過，在羅馬連小孩子都知道，阿古力巴總是代替不擅長帶兵打仗的奧古斯都上前線作戰，這次出征居然沒有任何軍隊跟隨，而且還是去女詩人「莎菲」詩中提到的風光明媚的愛琴海小島，因此大家都在懷疑，是不是因為奧古斯都太重用女婿馬爾凱斯，導致兩個人之間弄得不愉快，所以奧古斯都才把多年的夥伴貶到雷斯波斯去。我以前有一段時間也是這麼認為，現在則可以百分之百的否定這種說法。阿古力巴在這段時期並不是一直窩在小島上，他不但要視察東方的行省，甚至準備遠赴猶地亞 (Judaea) 去。在奧古斯都未能親訪東方的期間，阿古力巴就替奧古斯都打下重整東方的基礎。以阿古力巴之名在東方世界完成的各種社會建設，數量之多絕對不是一個心情不快、與人鬧彆扭的人所能做到的。也正因為他是僅次於最高權力者的「次席」，才有可能在等待「主席」登場期間，奠定大事業的基礎。而奧古斯都也才能在這段期間完成西方領地的整頓工作，返回首都，取得「護民官特權」，達到他當皇帝所需的立場。由於凱撒的指派而從十七歲開始一直和奧古斯都同甘共苦的阿古力巴，實在是奧古斯都一位難得的朋友兼夥伴兼助手。

失去心愛的女婿馬爾凱斯之後，奧古斯都之所以選擇阿古力巴為他獨生愛女的再婚對象，說不定也是想到使自己的血與好友的血融合在一起。阿古力巴成為奧古斯都的女婿之後，奧古斯都將他提升到與自己同級的共同統治者，當奧古斯都不在國內的時候，阿古力巴就代替他負責「內閣」的工作。因為「內閣」的成員除了原來的「第一公民」與執政官兩人、各部門代表一人、抽選的二十位元老院議員之外，奧古斯都又加入了阿古力巴這位「第一公民」的共同統治者。奧古斯都一定想過，萬一自己遭遇不測的時候，國家就交給阿古力巴了。阿古力巴雖然與奧古斯都同年，但是健康方面卻是身強體壯，難得生病，可以放心。

由於阿古力巴早已打好基礎，因此在西元前二十二年，奧古斯都從首都出發，開始他的東方重整之旅時，一點也不用急，可以慢慢來。第一站是西西里。住在西西里的希臘系人民抱著很大的期待來迎接這位也是「第一公民」的凱撒兒子。

凱撒給盧比孔河以北的北義行省全體居民「羅馬公民權」，預備給西西里的全體自由居民「拉丁公民權」。除了沒有參政權，也就是不能投票之外，「拉丁公民權」的其他權利都與「羅馬公民權」相同，可以視為取得「羅馬公民權」的準備過程。除了西西里之外，凱撒也準備給

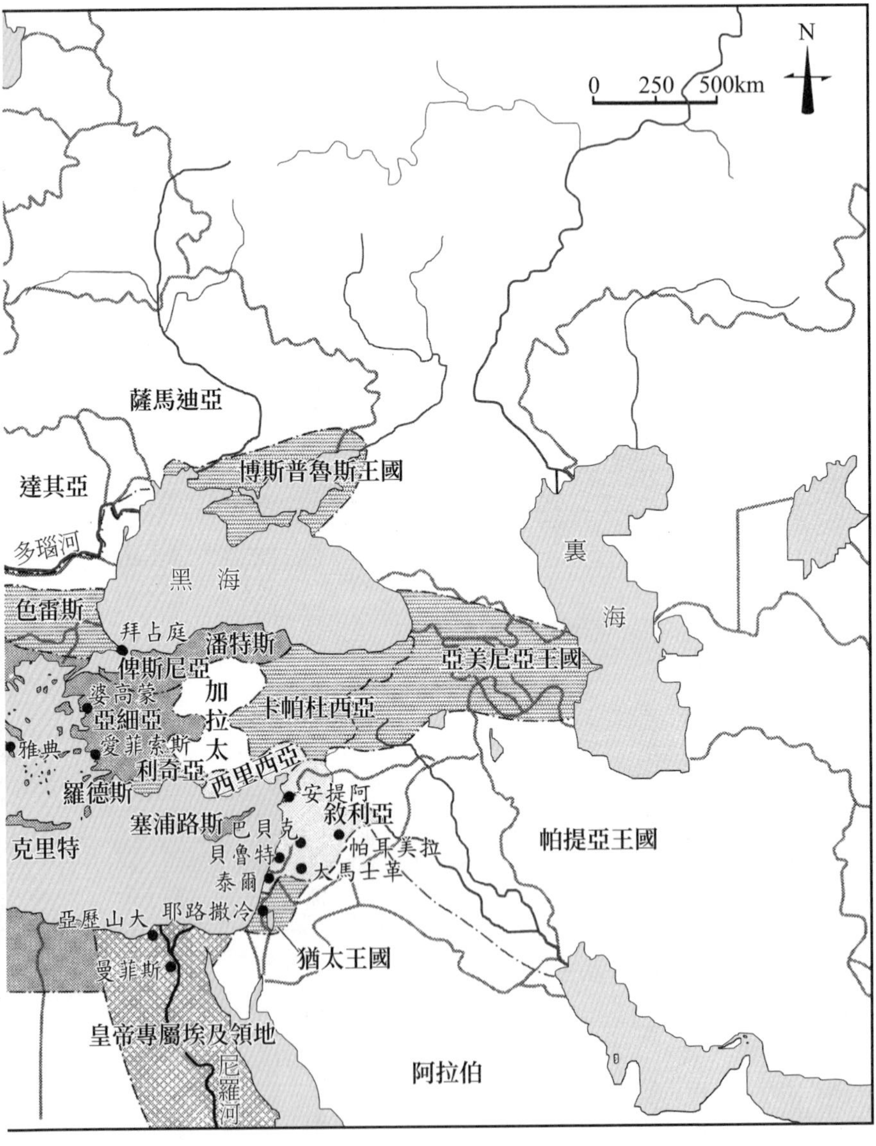
N
0 250 500km
薩馬迪亞
達其亞
多瑙河
博斯普魯斯王國
黑 海
裏
海
色雷斯
拜占庭
潘特斯
俾斯尼亞
亞美尼亞王國
波高蒙
加
拉
太
卡帕杜西亞
亞細亞
愛菲索斯
雅典
利奇亞
西里西亞
羅德斯
安提阿
敘利亞
塞浦路斯
巴貝克
帕耳美拉
帕提亞王國
克里特
貝魯特
泰爾
大馬士革
耶路撒冷
亞歷山大
猶太王國
曼菲斯
皇帝專屬埃及領地
尼羅河
阿拉伯

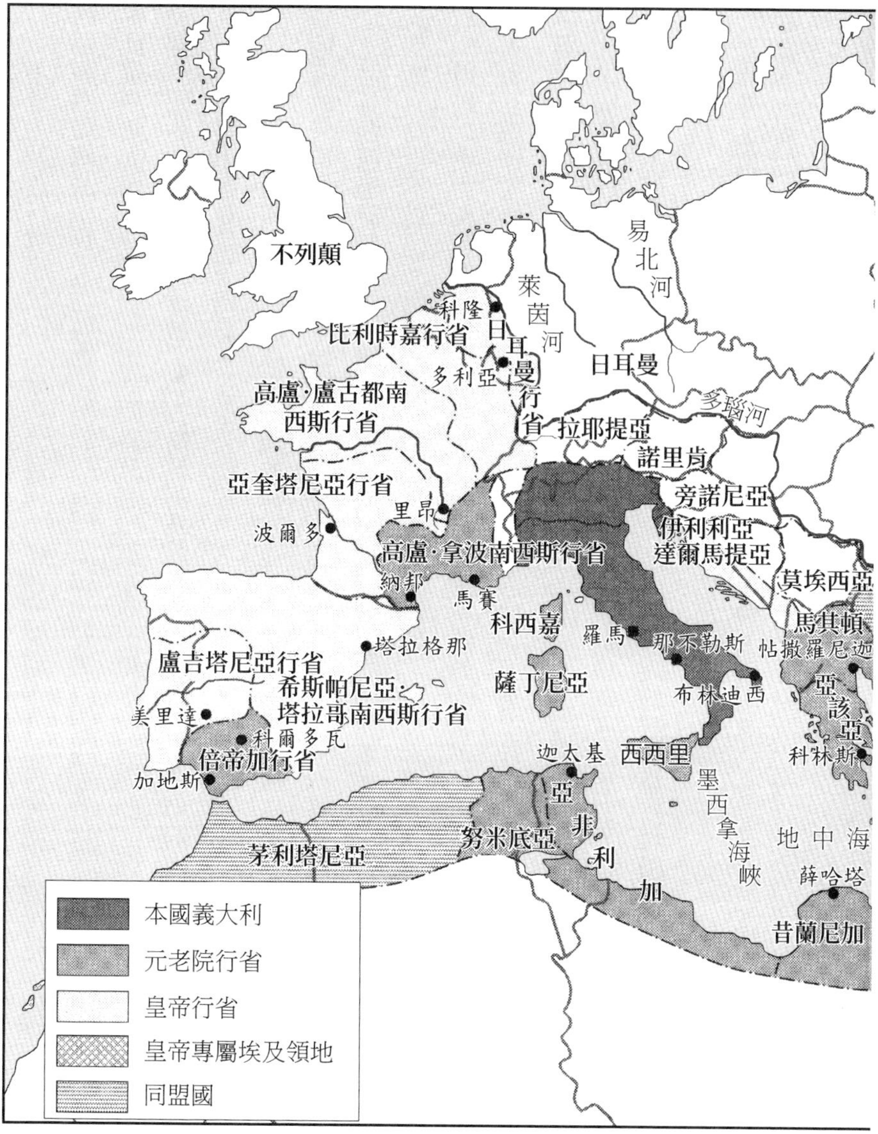

羅馬國全境略圖（西元前 24 年時）（——為現代的國境）

予南法行省的居民「拉丁公民權」。

不過，北義行省居民的「羅馬公民權」在西元前四十九年已經明文政策化，但是凱撒決定給西西里和南法「拉丁公民權」是西元前四十四年的事，結果三個月後，凱撒就不幸遇刺身亡。從此羅馬陷入內亂狀態，一直到西元前三〇年才回復和平。這期間，西西里和南法的「拉丁公民權」問題就一直被擱置著。奧古斯都認為既然沒有政策化，就形同白紙一張，不管南法或西西里，他都不打算給予他們「拉丁公民權」。

西西里人也知道奧古斯都在南法的時候並沒有給予南法居民「拉丁公民權」，仍舊維持行省的關係。但是「高盧・拿波南西斯」和「西西里」成為羅馬行省的歷史不同，西西里要久多了。而且西西里與義大利只隔著一道最短距離三公里的墨西拿海峽，因地緣關係採用與祖國相同制度一點也不奇怪。而且，西西里還是羅馬的穀倉。

但是以奧古斯都的觀點，西西里算是另一個不同的國家，使用的語言也是希臘語。當時高盧人和西班牙人尚未發展出自己完整的語言，因此拉丁語的使用非常深入、普及，不過或許因為羅馬政府的雙語政策，本來使用希臘語的地方，即使成了羅馬的行省，依舊是講希臘語。到現代，即使西西里已被拉丁語系的義大利語統一，但是在西西里的方言中還可聽到夾雜許多希臘語，令人不禁要發出一聲苦笑。而古代的西西里給人的感覺是：希臘語是國語，第一外國語才是拉丁語。

此外，奧古斯都對於公民權的想法也對西西里人不利。

凱撒和奧古斯都對公民權的想法，整理之後如下：

——凱撒

一、即使是不同民族，只要從事對羅馬有貢獻的工作就給予公民權。例如：凡是忠誠的士兵，不管是高盧人或日耳曼民族，凱撒都給予他們「羅馬公民權」。

二、賦予公民權之後，對羅馬帝國的將來比較有幫助的人。例如：部族的有力人士，或是像巴爾布斯那樣有才能的行省人民，凱撒對於這些人的公民權都是盡量地採開放、積極原則。

——奧古斯都

一、這個條件的公民權，奧古斯都的作法和凱撒一樣。後面將會提到，在軍制改革時，對服役期滿的行省志願兵，奧古斯都也給予他們「羅馬公民權」。

但是，關於二、的條件，奧古斯都的作法不只是慎重，簡直可以說是到達消極的地步。原因之一應該是不想引起元老院的反彈。但是第二個原因卻是從他個人的信念而來，他認為應該先充實本國人，振興本國人。

這方面，「父」與「子」的作法也不同。一般來說，學者都將凱撒歸為追求革新的，而奧古斯都則是傾向保守的；但是在公民權的發放方面，奧古斯都的方針所得的評價反而比較高。不過，傳統上研究羅馬歷史風氣很盛的，都是擁有殖民地帝國歷史的現代先進國家。如果換作現代開發中國家出身的研究者，是不是會有完全不同的評價呢？因為這些舊殖民地帝國連「從事對本國有貢獻工作」的外族，都不肯給予本國國籍。

總之，西西里仍然維持行省的等級。但是奧古斯都對於提高西西里這個羅馬穀倉的生產力，表現了前所未有的熱心。如果說保守主義就是覺得留下來比較恰當的東西就留下來，那麼他的作法可以算是保守的，但也是羅馬人傳統的作法。

西西里和羅馬一樣擁有七百年的歷史，是希臘移民的定居地，主要都市包括：敘拉古(Siracusa)、卡塔尼亞(Catania)、墨西拿(Messina)、巴勒摩(Palermo)、特拉帕尼(Trapani)、馬爾沙拉(Marsala)以及亞格里珍特(Agrigento)等七個城市。每一個都是海港都市，因為都是由海運及通商民族——希臘人和迦太基人所建設的。奧古斯都首先想充實這七個都市的建設。由沿著海岸線繞一圈的道路，以及橫跨縱斷內陸的道路，構成連結七個都市的道路網。後者是考慮到希臘人較少關心的內陸地區的繁榮。

除了這七個主要都市之外，又繼續凱撒生前的計畫，分別在各戰略要地建立七個殖民都市，遷入退伍的軍人。殖民都市不管建在哪裡，都是為了成為該地的防衛和經濟振興的「核心」

西西里行省

而建。而這些「核心」之間，當然都有道路網互相連接。

這麼一來，內陸所產的農產品都能夠很有效率地運送到港口。糧食危機之所以發生，多半是因為農作物不能順利地自產地運出，而很少是因為產地產量減少的緣故。只要物產流通系統能夠有效地運作，不但農民收益增加，主食全面仰賴進口的義大利人民也才能夠安心。奧古斯都停留在西西里期間，也同時設計薩丁尼亞和科西嘉兩島的道路網，並且立刻開始建造工程。

不過，在奧古斯都的領地政策之下，西西里比薩丁尼亞和科西嘉受惠更多。因為西西里離非洲比較近，距離凱撒策畫、奧古斯都完成重建的迦太基只有一個晝夜的航程，重建之後的迦太基又再度成為北非物產集中地。西西里人是屬於希臘系的民族，而希臘民族是出了名的商人，除了生產農作物之外，西西里也再度成為物產的轉運站。

對布尼克戰役時期的羅馬人來說，經過三天的航程從迦太基運抵羅馬的新鮮無花果是一種威脅。但是經過一百五十年之後，奧古斯都一心要實現的「羅馬和平」，則將以往的威脅轉變成了生活上的充實。由於位在地中海的正中央，西西里以往一直是大國間爭戰的舞臺，但是「羅馬和平」的實現卻將這個負面印象變成了有利的條件。

此外，奧古斯都的行省治理制度也促成了西西里社會的安定。

西西里是屬於元老院管轄的行省，由元老院議員出任總督負責統治。但是，經過奧古斯都的改革之後，總督不再具有徵稅權，最需要公正的徵稅事務變成由奧古斯都直接任命的「稅吏」來負責。這樣一來，行省總督利用職權來奪取稅金的事也不可能發生了。共和時代，使西塞羅一舉成名的，就是他告發西西里的貪污總督維列斯一案。有了稅吏之後，像維列斯這種總督就不會再有了。

西西里仍然屬於行省，因此當地居民必須繳納收入的十分之一的稅賦。不過收入多的即使繳了十分之一，其所剩的仍舊比收入少的要多。而西西里和薩丁尼亞以及科西嘉，因為社會安定，所以都沒有任何軍團駐守。

第二年，也就是西元前二十一年，奧古斯都移往希臘視察。

包括凱撒與龐培的對決、安東尼—屋大維聯合軍與布魯圖斯—加西阿斯 (Cassius) 聯軍的作戰，以及屋大維對克麗奧佩脫拉—安東尼聯軍的作戰，羅馬內戰中全部主要會戰都發生在希臘，使希臘經歷了不幸的二十年。

長久處於衰退期的希臘，看來已經經不起最後一擊了。耕地荒蕪，畜牧業以羊為主，萬一戰爭或災難發生時還可以遷去避難，但是連希臘人自己都不確定是不是還撐得下去。在這種情形下，最後的結果當然就是人口大量外流；不過，與其說是人口外流，倒不如說是「頭腦」外流比較恰當。此外，希臘人很能適應各種環境也是人口外流的原因之一。

首先，希臘語本身就是地中海世界的共通語言，再加上羅馬人視為教養課目的哲學、邏輯學、修辭學、歷史、數學、地理、天文學等，本來就是源自希臘的學問。凱撒規定，凡是能夠教授這些課程的老師，不論民族，一律給予公民權，使利用這項特權的人大大增加。因為除了能夠謀得一職之外，只要成為羅馬公民，就不用再繳交行省稅了。此外，不用到羅馬去，只要在附近的羅德斯 (Rhodos) 開設講座，羅馬的留學生就會蜂湧而來。

說到建築和造型美術，那更是希臘人的拿手絕活。羅馬人有需求，希臘人有能力供給，這種分工方式尤其在這個範疇結出了最棒的果實。

在古代，醫學也可以算是希臘人的專業。託凱撒的福，和教師一樣，只要在羅馬開業看病，或是在羅馬人的殖民都市、軍團基地的醫院工作，就能取得公民權，不用再繳行省稅了。

長於商才的希臘人，整個地中海世界都是他們活躍的舞臺。希臘人又善於航海，因此不只是地中海，從紅海到印度洋都可以見到他們的蹤跡。這個時期，一個希臘人還發現了「季風」現象。就是這樣，古代的希臘人比現代的希臘人更大膽，不怕離開祖國會沒有飯吃。

但是，再這樣下去，希臘的空洞化將不可避免，這對尊重希臘文化的羅馬領導階層來說，心裡一定很難受吧！而且，從羅馬的戰略觀點來看，如果希臘能夠恢復以往土地豐饒、人口眾多、人才濟濟的景況，對羅馬也是比較有利的。因為羅馬想將多瑙河當成防衛線，而希臘北部正好成為值得信賴的後方基地。

凱撒將希臘分為馬其頓 (Macedonia) 和亞該亞 (Achaea) 兩個行省，到了奧古斯都時代，這二個行省都成為「元老院行省」，不過本來希臘就屬元老院所統治。因此，依法而言，這裡應該沒有奧古斯都插手的餘地。不過由於他巧妙的掌權法，使大家都覺得，雖然統治行省是元老院議員的工作，但是重整領地、訂定統治方針等理應交由奧古斯都來做。

奧古斯都停留在希臘期間，從未涉足亞該亞的首都——科林斯 (Corinth) 以及馬其頓的首都——帖撒羅尼迦 (Thessalonica)，他好像一直都留在雅典。奧古斯都和凱撒不同，他不是那種喜歡輕車簡從、到處視察的類型。也許是因為這樣，所以他對於切開科林斯地峽，接通愛奧尼亞海 (Ionian Sea) 與愛琴海的計畫，一點興趣也沒有；否則如果他訪問科林斯，一定會親自到現場確認一番。科林斯地峽是許多凱撒曾經計畫過，但是一直到十九世紀才得以實現的土木工程之一。

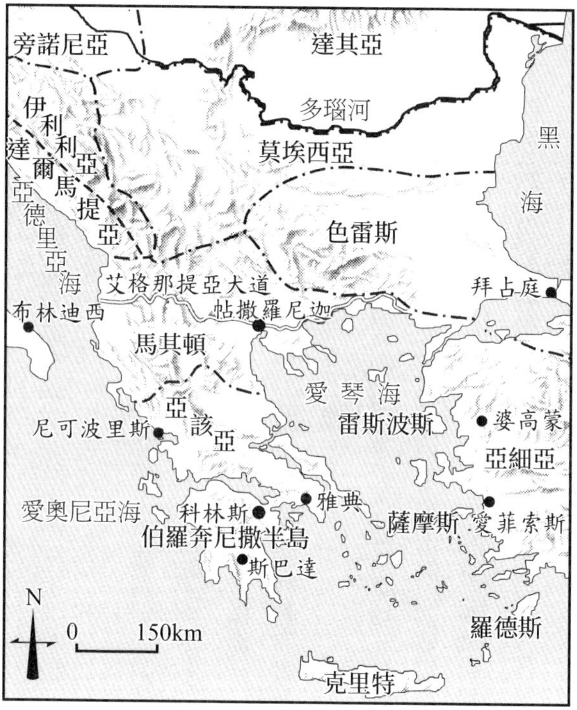

希臘行省

史實上沒有關於奧古斯都停留雅典期間，曾經召集學者充實知識的記載。我想，他在十八歲的時候，就被捲入政治抗爭的漩渦之中，一定沒有時間充實學問，結果到了四十二歲，還是有堆積如山的事待處理，一樣沒有時間。奧古斯都重建希臘的藍圖包括自治都市、殖民都市，以及連接這些都市的道路網。

自治都市有如一個完全自治的都市型國家，擁有獨立的貨幣鑄造權，當然也不用繳交行省稅。在希臘有雅典、斯巴達(Sparda)、奧古斯都所建設的尼可波里斯等，不到十個的特別地區。雅典和斯巴達之所以享有這項特別待遇，是因為歷代的羅馬統治者都尊重這兩個城邦國家的歷史。

殖民都市是羅馬軍團中服役期滿者遷入的都市，由於是羅馬公民，所以也不用繳交行省稅。形同高速公路的羅馬式道路，是從原本只有一條的艾格那提亞大道發展到連結這些自治都市和殖民都市的交通網。

奧古斯都相信唯有經濟復興才能真正重建希臘，因此他在雅典的北部建了一座有列柱圍繞的大市場送給雅典市民。而雅典市民也在衛城 (Acropolis) 上建了一座獻給羅馬和奧古斯都的神殿作為回禮，其中立有奧古斯都和阿古力巴的雕像。

羅馬人捐贈「貿易中心」，而希臘人回贈神殿與雕像。由這裡就可以看出地中海文明中兩大民族在性向上的差異，十分有趣。

此外，由兩人雕像並置的情形來看，是不是這一年奧古斯都與阿古力巴正好在雅典會合，進行東方整頓計畫的「交接棒」工作呢?奧古斯都從希臘更往東去的時候，阿古力巴並未同行，完成交棒動作的阿古力巴返回首都羅馬去了，於是從此奧古斯都東方之行的同伴也是到目前為止一直陪同他視察的年輕臺伯留。對自己健康沒有自信的奧古斯都唯一的健康法則就是不勉強行事，也就是說，凡是可以委派他人的工作都盡量交給別人去做。

雅典夏熱冬寒，這一年冬天奧古斯都是在氣候溫暖的薩摩斯 (Samos) 度過。薩摩斯是位於小亞細亞西岸的島嶼，待在這個島對於著手下年——西元前二〇年開始的東方整頓工作，比

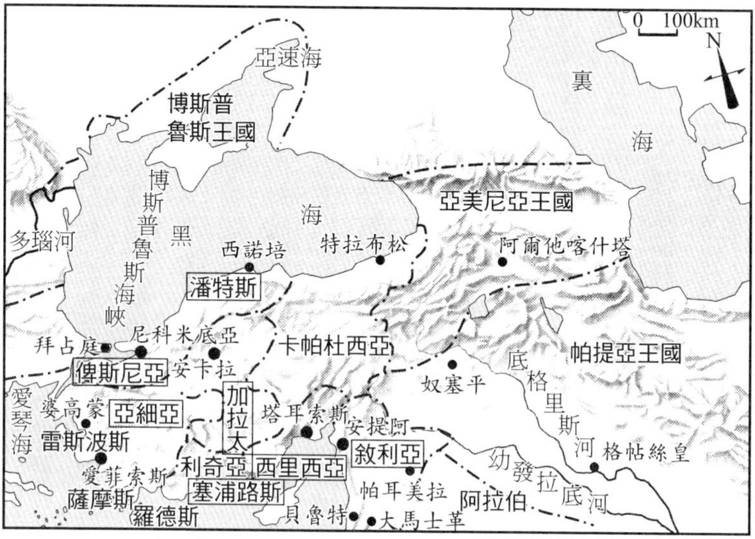

小亞細亞（加框粗體字為羅馬帝國的行省）

在希臘本土更方便。

古代稱為「亞細亞」的現代小亞細亞，從飛機上看下去是一片連綿不絕的荒涼山地，想到這個地方被你爭我奪的歷史，越發覺得不可思議。但是，一旦坐汽車旅行其間才發現，雖然這塊土地沒有廣大的平原，但是耕地散布、水源豐沛，山岳以外的地方氣候很溫暖，充滿樸實的風味，我終於明白了。尤其是希臘人開發的海岸地區，包括黑海沿岸、面對愛琴海的愛奧尼亞地方，以及面向敘利亞和埃及的小亞細亞南部，這些地區的經濟力都不輸敘利亞或是埃及的水準。

從西元前五世紀的波斯戰爭開始到二百年後亞歷山大大帝 (Alexander) 征服為止，就如同此地的歷史，這裡的民族構成實在是十分複雜。原先的亞洲系居民從事農業，遷來已久的希臘人則主要從事工商，再加上移民的波斯人，以及以傭兵身份前來，之後便定居此地的克爾特(Celt)人，之後小亞細亞東方一帶也住進了亞美尼亞人和帕提亞人。簡直像是多人種、多民族、多宗教、多文化形成的羅馬帝國的縮影一樣。考慮到小亞細亞在戰略上的重要性，要如何統治這塊複雜又潛藏豐富力量的土地，對羅馬來說是很重要的問題。只要看西比奧・亞非利加努斯(Scipio Africanus)、蘇拉和盧加拉斯(Lucullus)，以及龐培、凱撒等羅馬的優秀將領全都曾進軍小亞細亞，就可以明白了。

但是共和時代羅馬對小亞細亞的一貫政策是結成同盟關係，只有西元二世紀婆高蒙(Pergamum)國王死後將自己的國家託付給羅馬，羅馬才將它納入行省之內。也就是說，羅馬雖然擁有優勢的軍事力量，但是卻盡可能避免使用武力來占領小亞細亞。

不過，羅馬的各同盟國都是君主政體，而君主政體和東方人的特性一結合，便容易發生王位繼承的糾紛。羅馬人之間的糾紛，羅馬人自己解決就可以了，但是因為東方各國王室通婚情形普遍，因此一國內部的糾紛常會導致他國介入而擴大戰事。羅馬想要維持霸權下小亞細亞的安定，不得不改變其對小亞細亞的政策。由龐培起頭，凱撒確立的小亞細亞行省增加為亞細亞、俾斯尼亞、西里西亞等三省。

到了奧古斯都時代，他所面對的是與這三行省國境相接的加拉太王國國王的死亡。如果放任不管，鄰近的大國，如亞美尼亞王國和帕提亞王國一定會介入吧！因此奧古斯都決定將加拉太納入直轄行省；但是為了不刺激鄰近諸國，所以不出動軍團來完成任務。

得到僅次於奧古斯都的「次席」權位、被任命為全權特命大使的阿古力巴，憑著以下四項承諾而完成與加拉太有力人士的交涉。

一、延長債務償還期限。由於大部份都是加拉太人向羅馬人借錢，因此這項條件應該是以奧古斯都的權力來強制羅馬的金融業者才達成的吧！

二、承諾公平課徵行省稅。行省稅是收入的十分之一，已經比以往交給國王的稅賦還要少了，因此所謂公平的課稅應該是指稅率不超過十分之一的意思。

三、明確規定行省總督的統治地區。

羅馬的行省中也有很多希臘系的通商都市。這些都市從共和時代起就被稱為「自由都市」，為羅馬所承認。奧古斯都也沿襲這種作法。與其說是尊重自由，其實是將那些都市當成附近一帶經濟活動的「核心」。只要這些「自由都市」的居民不造反，羅馬軍就不會進駐，而且行省總督也管不到這些都市。由於承認這些都市的自治權，所以稅率也應該是自由決定的，但是實際上並沒有超過行省稅率的百分之十，因此可以說維持稅制上的統一。如果所課的稅率超出周邊地區，那麼即使是自由都市，也無法阻止居民遷出。

四、不派軍團駐紮，但是建設羅馬退役軍入住的殖民都市。

亞細亞和俾斯尼亞二行省是「元老院行省」，不設軍團駐紮；但是剛剛成為行省的加拉太則是奧古斯都直轄的「皇帝行省」，本來軍團常駐是當然的。但是奧古斯都認為正規軍團設在敘利亞已經足夠了，這就好像萊茵河沿岸已經有軍隊常駐了，因此其他地方就不用了。

至於羅馬公民要遷入的「殖民都市」也是選擇不會妨害到原來希臘系居民的地方，都在加拉太的內陸部份，共有六個地方。而且這些殖民都市的土地並不是強行徵收的，而是奧古斯都自費購買的。之所以都集中在內陸，是因為考慮到羅馬人不同於擅長通商的希臘人，羅馬人比較善於農牧，要振興經濟也要在取得平衡的情況下才能持久。羅馬人與希臘人不同，他們對於內陸地區的開發也很熱心。加拉太的首都則決定設在安卡拉 (Ankara)。此外，相信不用說大家也知道，連結這些「核心」的道路和橋梁逐漸形成了羅馬式「基本建設」的交通網。就這樣，位於小亞細亞中央的加拉太在和平中納入了羅馬的行省。

以雷斯波斯為停留地的阿古力巴到處視察；奧古斯都落腳在薩摩斯也從事大範圍的視察行動，好像只有冬天才回到薩摩斯。兩人都是四十出頭的年紀，而奠定帝國基礎的工作正落在他們肩上。

羅馬時代的敘利亞行省包括現代的土耳其東南部以及敘利亞、黎巴嫩，組成民族則有希臘人、腓尼基人 (Phoenicia) 和閃族 (Semite)，非常複雜。由亞歷山大大帝的一個部下所建立的塞

流卡斯王朝 (Seleucus) 因發生內亂而滅亡，才被龐培納為行省。

由於這個行省與大國帕提亞相連，所以有駐軍的必要，奧古斯都將這個地方訂為「皇帝行省」，平時有四個軍團駐守。

首都設在塞流卡斯王朝時代的首都安提阿 (Antioch)，由於凱撒早已知道這裡的重要性而做了很多建設。當奧古斯都訪問到此，面對著林立的劇場、水道、浴場、大會堂等，他知道自己所能做的只是幫忙維持此地的現狀而已，而其他還有很多凱撒來不及建設的要地等著他去建設呢！

敘利亞行省的真正特色在於，與它相鄰的帕提亞王國不只是一個強大的敵人，同時也是有力的通商夥伴。因此，雖說是敵人，也不能築起城牆隔斷彼此的通路，否則敘利亞的經濟命脈等於被切斷。基於這個因素，除了整頓軍團駐紮地之外，同時也必須考慮從沙漠中的綠洲開始，開發各個都市。如果這些城鎮不能保證安全，商隊都將改走別的路線了。

奧古斯都在赫利歐波里斯（Heliopolis，現在的巴貝克 Baalbek）設置軍團基地，並且下令建造各種公共設施，以使士兵在邊境地區也能舒適地生活。於是黎巴嫩的山岳地帶也得以接受羅馬文明的影響，但是羅馬人的影響並未達到當地居民的心中。居民仍和以前一樣信奉巴爾神 (Baal)。希臘名的赫利歐波里斯後來改名成巴貝克，就是居民依舊信仰巴爾神的證據。

開發商隊形經道路上各都市的計畫，在奧古斯都時代首先集中在大馬士革 (Damascus) 和

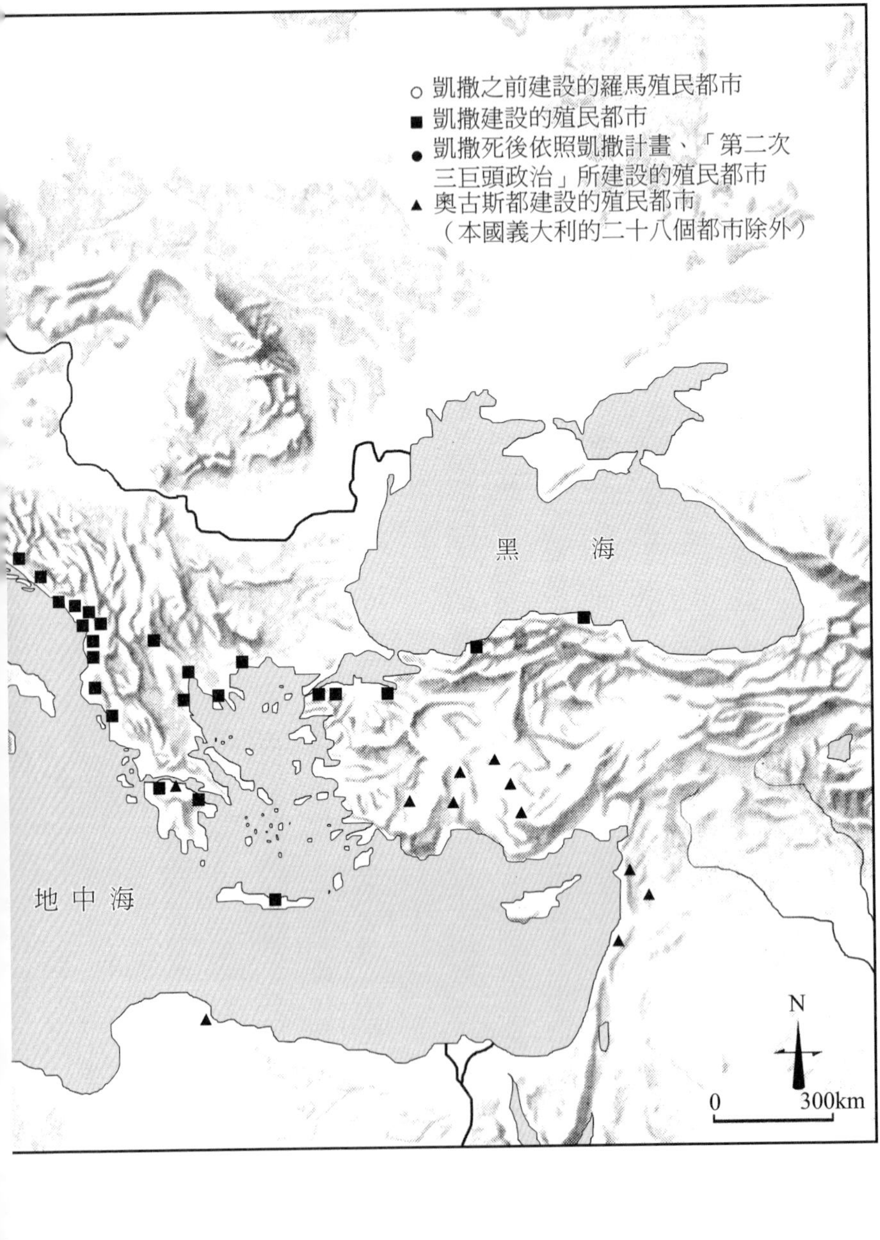
○ 凱撒之前建設的羅馬殖民都市
■ 凱撒建設的殖民都市
● 凱撒死後依照凱撒計畫、「第二次三巨頭政治」所建設的殖民都市
▲ 奧古斯都建設的殖民都市（本國義大利的二十八個都市除外）
黑海
地中海
N
0
300km

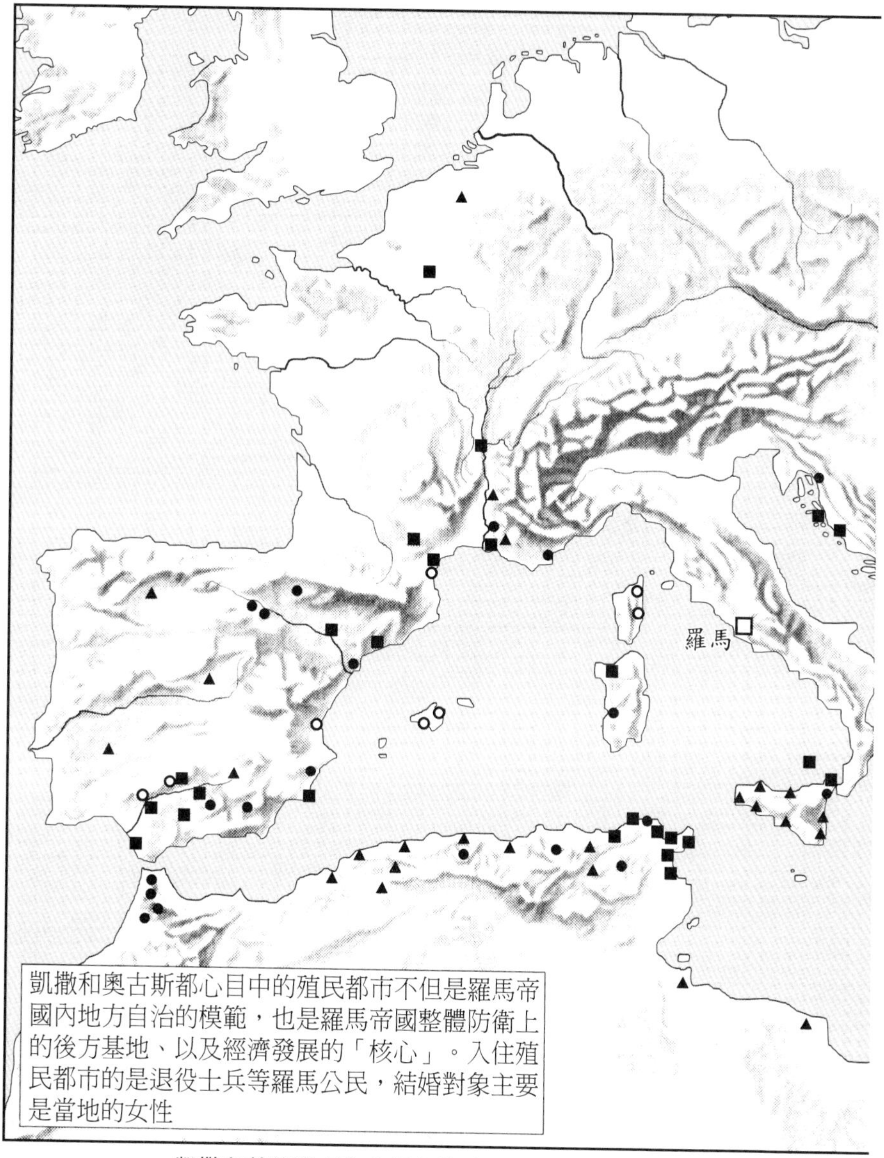

凱撒和奧古斯都心目中的殖民都市不但是羅馬帝國內地方自治的模範，也是羅馬帝國整體防衛上的後方基地、以及經濟發展的「核心」。入住殖民都市的是退役士兵等羅馬公民，結婚對象主要是當地的女性

凱撒和其後繼者奧古斯都的殖民政策

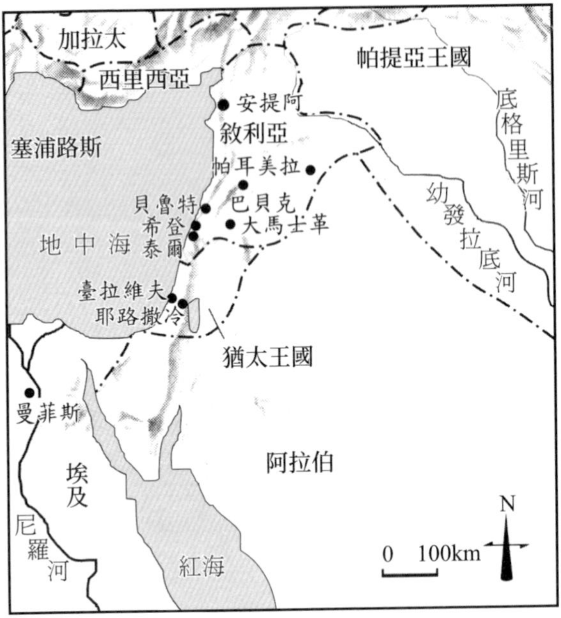

敘利亞與其周邊地區

帕耳美拉（Palmyra）兩個綠洲都市上面。因為這附近的沙漠地帶散布著五個小國，而這五個小國都和羅馬有同盟關係。羅馬是想以這五個小國為敘利亞行省和帕提亞王國之間的緩衝。不管是當作繫緊這些緩衝國的「核心」，或是促使通商路徑充分發揮機能，大馬士革和帕耳美拉都是最好的地點。

當然，安提阿—帕耳美拉之間、帕耳美拉—大馬士革之間、大馬士革—貝利圖（現在的貝魯特）之間、貝利圖—安提阿之間、以及巴貝克—大馬士革之間，必定鋪設了完整的道路網，這一點是無庸置疑的。

不過奧古斯都的政策不只是沿襲以往或者加以開發而已。距離貝魯特以南不到五十公里的地中海沿岸有兩個腓尼基時代的古老都市——希登(Sidon)和泰爾(Tyre)。不管是最初將敘利亞、巴勒斯坦地方納入羅馬霸權的龐培，或是之後確立霸權的凱撒，都將這兩個都市指名為「自由都市」，承認它們的自治權。但是在凱撒被暗殺後的混亂時期，這兩個都市興起一股反羅馬的風潮，甚至曾發生羅馬商人被殺的案例。因此奧古斯都剝奪掉這兩個都市「自由都市」的資格，貶為敘利亞行省下的都市。這就是奧古斯都與今後羅馬帝國的統治方針——怎樣自由都沒關係，只要不反叛羅馬。

猶太問題

敘利亞行省的南邊有猶太王國，現代想輕易通過國境簡直是作夢，但是古代的貝利圖和約帕(現在的臺拉維夫)之間，相距不過二百公里而已，也許貝利圖的街道上還會有標誌寫著：「臺拉維夫二百公里」。但是在古代也有眼睛看不到的界線存在。

敘利亞行省屬於希臘文化(Hellenism)的世界，猶太王國則屬於猶太世界；一個是多神教社會，一個是一神教的社會。不同點在於，羅馬人認為首都羅馬既然有為猶太人所設的禮拜堂，那麼在猶太地區為多神教的居民設置多神教的神殿應該不為過吧！但是猶太人卻堅決反對在猶太王國內設置祭拜他神的神殿，不管羅馬是否有猶太人的禮拜堂。這個地方的統治對羅馬來說是最困難的了。

無論是四十年前——西元前六十三年征服耶路撒冷 (Jerusalem) 的龐培，或是西元前四十八年致力於確立羅馬霸權的凱撒，都從未考慮將猶太王國納入行省之內。他們認為只要猶太王國能夠承認羅馬的霸權，和羅馬維持友好的同盟關係就足夠了。在這以希臘文化為主的世界，希臘商人一直享有特權，猶太商人則一直屈居次等的地位，而凱撒特別賦予猶太商人和希臘商人同等的地位，因此獲得猶太人狂熱的支持。

實際上，猶太人在羅馬人的支配下，比在希臘人支配時代享有更好的環境。但是這種想法只適用於明白道理的人。而且經濟發達之後，很難避免貧富差距的擴大。此外，並不是所有的猶太人都從商的。

不過，奧古斯都手中還握有猶太王國中被稱為大王的希律 (Herod) 王這張牌。

希律王生於西元前七十三年，比奧古斯都年長十歲。對典型的東方君主來說，王族的內鬥有如家常便飯，因此他的前半生就在親族間的打打殺殺中度過。西元前四〇年，帕提亞軍隊入侵，逮捕當時的國王，逼他將王位讓給親帕提亞的王弟，身為當時高官的希律便逃到羅馬去了。當時的羅馬是安東尼和那時尚未成為奧古斯都的屋大維聯合統治的時代，他們當然不可能承認目前與帕提亞交好的國王；而且當時三十三歲的希律頭腦清楚，論事實際又擁有堅強的意志，因此很得羅馬領導階層的好感與信任。最重要的是，活力、智力兼備的希律對羅馬的力量有很正確的認識。

不久希律帶著安東尼和屋大維贈與的「羅馬公民的友人及同盟者」的稱號返回祖國。反攻行動成功之後，他便登上了猶太王國的王位。

羅馬方面對猶太王希律到底評價有多高，從無論克麗奧佩脫拉多麼想要猶太王國，而安東尼不願將猶太王國給她就可以明白。安東尼敗亡之後，希律王統治的猶太王國和奧古斯都領導下的羅馬維持良好的關係。

這其中有一個人物也有部份功勞，那就是來自大馬士革的尼古拉斯。尼古拉斯是出生於大馬士革的希臘人，本來擔任安東尼和克麗奧佩脫拉所生小孩的家庭教師，教養良好，個性溫柔，著作也很多。而這位男士，後來成為希律王的顧問。

這一個猶太人、一個希臘人之間，對下面一事的看法是完全一致的。那就是，猶太王國以羅馬「屬民」的身份，繼續維持獨立地位是最佳策略。

羅馬時代的屬民不單意味著被保護者，還含有給予保護者後援的意思。因此具體來說，猶太王國的安全是保護者羅馬的責任，而身為被保護者的猶太王國同時也肩負羅馬帝國安全保障的部份責任。對羅馬來說，猶太王國就是他們在防衛東方的帕提亞、南方的阿拉伯時，防衛線的一部份。這是對尊重猶太王國獨立地位的當然交換條件。

當然猶太人的信仰一切都是自由的，耶路撒冷神殿的重建也是沒有問題的。

希律王的親羅馬政策非常徹底，猶太王國內也建起了供奉希臘、羅馬諸神的神殿。為了表示對奧古斯都的感謝，撒馬利亞(Samaria)改名成塞巴斯特，而且建了一個海港，取名凱撒里亞，意思當然是「凱撒之都」，同時在這個地方建造一座獻給羅馬與奧古斯都的神殿。連耶路撒冷也建造以奧古斯都之妻——莉薇亞與現在成了奧古斯都女婿的阿古力巴之名贈送的公共建築。

但是猶太民族是選民主義者。在他們眼中，只有自己是神所揀選的民族，其他民族都不是神的子民。因此，即使是公共建築，在自己國內建造屬於劣等民族的羅馬有關的建築物，國王又是親羅馬派的，實在是很難忍受的事情；結果希律王的強硬政策更是火上加油。一神教結合選民思想，到底何時會爆發出怎樣的火來，是思想信仰完全相反的羅馬無法輕易預測、應對的問題。

不過，至少五十多歲的希律王仍然穩穩地坐在他的寶座上，而比希律王年輕十歲的奧古斯都並不是會自行發掘問題的人。他的性格從他解決東方之行的最大課題——帕提亞問題上，也可以清楚了解。

帕提亞問題

羅馬成了地中海世界的霸主之後，還是很在意遙遠東方、以底格里斯河、幼發拉底河為據點的帕提亞王國，因為帕提亞問題一天不解決，羅馬東邊的防衛線就一天不能確立。而且，西元前一世紀那時候，羅馬的大半敵人不是小國，就是蠻族，真正需要出動正規軍的，在降服克麗奧佩脫拉的埃及之後，只剩下帕提亞一國了。

羅馬從來也沒打贏過帕提亞。雖然盧加拉斯和龐培都曾經攻到幼發拉底河，但是沒有和帕提亞正面交鋒過。西元前五十三年，當時「三巨頭政治」中的一巨頭——克拉蘇首次與帕提亞正面對決，結果，帶去的四萬軍力中，成功逃生者不到一萬，被俘虜者有一萬多人，其餘的二萬人全部戰死，簡直可以說是全軍覆沒。指揮官級的生還者，除了總司令官克拉蘇之外，只有後來暗殺凱撒的主謀者加西阿斯一人。連稱為銀鷹旗的軍團旗都全部落入敵軍手中，這對羅馬軍是何等的侮辱！

大家都知道，西元前四十四年三月十五日凱撒被殺時，正要出發遠征帕提亞。因為他知道帕提亞問題不解決，帝國東邊的防線就無法確立，而且羅馬人是不會輸了就算了的。

不過，由於凱撒遭暗殺，以及接著而來的內亂狀態，使這件事就先被擱置了。到西元前三十六年，安東尼曾經挑戰遠征帕提亞行動。這次參加的軍力包括同盟國的軍團，總共有十一萬人。但是結果長達八個月的遠征之後，失去二萬的士兵，雖然沒有全軍覆沒，但是仍以失敗收場。想接替凱撒位置的安東尼野心因這次的失敗而大受打擊。

接下來，西元前三〇年奧古斯都打敗了安東尼，成為羅馬世界唯一的最高權力者。羅馬人因內戰結束而高興，另一方面也期待奧古斯都能夠一雪前恥，稱霸帕提亞。事實上，在亞克興角打勝仗之後，奧古斯都曾經追擊安東尼到東方去。當時如果率領軍隊從那裡到帕提亞，不用一個月就可以到了。有一位英國的研究者寫了下面一段話：

「如果亞克興角的勝利者是凱撒，當時一定立刻遠征到帕提亞了吧！因為帕提亞問題不趕快解決，東方一帶的不安定狀態將益發對羅馬不利。因此，如果是凱撒，一定想盡早解決這件事，而且恢復羅馬對亞美尼亞等同盟國的威信，也是刻不容緩的事。可惜，奧古斯都和凱撒的性格正好不太一樣。」

奧古斯都也明白，釐清與帕提亞的關係是東方和平的關鍵。但是看看羅馬以往與帕提亞交手的記錄，不但從來沒勝過，還有克拉蘇以及安東尼兩次慘敗的經驗，絕對不容許第三次的失敗了。這次如果再度失敗，帝國的東方領土將會徹底崩潰。因為在東方，從君主到百姓，一定都會選擇依附強者。

奧古斯都雖然具有最高司令官的品格，但卻沒有指揮戰鬥的才能。而阿古力巴雖是勇將，卻不是天才司令官。即使託付給阿古力巴也未必保證能打贏帕提亞。除了和凱撒性格不同之外，還有許多原因令奧古斯都不得不慎重。而且在當時——西元前三〇年，帕提亞並沒有侵犯羅馬領地的舉動。結果奧古斯都開始著手解決帕提亞問題時，已經是十年後的事了。

不過，根據奧古斯都的性格，必定是有了萬全的準備之後才開始行動。

帕提亞的王族之間也是動不動就起紛爭，夫拉泰斯四世的老去是導火線。王弟提里達泰斯逮捕身為王位繼承人的王子，將他送到羅馬，因為他相信仇視帕提亞的羅馬必定會殺了王子。

不過，奧古斯都不但沒有殺掉王子，反而予以厚待。

不久，帕提亞老王身邊的人反擊成功，篡位失敗的提里達泰斯逃到敘利亞總督的勢力範圍。同樣的，羅馬方面也是給予安置。這麼一來，在帕提亞問題上可以利用的王牌就有兩張了。

帕提亞方面以老王的名義向羅馬提出和談的提議，條件是交還兩位人質。當然，兩位人質交還後，一定是一位登上王位，而另一位則送上斷頭臺。

奧古斯都接受了和談的提議，條件是帕提亞要交回羅馬兩次戰敗失去的銀鷹旗，並且釋回克拉蘇潰敗時被俘的一萬名士兵。帕提亞也接受了這個條件。

奧古斯都將王子交給帕提亞派來的使節，但是並未交出提里達泰斯。因為出賣一個出於信任而來投靠的人是違反羅馬信義精神的行為，這就是奧古斯都拒絕交出提里達泰斯的理由。

帕提亞王子返回祖國之後便登上王位，但是不知什麼原因，並未趁此機會和羅馬講和。一般來說，這樣對奧古斯都來說是很丟臉的，但是這個時期前往東方進行重整的奧古斯都心裡，已經有了使用亞美尼亞這張王牌來解決帕提亞問題的想法。

當時的亞美尼亞國王是亞魯塔克塞斯，他的父親就是被安東尼逼退的前國王。逼退的原因是前國王親近帕提亞，而這又是因為羅馬兩度敗給帕提亞的影響造成的。所以，即使換了兒子來當國王，亞美尼亞親帕提亞的政策也不會改變。親帕提亞就等於是反羅馬。結果出入亞美尼亞的羅馬商人遭到冷淡的待遇，甚至有被殺害的。奧古斯都將亞美尼亞和帕提亞連結起來，希望一次解決這兩個問題。

西元前二十一年，從雅典移往薩摩斯的奧古斯都，派同行的臺伯留率領駐屯在敘利亞行省的四個軍團向亞美尼亞進軍。亞美尼亞宮廷沒想到他們一直瞧不起的羅馬，居然會有這種突如其來的舉動，因此大為驚愕，於是殺了亞魯塔克塞斯王，趕緊派使節去向羅馬表示效忠之意。

奉命前往亞美尼亞的臺伯留，讓國王的弟弟提古拉尼斯就任新王，並且更新亞美尼亞和羅馬的同盟關係之後，率兵離開。新的國王曾在羅馬奧古斯都私邸度過一段很長當人質的時間，也可以說是「交換學生」的留學生涯。

自從奧古斯都的身影進入東方之後，帕提亞便一直處於警戒狀態；如今，位於北方的鄰國亞美尼亞又倒戈相向，從亞美尼亞撤退的羅馬軍團只要改變行進路線向南，立刻就到帕提亞境內了。當初把和談問題擱置不管的帕提亞王夫拉泰斯五世，決定完全接受羅馬方面的條件，締結同盟。

西元前二十一年五月十二日，羅馬與帕提亞的和平締結儀式在幼發拉底河中的一個小島上舉行，舞臺味十足。羅馬方面代表簽字的是二十一歲的臺伯留，帕提亞方面的代表是誰並不清楚，可以想像必定是王室中地位崇高的人吧！儀式完成後臺伯留與隨員一同參加在幼發拉底河東岸邊所舉行的宴會。第二天，帕提亞的代表和隨員一同出席由羅馬在幼發拉底河西岸所設的宴席。於是，就在一片祥和當中，兩大國的敵對關係暫告終止。

三十三年前克拉蘇軍敗北時，以及十五年前安東尼軍敗北時被帕提亞所奪去的銀鷹旗全部都歸還給羅馬了。但是，當時被虜的羅馬士兵則無法按羅馬的要求返回，並非是帕提亞方面不肯，而是被虜的士兵沒有一個還活著。因此，帕提亞將當時從陣亡的羅馬兵身上摘下當作戰利品保存的冑甲和武器歸還，作為替代。

西元前五十四年克拉蘇遠征帕提亞時，參戰的士兵平均年齡假定是三十二、三歲，三十三年後已經超過六十歲了。被帕提亞俘虜的士兵並不是賣去當奴隸，而是終身在帕提亞邊境的城寨梅魯布當兵。梅魯布也不在現今的伊朗境內，而是在舊蘇聯的土庫曼尼斯坦(Turkmenistan)。嚴寒的氣候和貧瘠的土地，形同流放一般。

西元前二一六年在坎尼(Cannae)大勝羅馬軍的漢尼拔，將虜獲的八千名羅馬兵賣到希臘為奴。二十年後的西元前一九六年，為了感謝從希臘撤回軍隊的弗拉米尼烏斯，特別接受弗拉米尼烏斯的請求，從希臘全境找回當時被賣的羅馬兵，結果只找回了一千二百人而已。

漢尼拔的案例中，即使把從各地尋找的困難也考慮進去，那麼能夠忍受二十年奴隸生活的士兵是八千人中的一千二百人。而帕提亞的情形中，即使全部士兵都集中在一個地方，但是三十三年後一個存活者都沒有。如果能夠找到存活者帶回羅馬，即使一個人也好，那麼熱心解決帕提亞問題的奧古斯都一定會將此事記錄在《業績錄》當中。但是《業績錄》中竟然一句話也沒有提到，表示他想帶存活者回到祖國的事必定沒有實現。

但是，如果凱撒沒有被暗殺，帕提亞問題在西元前四十四年就能夠解決的話，情況又是如何呢？那些俘虜的流放生活，十年就可以結束了。如果是十年，說不定一萬名士兵幾乎全數都可以活著返回家鄉。

關於亞美尼亞和帕提亞問題的解決，奧古斯都自己在《業績錄》中有以下的記述：

「亞美尼亞王亞魯塔克塞斯被殺的時候，雖然有機會將亞美尼亞納入行省之內，但是吾遵循了祖先所建的傳統，透過義子臺伯留，選擇了讓提古拉尼斯就任王位。」

「吾不僅迫使帕提亞交還過去三次戰役（克拉蘇和安東尼之間還有一次較小型的敗戰）所奪取的戰利品和軍旗，還使得他們主動要求和羅馬公民建立友好關係。」

奧古斯都用盡各種方法宣傳他不耗一兵一卒就解決帕提亞的功績。在幼發拉底河上舉行兩國締結儀式的日子（五月十二日）也成為每年慶祝的國祭日。同時他還命人打造自己武裝的全身像，並且將這件事的畫面雕刻在胸前的盔甲上。元老院也遵照奧古斯都的意思，決定在羅馬廣場中央凱撒神殿的旁邊建造凱旋門，以紀念解決帕提亞問題。從元老院議員到老百姓對於從敵人手中取回銀鷹旗一事有多麼歡喜，應該不難想像，因為只要銀鷹旗在敵人手中一天，屈辱就不會結束。現代的研究者多半都認為這件事是「奧古斯都外交上的傑作」，而予以讚賞。

如果僅憑交涉就能夠解決所有的事情，那麼人類的理性真是太值得信賴了。

只是，奧古斯都所寫的「吾不僅迫使帕提亞交還……所奪取的戰利品和軍旗，還使得他們主動要求和羅馬公民建立友好關係」這句話，是寫給羅馬人看的。也就是說，奧古斯都意識到羅馬人都期待著他洗刷前恥，便以十分巧妙的說法來告訴大家實際上已完成雪恥的意思，真是用心良苦。因為如果他不這麼寫，羅馬人是不會接受的。

不過，同一件事在帕提亞人的筆下又是怎樣表達的呢？由於史料上並沒有留下任何資料，因此無法引用，如果有，也一定是與奧古斯都的寫法完全相反的描述吧！像是：「羅馬放棄使用武力，而選擇以交涉方式來改善彼此關係，締結儀式在幼發拉底河上舉行，帕提亞應羅馬的要求，將羅馬的軍旗和戰死士兵的武器還給他們。」

如果帕提亞是這麼認為，那麼亞美尼亞以下的東方諸國大概也是這麼想的吧！

奧古斯都是以支配西方的羅馬人的價值觀來行動，但是很遺憾的，價值觀並不是萬民共通的。西方有西方的價值觀，東方也有東方的價值觀，猶太人也有

奧古斯都著軍裝姿

（胸前盔甲雕有他的戰績）

他們自己的價值觀，西方的價值觀多半根據對現實的透視；但是相反的，東方的價值觀卻是受力量所左右的。並不是說哪一種比較好，哪一種不好，只是東、西方的價值觀基本上是不同的。

東方民族並不是因為懷有超越人種、民族、語言、風俗的隔閡，創立國家的理想，才願意屈膝於亞歷山大大帝的腳下；而是因為亞歷山大大帝曾經擊敗帕提亞的前身——波斯帝國的國王大流士 (Darius) 到體無完膚的地步，而且不只一次，而是三次之多。

凱撒在出發遠征帕提亞之前遭到暗殺，但是他遠征的目的並不是要征服帕提亞，而是在攻破帕提亞之後，希望能夠確立幼發拉底河的防衛線。

以外交方式來解決帕提亞問題實在是一個很理智的策略。如果考慮一下奧古斯都所能用的棋子，就知道他只能採取最實際、最不會失敗的方法；而且，我們不得不承認他的方法真的很巧妙。

但是，帕提亞問題並不是這樣就結束了。而且，不只是帕提亞，連亞美尼亞也沒有建立起穩固的關係。結果，在東方，羅馬能夠成功統治的地方只限於希臘人擔任領導層的地方。因為希臘人和羅馬人是擁有共同價值觀的。

只要價值觀相同，是比較有可能妥協的，如果妥協的必要性又很明確，距離等就不是問題了。位於黑海北端，環抱著亞速海 (Sea of Azov) 的博斯普魯斯王國，王族雖是波斯人，但是因為這個國家的領導層是由七百年來定居在此的希臘人所組成，羅馬才有辦法與它締結同盟國。羅馬之所以要與這個北邊的小王國締結，純粹是為了軍事上的因素。因為如果不能把黑海納入霸權之下，那麼位於黑海以南的小亞細亞就沒有安全保障了。例如：小亞細亞北邊的西諾培 (Sinop)、特拉布松 (Trabzon) 等主要都市，就像是要被黑海的浪掃到了一樣。而且，如果沒掌握住相當於黑海出口的博斯普魯斯海峽 (Bosporus Str.)，希臘行省和亞細亞行省之間就會被切斷。

和博斯普魯斯海峽各據一方夾住黑海的這個東方小國，也沒有例外，為了爭奪王位而紛爭不斷；經過阿古力巴帶領小部隊去調停之後，以女王為首的安定政權成立。羅馬也藉著和博斯普魯斯王國的締結，得以從黑海這一邊牽制亞美尼亞王國了。

埃及

被完全征服之後能夠順利進行統治的是托勒密王朝 (Ptolemies) 滅亡後的埃及。正如我在第V冊〈克麗奧佩脫拉〉單元中所敘述過統治埃及的特殊情況——羅馬的行省中，只有埃及是以奧古斯都個人所有的形式存在的。但是這也是為了使埃及人能接受所以才採取的方式，當時無論是奧古斯都或是羅馬人都明白埃及還是屬於羅馬帝國的。

不過，雖然說是表面上的形式，但也是公開的。而且，羅馬人傳統上是具有 “Case by

Case"觀念的民族。即使實際治理埃及的是由奧古斯都所任命的騎士階級出身的「代官」，連元老院內的共和政體支持者也沒有表示抗議。如果沒有奧古斯都的許可，元老院議員一步也不能踏進埃及，這也是因為考慮到埃及的特殊情況。即使價值觀中有不可能共存的部份，如果予以認可有利於統治就給予認可，這就是羅馬人的想法。由於埃及長久以來都是在神格化的「法老」統治之下，因此與其讓公民共同體形式的羅馬國來統治，不如讓凱撒的兒子奧古斯都來治理比較能夠減少摩擦；因為凱撒已經被神格化了，而奧古斯都就成了「神子」。話雖如此，「神子」奧古斯都的統治當然是人的統治。

從亞歷山大大帝征服之後的三百年間，埃及的領導層是與反征服者一同進入埃及的希臘人。羅馬統治埃及之後並未打壓這些希臘裔居民，反而著眼於他們和羅馬在價值觀上的共同點，而加以利用。換句話說，就是埃及經濟的活潑化。

埃及經濟整體而言，也是分為農、工、商。「商」就交由本來就是這方面專家的希臘裔居民負責。羅馬的新政策規定從東洋來的高價物產要課徵約百分之二十五的關稅，但是此舉並未導致埃及的通商衰退，因為埃及與羅馬帝國這麼一個大市場變成直接相連，使得通商的量大為增加。

「工」方面由於受到羅馬公共建築風潮的影響，也變得更加興盛。集中在埃及所產的非洲有色大理石，也是在帝政時期開始與義大利的白色大理石一樣被大量使用。

不過，埃及的經濟基礎仍然是受惠於尼羅河而興盛的「農業」。從古王國時代開始，埃及就以富裕聞名，而這一切都是拜農業生產力高之賜。托勒密王朝的歷代君王也都很熱心於農業的振興。但是，一旦王室陷入陰謀撥弄之中，誰也沒空來管這些乏味的政策了。而農業政策如果不能持續進行，就看不出效果。利用尼羅河水的灌溉工程，到了托勒密王朝末期也就被棄置不管，任它荒廢了。

早在奧古斯都因追擊安東尼而進入埃及的時候，他就已經看出埃及的灌溉系統需要做一番徹底的改革。過了將近十年之後，整個體制終於適合讓他著手進行這項改革了。接受奧古斯都的指示之後，埃及開始進行水路網的整頓工程，以有效地利用尼羅河的河水。一開始動員了駐紮在埃及的三個羅馬軍團，共一萬八千名士兵，但是要做到像羅馬本國那樣完整徹底，這些人力實在不夠，於是讓正規軍團以外的補助軍力，也就是埃及士兵九千人加入建設，還是不夠，只好召集大量的埃及平民來參與，工程才得進行。因此，灌溉工程就像法老王時代的金字塔工程一樣，提供埃及人許多工作機會。

和金字塔不同的是，第一，灌溉工程不是為了一個人死後所準備，而是為了許許多多的人在今世的生活而建設。第二，灌溉工程即使完成之後，維護工作仍不可少，因此仍然需要常態性的工作人員。

奧古斯都在埃及推動的灌溉工程成效到底有多好？地理學創始者斯特雷波曾經記錄下工程完成不久時，他親眼所見的情形。

「托勒密王朝末期，尼羅河水面若不上升十四腕尺（Cubit：古代的長度單位，約等於四十六～五十六公分，十四腕尺約六公尺四十四公分），作物收成就會不好；上升不到三公尺六十公分，就會歉收了。但是到羅馬時代之後，上升五公尺四十公分就大豐收，即使只有三公尺六十公分也不會歉收。」

尼羅河增加的水分流入水路網，滋潤耕地，再借助豔陽的幫助，作物就能順利生長了。因此水路網光是造好還不夠，必須不斷加以整頓才行。羅馬人重視公共建設的傳統，使得他們也深知維修的重要性。於是在帝政初期，埃及農業復興的基礎便已底定。

不過，要振興農業，光整頓硬體建設是不夠的，奧古斯都又將土地私有化的制度引進了埃及。

在埃及並沒有土地私有的觀念，他們認為土地屬於法老王或君王是理所當然的事。而耕作的農民都是向君王借地來耕作的。而且，很多土地的所有權都在神廟手中，因此埃及所有的農民都是佃農，一個自耕農都沒有。

這麼一來，除了屬於神廟的土地之外，所有埃及的土地都變成繼克麗奧佩脫拉之後成為埃及君王的奧古斯都所有。而奧古斯都決定實施自耕農獎勵政策，拍賣自己名下的所有土地，就好像現代的國營事業民營化一樣。

結果這個計畫進行得並不如預期順利，因為擁有資金的希臘裔居民，眼中只看到「商」和「工」的興盛，根本就對「農」業沒有興趣；而幾千年來未曾擁有土地的埃及人，面對突然的改變，根本無所適從。如果換作羅馬人，就算沒錢也會趕緊借錢跑去買地吧！這就是兩國居民的不同——羅馬是個私有財產觀念確立的國家，而且保護私有財產是羅馬法律的基本理念，埃及就不是這樣了。

從耕地私有化的觀點來看，土地是資產的基礎，奧古斯都還可以叫資金充足的元老院議員來購買，但是他並沒有這麼做。元老院議員沒有他的許可甚至不能進入埃及，這是因為埃及剛剛納入羅馬統治之下，奧古斯都希望羅馬人不要予人太張狂的印象。羅馬人在國際化的都市——亞歷山大港(Alexandria)出現不算什麼，可是在尼羅河流域的農地出現就太引人注意了。奧古斯都希望在埃及出現的羅馬人暫時只限於正規軍團以及負責徵稅等其他事務的官員。

耕地如果不能私有化，農業生產的效率就無法提高，因此必須找些人來作示範；於是像阿古力巴和馬西納斯(Maecenas)等不屬於元老院階級的朋友，託奧古斯都的福，都成了埃及的大地主。據說連奧古斯都家的解放奴隸都被他找來買地，可見那時他真的是束手無策了。

不過，灌溉工程和道路網都整頓好，耕地私有化也漸有進展，埃及的農業生產一下子就有飛躍性的成長。對耕地所課徵的地租稅有規定，如果是種小麥就繳納小麥代替稅金。例如：二千平方公尺的耕地大約是繳納三十到六十公升的小麥，依照土地肥沃度而有差異。由於收穫量到底多少並不清楚，因此也不能斷定以稅率來看到底是高是低。不過，私有化的成功是因為資方和勞方雙方，對自己的投資都有利潤可期。無論如何，光憑運到亞歷山大充稅的小麥，就可以保證足夠首都羅馬所需糧食的三分之一了。

除了公共建設的整頓和耕地的私營之外，奧古斯都最後引進埃及的概念就是政教分離。埃及和羅馬不同，埃及具有獨立的祭司階級，而且藉著神廟的名義擁有一大片土地。如果埃及的祭司只是埃及人精神上的領導者，那就像高盧的祭司階級一樣，保留其獨立的階級也無妨；但是埃及的神職人員不只是支配人們的心，連人民的生活都要干涉。也就是說，他們不只擁有權威，還擁有權力。地租稅也是各個神廟自己決定。此外，同時擁有權威和權力的祭司階級還常常要干預國政，成為埃及情勢不安的主因之一。

奧古斯都自己也是多神教民族的人，他從來沒有要廢除埃及宗教的念頭，但是如果宗教問題牽涉到埃及國內的安定與否，他就會考慮將埃及宗教納入管轄之內。

神廟擁有的土地，因為托勒密王朝的君王爭相進獻而愈來愈大，奧古斯都將土地全數沒收。而農地私有化的獎勵政策實在是比不上佃農向國家借地耕種的租借形式，因此暫時都採這種方式。

羅馬的祭司是公民的榮譽職，因此不用照顧他的生活，但是埃及的祭司因為是獨立的階級，神廟所有的土地被沒收之後不得不考慮到他們的謀生方式。奧古斯都規定由埃及統治政府發放薪水給他們，這麼一來，對祭司的控制就更有效了。

此外，各個神廟不得自行運作，全部神廟都必須受亞歷山大的最高祭司長監督，也就是說，所有祭司從此都得服從最高祭司長。對羅馬來說，控制一個人要比管理多數來得容易多了。

而且，各神廟有義務每年向最高祭司長做一次報告，報告內容包括從該神廟的經濟狀況到祭司的人數等等大小事項。在神廟服務的祭司人數是有一定的，人數超過並不會受罰，只是超過規定人數的祭司不能享有祭司的免稅優待。

從奧古斯都開始實施、後繼者也都延續的政教分離政策，只是把政教分離而已，並不是排除。豈止沒有排除，修復及興建埃及神廟的工程還漸漸成為羅馬皇帝的工作之一。「凱撒的歸凱撒，上帝的歸上帝。」——不用耶穌基督說，羅馬人就已經在實踐了。

返回首都

以上都是西元前二十二年到前十九年，奧古斯都視察東方期間所完成的各項政策。經由希臘返國的奧古斯都中途順道到雅典和詩人維吉爾(Vergilius Maro)會面。維吉爾比奧古斯都大七歲，是受奧古斯都的知心好友、也可以算作現代美西那(Messina)運動(企業贊助文化運動)的始祖——馬西納斯所援助的文人之一，因此與奧古斯都可算是舊識。皇帝帶著病中的詩人一同經由海路返回義大利。不過他們在南義的布林迪西(Brindisi)海港上岸的時候，詩人的病情惡化，無法再一同前行。西元前十九年九月二十一日，有羅馬國民詩人之稱的維吉爾在布林迪西去世。當時他所寫的敘事詩《伊尼亞斯》尚在修飾中未完稿，詩人在死前曾交代要將稿子燒掉，但是皇帝不准。奧古斯都回到首都時是該年的十月二十一日，而他四十四歲的生日正好在歸途中度過。

根據奧古斯都的描述，睽違三年返回故國的情形是這樣的：

「經過元老院的決議，以執政官昆因圖・魯克雷提斯為首的元老院議員，以及法務官、護民官等一行人，親自到坎帕尼亞地方（它的中心為那不勒斯）來迎接我。這種榮耀，除了我之外，從來沒有人經歷過。」

「元老院為了表示對我返國的敬意，特地在卡培那門（阿庇亞大道進入首都的門）附近一座讚美名譽和勇氣的神廟前，建立一座祭壇獻給返國者以及一路相助的命運女神。以後每年神祇官和灶神維斯塔(Vesta)的女祭司都會在這裡舉行犧牲式，以紀念我在昆因圖・魯克雷提斯和馬庫斯・維尼其斯擔任執政官這年返國之事。而這個犧牲式根據我的名字命名為『奧古斯塔利亞』。」

重要的事從來不記的奧古斯都，在《業績錄》中留下這樣的敘述真是令人發笑。不過，像奧古斯都這樣去國多年又沒有打仗，又沒有擴展版圖，回來還有那麼多人迎接，算是他的幸運了。在半世紀以前，羅馬還是根據殺敵的數量來決定是否可以舉行凱旋式呢！簡直令人有今非昔比的感覺。這也表示，由凱撒所設想，奧古斯都一一實現的國家穩定成長路線已開始獲得人民的支持了。

帶著元老院的頑固派共和主義者都不得不歡迎的成果返國的奧古斯都，正想趁著這個機會制定國家領導階級——元老院階級必定會反彈的法律。這也是一個好例子，可以了解在首都出生，但是一直保持地方出身者精神的奧古斯都對帝國統治的想法。

第二章

統治中期

西元前十八年～前六年

奧古斯都（四十五歲～五十七歲）

「魚是從頭部開始腐爛的。」——這句話不曉得是誰說的？

西元前八〇年，獨裁官蘇拉強力執行元老院的階級強化，而屬於柯爾涅留斯一族開國名門的蘇拉，對反對派可說是趕盡殺絕，即使是貴族出身也一樣，只要沾上反對派的邊就會遭到殺害或是開除公職的命運。在蘇拉的想法中，強化羅馬的領導階級就是做到元老院中全都是共和派的「健全份子」；即使是名門出身，像凱撒屬於反對派的，他就不是健全份子。如果奧古斯都再早生三十年，憑他地方騎士階級的出身，在蘇拉眼中根本沒有資格加入領導階級吧！

西元前四十五年，身為終身獨裁官的凱撒也考慮強化領導階層。凱撒雖然與蘇拉一樣出身名門，但是他所擬定的強化政策卻完全不同，簡單來說就是無論出身地是首都、本國、領地都沒關係，也不管出身階級和所屬民族，廣徵羅馬帝國全境的有才之士。像凱撒指定出身地方中產階級的十七歲少年為他的後繼者就是一例；還有一個經凱撒拔擢的執政官叫巴爾布斯的，就是第一個西班牙出身的執政官。

之後，再經過四分之一世紀，也就是西元前十八年的時候，奧古斯都表面上是羅馬的「第一公民」，但實際上擁有更多的權威和權力，而被尊稱為「奧古斯都」——意思是值得尊敬的人，就像歷史學家塔西圖斯所評論的，他避免刺激反對派，一點一滴地將權力掌握到手中，完成西方和東方領土的整頓之後，他也開始著手進行統治者不可避免的「高層」強化工作。

不過，奧古斯都晚生幾年就幸運多了，因為他有前面兩位前輩的例子可以參考。

奧古斯都對反對派既不殺害也沒有將他們從公職開除，可是他也沒有從全帝國廣徵人才，而且除了北義之外，他也停止將其他行省納入本國。奧古斯都所進行的，一言以蔽之，就是強化全體羅馬公民權所有人。

奧古斯都並沒有忘記凱撒就是因為將元老院的議席給予行省的有力人士，引起原來的元老院階級反彈，才招來殺身之禍的。但是，如果因為害怕被殺就完全捨棄凱撒的開國路線也太過分了吧！奧古斯都並不是反對從帝國全境，包括行省，來錄用人才，只是在那之前，他認為應該以強化羅馬公民層為先決條件。羅馬公民應該是羅馬帝國的核心，而且確保羅馬公民的質與量，對帝國的統治也是有利的。

「少子對策」

實際上，西元前一世紀末，羅馬本國義大利半島居民的人種和民族，有很明顯的變化。本國居民的人數並沒有減少，只是居民的組成方式發生了變化。由於奴隸回復自由身的方法增加，只要恢復自由之後又有兒子，又有三萬塞斯泰契斯銅幣的最低資產，就可以取得羅馬公民權。而且根據凱撒的解放奴隸錄用政策，在地方自治體中擔任公職的路也為他們開了。

如果領導階層的人也一起增加就沒有問題了，但是在西元前一世紀末的羅馬，少子傾向變得很顯著。西元前二世紀之前，羅馬的領導階級像格拉古(Gracchus)兄弟的母親柯爾妮那樣生十個孩子的一點也不稀奇；到了凱撒那個時代，生二、三個算是普通的；到了奧古斯都的時代，連不結婚的人都增加了。

西元前一世紀末的羅馬並不是貧窮、無望的國家，可說是正好相反。只是，除了養育孩子之外，還有更多讓人舒舒服服度過人生的方式。

即使獨身也沒有任何的不方便，家事有奴隸會負責，而且類似管家的奴隸頭，什麼事都幫你處理得妥妥貼貼。在內亂時代需要靠結婚得來的姻親關係來保護自己，但是隨著內亂結束，再也沒有這個必要了。而且，從前也許要靠老丈人的支持以便出人頭地，甚至當上行省總督；但是由於奧古斯都的改革，行省總督幾乎已經沒有什麼特權可享，而且任期嚴格限制只有一年，趁此機會發一筆財的夢想已經是過去式了。

至於女性方面，如果一次婚也沒結過，在社會上站不住腳，女性多半會結婚；但是如果丈夫死去或是離婚而恢復獨身，也幾乎沒有什麼不方便。而且羅馬社會是注重父權的社會，對於已婚的女性，父親的管束權多半還是多於丈夫的，而父親又常常很疼女兒。羅馬和雅典不同，在羅馬，已婚女性在宴席上是可以和男士們同席的。

這種獨身和少子的傾向當然是在生活較優渥的階層比較明顯。奧古斯都所著手的「倫理對策」也就直接衝擊到這個階層。

西元前十八年，奧古斯都提出了兩個法案，雖然遭到元老院強烈的反對，但是最高權力者一步也不肯退讓，他抬出自己無上的權威強行通過了兩項法案。這兩項法案是：

「朱利斯通姦罪‧婚外關係罪法」
「朱利斯正式婚姻法」

在羅馬，法律也像街道等社會公共建設一樣，會冠上提案者的家族名來稱呼該法案，一方面是在眾多法律中有所區別，也有明示提案責任者的意思。上述兩項法案都以「朱利斯」來命名，正是因為奧古斯都是凱撒的養子，屬於朱利斯家族的緣故。

說到「通姦罪」，以往的羅馬法律將這種問題歸為私人問題，國家不管。如果妻子發生通姦行為，離婚就好了，實在氣不過也可以殺了妻子。此外，能行使父權的父親可以叫女兒離婚，如果損害到家族的名聲，甚至可以殺死自己女兒。不過實際上多半以離婚來收場，妻子的娘家權力較強的情形下，有不少也繼續維持現狀不離婚的。

然而，「朱利斯通姦罪法」成立之後，通姦就變成法定的犯罪行為；法定的犯罪行為，不只是丈夫或父親，任何人都有權告發。而且這個法不僅規定通姦的女性和她的愛人有罪，如果明明知道通姦事實卻隱瞞不說，或是知道之後未加以處理的丈夫或女方父親，都等於犯了「幫助賣春罪」。

而根據「婚外關係罪法」，凡是和女奴隸及娼婦以外的其他女人發生正式婚姻關係之外的性關係，也算是犯罪行為。

奧古斯都的作法令人聯想起先斷水源，再開始攻城的兵法。第二項法律「朱利斯正式婚姻法」可以說是攻城法。

「朱利斯正式婚姻法」只針對羅馬社會上層和中層的元老院階級以及騎士階級，也就是以負責國家政治、經濟、行政的階層為對象，利用不利和有利的條件，以達到獎勵正式婚姻生活的目的。

根據這項法律，相當於羅馬帝國的「腦」、「心臟」和「神經」的這些人，男性從二十五歲到六十歲，女性從二十歲到五十歲的這段期間，如果不結婚，就必須忍受獨身的不利待遇。寡婦如果沒有小孩，一年內不再婚就算是獨身。

這項法律中明訂不被鼓勵的婚姻，是以下兩例：

第一，規定年齡以外者的結婚。

老人和年輕姑娘結婚被定為是「不被鼓勵的婚姻」，恐怕也是因為這個法律是針對少子傾向所訂的。

第二，和不正當職業者的結婚。

羅馬帝國未來主人翁的母親可不能是敘利亞的舞孃或是非洲的女傭。不過，這種婚姻不是法律所能禁止的，只是法律上不承認這種婚姻，視同獨身者對待。

此外，法定年齡層之外的婚姻，最多也只能說是「不被鼓勵的婚姻」，法律無法禁止。但是稅賦方面的不利點是有明文規定的。

規定是，不管結婚的夫、妻雙方都在法定年齡層之外，或是結婚夫、妻有一方不符合法定年齡層都一樣，丈夫死後的遺產繼承權不歸妻子所有，而是被國家沒收，納入國庫。

而且，女性方面還有類似獨身稅的不利規定。

沒有小孩的獨身女性，超過五十歲之後，不再具有任何繼承權。而且，如果這個獨身女性擁有超過五萬塞斯泰契斯銅幣以上的資產，五十歲之後也不能再保有，雖然不是由國庫沒收，但是必須讓渡給他人。因為沒有生養子女來服務國家，等於沒有盡到義務，所以也沒有資格享受羅馬法律的基本權利，也就是保護私有財產。

獨身女性的不利之處還不只這些。豈止是不利，擁有羅馬公民權的男性可以一直享受免除直接稅的福利，但是凡是擁有二萬塞斯泰契斯銅幣以上資產的女性，即使在五十歲之前，只要還沒找到結婚對象結婚以前，每年都必須將資產收益的百分之一繳納給國家。

對獨身女性課徵的直接稅也不是結了婚就可以免除；生下第一個孩子才表示開始進入免稅權回復程序，等到第三個孩子誕生，繳交百分之一稅賦的義務才正式解除。

即使是擁有羅馬公民權的男性，如果沒有子嗣，雖然不用像女性要徵收直接稅，但是經濟上的不利待遇也是免不了的。不管該男性遺產多少，第一個孩子誕生之後，才能將遺產留給法定繼承人以外的人；非法定繼承者也才擁有繼承遺產的權利。

現代一般都是以近親為法定繼承人，也許不覺得這項規定有什麼不利，但是古代羅馬的遺產繼承人一般都包括朋友知己，這項法律的影響可就大了。當時羅馬規定替人辯護是無報酬的，而西塞羅之所以成為有錢人，就是因為拜託他辯護的人都將他的名字列在遺產繼承人名單中。

「朱利斯正式婚姻法」制定之後，獨身者和無子嗣者除了以上敘述的社會和稅賦方面的不利之外，還要加上公職生涯上的限制。因為這項法律也明訂了有子嗣者在公職生涯的優待。

一、由公民大會投票決定的公職人員，如果票數相同時，已婚者優先採用；已婚者中擁有子女者又優於無子女者，子女數多者又優於子女數少者，依照這個順序來決定錄用順序。

二、實際上是由奧古斯都來決定的元老院議席，當候補人選品格、能力都不相上下的時候，依照第一點的順位來採用。

三、元老院在決定「元老院行省」的總督時，也是依照上述順序來挑選人選。

四、所謂「榮譽公職人員」的公職生涯中，各公職轉任之間都設有休職期間；而根據「朱利斯正式婚姻法」，只要有一個孩子就可以縮短一年的休職期間。這麼一來，實際上孩子愈多，愈能夠快速地轉任各項國家要職了。

奧古斯都除了給予多子的父親優待之外，也不忘給多產的母親優待。

凡是生了三個孩子的女性就可以從親生父親所有的「父權」中解放出來，也可以隨意選擇遺產贈與人，也可以任意接受他人的遺產，經濟上可說是完全的男女平等。這在男性社會的希臘、羅馬可說是劃時代的改革。

此外，奧古斯都對解放奴隸也有多產的獎勵政策。那就是有正式結婚，並且生很多孩子的解放奴隸，可以斷絕和原主人在工作上的關係。不管解放奴隸是因為主人的溫情或是自己賺錢贖回自由的，在羅馬一般都會維持和原主人的工作關係，而這也是一種束縛。根據奧古斯都的法律，只要生養許多小孩，即使以前是奴隸也可以獨立開設公司，盡情發揮這方面的才能。

花了這麼多苦心來促成結婚生子，如果把離婚放著不管就不公平了。不過，就像不禁止獨身，但是不利獨身一樣，離婚也不是以禁止的方式，只是改變為很難達成而已。

以往不需要公開的離婚，變成有公開的義務，而且公開時還得有七位羅馬公民作證人才受理。沒盡到這個義務的人要處以罰金。而離婚是否成立，以前只要當事者二人和妻子的父親同意就夠了，根據新法，變成要經過由元老院議員主持的委員會裁決，有點像是家庭裁判所的感覺。將家庭問題公開，正中人類的心理，實在是高招。

奧古斯都認為只有保護和培養健全的家庭，才能有健全的國家，對於婚外情他是採取重罰。在「朱利斯通姦罪．婚外關係罪法」中，有婚外情的有夫之婦將被沒收資產的三分之一，並且終身被流放到孤島，也不可以和生為自由民的羅馬公民再婚。

那麼，有婦之夫如果發生婚外情又如何呢？實際上好像不追究。不過如果對方是有夫之婦，等於陷愛人入罪，他本人大概也無法從羞恥和犯罪的意識中解放出來吧！而且，從人性的現實面來看，妻子出軌比丈夫外遇更容易造成家庭的崩潰，這也是事實。

不過，丈夫的出軌也不是放任不管的。羅馬的娼婦有向政府登記的義務，在按察官那裡有所有娼婦的名冊，而且每年都要修訂。如果有婦之夫出軌的對象名字不在這個名冊上，也就是娼婦以外的女性，就會被控以「強姦罪」。這麼一來，花心變成了生命攸關的事，也是偷情高手的凱撒在天上知道了一定會笑破肚皮的。

對於「倫理對策」這麼熱心進行的奧古斯都，他自己有沒有搬石頭砸自己腳的危險呢？當奧古斯都還是三十歲左右的年紀，曾經接到一封安東尼寫來的信，內容如下：

「你為什麼要那樣的批評我呢？就因為我和女王（克麗奧佩脫拉）上床是嗎？不過，我現在可是和妻子睡在一起，而且不是今天才開始的，九年前就是這樣了。那麼你自己又是怎樣呢？難道你只和莉薇亞一個人睡嗎？如果真是這樣，只有你一個人是過著健全生活了。你在讀這封信的時候，躺在你身旁的是泰杜拉嗎？是泰蓮蒂亞嗎？還是露菲拉呢？莎薇亞．提提塞尼亞呢？恕我不能將這些女人的名字一一列出，那根本就是不可能的事。因為，只要是女人，不管是誰都可以燃起你的熱情。」

先不管四十五歲的奧古斯都是否已經改變了自己的男女關係，「朱利斯通姦罪．婚外關係罪法」和「朱利斯正式婚姻法」的實施日期決定是在法案成立後三年。與其說是因為這項法律評價不好，倒不如說有一種「給你們三年的時間，在這期間內大家趕快處理掉自己的問題吧」的意思。不過，後來實施時間又再度延後三年，可見這兩項法案真的不受歡迎。而且，事實上小孩子也不是說想生就生得出來，想要就能如願的。拿奧古斯都自己來說好了，雖然他非常期待有小孩，但是妻子莉薇亞並未為他生養一兒半女。於是，二十七年後的西元九年，這二項法案的修正案成立了。這項修正案稱為「帕皮斯．龐培法」，提案的是該年的兩位執政官，而且這兩位執政官都是獨身，讓人好笑。不過，如果擁有護民官特權的奧古斯都使用他的否決權，修正案就無法通過了；這項修正案的通過，代表奧古斯都也承認原來的兩項法案有修正的必要。

「帕皮斯．龐培法」只是修正法，只要看看它修正了「朱利斯二法」的什麼地方，就可以了解奧古斯都的想法哪裡不受好評。修正項目是以下三項：

一、「朱利斯法」中規定，沒有小孩的夫妻，不承認非近親者的財產繼承權；而在「帕皮斯．龐培法」中，則以後天血親的理由，承認非近親者的財產繼承權，但是繼承金額變成有孩子時的二分之一。

二、原來規定獨身女性沒有贈與遺產權，也沒有繼承遺產權，修正只要再婚就能回復這些權利。

三、「朱利斯法」規定，一年內未再婚的寡婦，以後視同獨身女性，必須接受獨身女性的不利待遇；而且之後再婚生了孩子還是不能立刻免除百分之一的直接稅，直到第三個孩子誕生為止。在「帕皮斯．龐培法」中則修正為只要再婚就能恢復繼承權，而且百分之一的直接稅在生第一個孩子的時候就可以免除了。

可以想見娘子軍先鋒反對「朱利斯二法」的樣子，必定很有趣，但是提案者奧古斯都對這二法的推行是意志堅定，甚至展開宣傳活動，使盡力氣要啟蒙人民。

「朱利斯通姦罪．婚外關係罪法」和「朱利斯正式婚姻法」才剛制定時，有一位羅馬老公民接受奧古斯都的邀請訪問首都羅馬。受邀的不只他老先生一個人，還有他八個兒子、三十五個孫子以及十八個曾孫。皇帝歡迎這位名不見經傳的一介平民，像歡迎凱旋將軍一般，親自帶著他們一行人到卡匹杜里諾山丘上的朱比特神殿朝拜，讚賞這位老公民才是羅馬公民的典範。

羅馬帝國並沒有捨棄由凱撒開始的不限人種、民族、階級的人才利用路線。凱撒的開放路線和奧古斯都的羅馬公民權者充實路線，互相彌補彼此的缺點，漸漸成為以後帝國晉用人才的基本概念。

即使是奧古斯都之後的皇帝，包括：臺伯留、克勞狄斯、尼祿(Nero)、以及西班牙出身的圖拉真(Trajanus)、哈德良和北非出身的塞佛留(Severus)皇帝等等，仍然將西元前十八年成立的「朱利斯二法」視為帝國營運的基本政策，採取重視的態度。這種情形一直到基督教勝利，獨身價值提升到最高之後才停止。

奧古斯都所立的二項法律，在經過尊重個人人權啟蒙主義思想洗禮的現代歷史學家眼中應該是不受好評，但實際上正相反，很有意思。他們多半出身先進國家，因此可能會認為少子對策是別人的事情。依照我的感想，利用減稅或是家族津貼的增加來解決是不可能的，但是不知為何仍然覺得很佩服。不管是因為稅制上或是公職上的原因才生小孩，小孩子生了就會讓人憐愛。結婚也是，如果不結婚會不利，也許會改變那種不尊重人性的挑挑揀揀態度吧！雖然基督教禁止離婚的理由是因為曾在神面前發過誓，但是我不認為這像進步主義者所說的是一項惡法。如果因為離婚是違反神，而能在行動之前比不禁止離婚的情況下更深思熟慮十倍，說不定能因此發現可以忍耐的因素什麼的。

拿離婚來說，基督教是因為違反了禁律所以要罰；然而羅馬人的想法則是不禁止，但是必須甘心忍受不利的待遇，這點不同就很有意思。提到「法的精神」，幾乎都是指一種「平衡感」不是嗎？而奧古斯都接下來著手的工作，就顯示了他良好的平衡感。

我想，所謂平衡感就是在互相矛盾的兩極狀態中找到一個可以立足的中間點；也就是在兩極之間來來去去，有時也會偏向某一極點，以尋求最適合解決問題的一點，不斷地改變轉換行為，不是嗎？

自由與秩序是互相矛盾的概念。太尊重自由就會破壞秩序，過於遵守秩序又會失去自由。但是，這兩樣東西如果不能協調兩立可就麻煩了。沒有自由的地方不會進步，沒有秩序的地方，別說是進步了，連今天的性命都不曉得保不保得住。

這種想法絕對是和瘋狂的信仰扯不上關係的思考方式，但是對產生哲學的希臘人和法律之父的羅馬人來說，這是十分自然、絲毫不勉強的思考方式。羅馬人雖為法律的創始人，卻也留下了以下的格言：

「由於期待公平所以創造了法律，但是法律如果實施太嚴正就會導致不公正。」

不少研究者都認為和凱撒的革新作風比起來，奧古斯都算是比較保守的。但這只是以現代人的思考方式來分析他們二人的功績表現，才會有這樣的結論。馬基維利 (Machiavelli) 曾說過：

「如果凱撒沒被暗殺，能過完他的人生，他的政策是不可能行得通的。」

接下來要敘述的是奧古斯都恢復羅馬古宗教的復古路線，也許正是揭示他保守性的好例子。不過，在三十七歲尚未正式進入政治界之前，曾經一心想要當選和直接權力無緣的宗教界領袖——「最高神祇官」的，卻是被認為是革新派的凱撒。

宗教心

西元前十七年著手進行古宗教復活行動的奧古斯都還不是最高神祇官，因為凱撒死後就任該職的雷比達還活著。在羅馬唯一的終身公職就是最高神祇官。雷比達也是「第二次三巨頭政治」中的一頭，他雖然不像另一頭安東尼敗得那麼慘，但是終究也是在權力抗爭中輸給了奧古斯都。自動引退之後的雷比達連首都都很少來。雷比達於西元前十二年死去，那一年奧古斯都出來競選這個空缺而當選，首度就任最高神祇官。

西元前十七年，奧古斯都雖然不是最高神祇官，但是他仍然有整頓羅馬宗教的權力。因為他也是神祇官團的一員，而且最重要的是他負「倫理改革」的責任。他自己在《業績錄》中記載：

「馬庫斯·維尼其斯和昆因圖·魯克雷提斯擔任執政官那年（西元前十九年）、普布利斯·

藍道爾和古納．藍道爾擔任執政官那年（西元前十八年），還有帕爾斯．馬克西與昆因圖．土貝洛擔任執政官那年（西元前十一年），元老院和公民大會一致推選我為唯一握有最高權限、倫理改革的責任者。」

從以前開始，羅馬就有舉行所謂「世紀祝祭」的習慣，但是日期不定，而且意義也不明確；於是奧古斯都將它定期化，而且賦予意義。此外還將儀式進行的程序訂出來，刻在大理石版上，嵌入羅馬廣場內的一面牆上。而且這個祭典對參加者並無限制，即使不是羅馬人，只要想參加誰都可以加入。

五月三十一日起的三天三夜就是舉行「世紀祝祭」的時候。

之前的幾天開始接受一般人捐贈祭祀所使用的小麥、大麥和蠶豆。同時由國家發給各個家庭硫磺和焦油，讓參加祭祀者燃燒之後，以煙來清潔身體。真是味道很濃的清潔法。

五月三十一日日落之後，以馬爾斯廣場中和臺伯河相接的「塔仁杜姆」地帶為舞臺，開始祝祭的第一夜。

主辦者是奧古斯都和阿古力巴兩人，他們都穿著祭典的服裝，率領著十五位神祇官進入場地。說是祭典的服裝，其實只是以平常長袍的一端蓋住頭部而已，非常簡單。像佛教的法衣或是基督教作彌撒的服裝都是華麗又獨特，那是因為這些宗教擁有獨立的祭司階級，因此有誇示存在的必要性吧！但是在羅馬，祭司只不過是選舉選出來的公職的一種，依法而言，只要是公民誰都可以擔任，所以，用長袍一端蓋住頭就已經夠了。

於是，奧古斯都和阿古力巴就以白袍覆頭的姿態，在火炬的照耀之下，開始舉行犧牲式，將九匹綿羊和九匹山羊獻給主宰命運的女神。在祭壇上殺羊、烤羊的同時，唱出祝禱詞。內容是希望賜給羅馬人健康和智慧，以維持羅馬的勝利、獨立與和平。

犧牲式結束之後是希臘、羅馬祭典中必有的體育競技。競技的目的並不真的是為了比賽，而是為神表演，所以是在架高的舞臺上舉行的。而觀賞競技表演時，包括奧古斯都在內，所有的人都依照從前的方式，站著看。

男性的祭祀和競技表演結束之後就換女性出場了。一百一十位已婚女性當天將白天所準備的供品獻給朱諾(Juno)和黛安娜(Diana)兩位女神。這個儀式稱為「神聖晚餐」，因為供品等一下會分給所有參加的人。

第二天，六月一日上午的舞臺移到卡匹杜里諾山丘上。奧古斯都和阿古力巴仍然以白袍覆頭的姿態率領十五位神祇官，在眾多參加者的觀看中登場，二人手裡各牽一頭公牛，因為這一天是要對最高神朱比特祈求的日子，所以犧牲式用的動物是公牛。

祭壇上在殺公牛、烤公牛的時候，同時向朱比特神祈禱。祈禱內容和前一晚相同。這期間，在馬爾斯廣場的塔仁杜姆正舉行和前夜相同的競技比賽。

六月一日日落後，舞臺又移回馬爾斯廣場。這個晚上，奧古斯都和阿古力巴不用主持犧牲式，因為這晚的祈願對象是掌管多產的女神。獻給女神的供品是以小麥、大麥和蠶豆粉製成的三種麵包共二十七個。說是麵包，其實是類似披薩麵餅的東西，現代義大利人叫做「佛卡夏」。祭祀人員邊獻上供品，邊唱祝禱詞，內容相同。

次日的六月二日早晨，舞臺再度回到卡匹杜里諾山丘。這一天奧古斯都和阿古力巴各牽一頭母牛登場，因為祈求對象是最高神朱比特的妻子朱諾。因為是對女神祈願，所以犧牲式中的祈禱也讓一百一十位已婚女性參加。她們跪在主持者的背後獻上祈禱。祈禱的內容一樣。這段時間，在馬爾斯廣場繼續進行競技會。

這一天日落之後的會場，又回到了臺伯河畔的塔仁杜姆。主持祭典的仍舊是奧古斯都和阿古力巴兩人，服裝也是白色覆頭的長袍。不過，祈求的對象是主宰生育的大地女神。因此犧牲的動物換成了母豬。因為是獻給女神的祭典，所以兩位主持人後面跟著一百一十位的已婚女性。祈禱的內容也和前面相同。犧牲的母豬也是烤過之後分給參加者。

次日，六月三日的早上，奧古斯都和阿古力巴主持祭祀的舞臺移到帕拉提諾山丘上的阿波羅神殿，將二十七個、三種種類的麵包獻給男神阿波羅和女神黛安娜。祈禱的內容和前面相同。

不過，這一天可不是只有早上的活動而已，繼帕拉提諾山丘之後，舞臺轉往卡匹杜里諾山丘，展開「世紀祝祭」的壓軸戲。

這次跟隨二位著白色長袍的羅馬帝國統治者登場的，是二十七位少年和二十七位少女，每一位都身著純白的短袍，頭上戴著花冠。今天不犧牲動物，也沒有供品。在群眾的注視中，少年少女們唱著奧古斯都拜託詩人霍雷斯(Quintus Horatius Flaccus)所作的〈世紀祝祭讚歌〉。

這首詩保留至今，我想譯出全文，但是因為長達三頁便做罷了。簡單來說，內容不外是祈求美麗健全的羅馬永遠維持下去吧！我覺得如果再加上一群白鴿飛上天的情景，不就像是奧林匹亞運動會的開幕式了嗎？

不開玩笑了。吹著臺伯河上過來的夜風，頭上是泛著藏青色的天空，在火炬的照耀之下，夜晚的祭典一定充滿神祕氣息，迷惑所有在場的人。而在初夏清朗的晨光下，向立在白色大理石神殿前身著白色長袍、神情嚴肅的神祇們祈禱，頭戴花冠，純白短外袍的少年、少女們的合唱，這番景象必定燃起了羅馬人胸中對於自己力量的確信和對於未來的希望。純樸、健全而且壯麗，這就是羅馬人心目中理想的形象。

不過，像「世紀祝祭」這種典型的祭祀再怎麼說都是國家的祭祀，奧古斯都認為有必要重新整理民間信仰。

羅馬人的家庭一定有一個祭祀家庭守護神以及祖先們靈魂的角落，就像日本家庭將神龕和佛壇融合一樣。但是並不是每個家庭都有辦法從事這種「家庭信仰」，尤其是在漸漸國際化的首都羅馬，住在公寓式房屋以及租房子住的外地人不少；讓這些人身邊也能夠有精神依靠，是奧古斯都進行民間信仰改革的出發點。

都市內布滿像網線一樣的道路，因此十字路口和交叉點就很多了。奧古斯都下令在各個交叉路口依路口大小建造不同大小的小廟和祭壇，當作祭拜「當地守護神」和「奧古斯都之靈」

的場所。神殿和祭壇的管理由該地區的行政責任者（等於區公所的地方公務員）負責。這麼一來，非土生土長的羅馬人以及奴隸都有了信仰的對象。不過，祭拜「當地守護神」沒什麼問題，但是祭拜現在還活著的奧古斯都之「靈」，對於認為宗教就是一神教的現代人來說可能很難接受了。古代人除了猶太教之外，其他都是多神教，所以不會覺得有什麼不能相容的地方。

所謂「靈」並不只是指死者的靈魂，也有守護神的意思，同時也是能力、資質、天分、精神、真髓的意思。因此，祭拜「奧古斯都之靈」的行為等於是表達想擁有和奧古斯都同樣優秀的天分。所以和被祭拜的人是否活著並不相關，因為是和對象的生死無關的感情。義大利文源於拉丁文，他們稱呼電影明星，男的叫「迪瓦」，女的叫「迪娃」，意思是「神的」；但是也不能說和「星星」完全沒有關係。因為古代羅馬人相信，擁有如神般天分的人死後會變成星星。

不用等學者們指出來，雖然奧古斯都極度討厭把活人神格化，不過這個對「奧古斯都之靈」的信仰正好連接到後來的皇帝崇拜。對多神教的羅馬人來說很不一樣的基督教是一神教，由於神只有一個，所以不能像羅馬人一樣在每個十字路口要拜什麼就拜什麼，但是他們也繼承了在各十字路口設廟的形式。凡是路過的人都會稍微停一下，對著該地域的守護聖人，或是基督，或是聖母瑪利亞，在胸前畫個十字。人類宗教心的表露是無關一神教或是多神教的。

不過，接受大家的讚美和崇拜也不是件輕鬆的事，「美麗健全的羅馬」不是憑著少年、少女的歌唱就可以持續到永遠，說不定明天就倒了。幸好快要四十七歲的奧古斯都「資質」中最好的一項就是：清楚的現實感。

阿爾卑斯

從義大利越過阿爾卑斯山到高盧主要的路線就有四條。

第一條路線是從奧斯塔 (Aosta) 向北到達阿爾卑斯山之後，越過大聖伯納隘口 (Grd. St. Bernard Pass)，到達現在瑞士的列曼湖 (L. Leman)。

第二條路線是從奧斯塔往西前進，越過畢可洛．聖伯納隘口 (Piccolo St. Bernard Pass) 之後，經由日內瓦 (Geneve) 或是格勒諾勃 (Grenoble)，到達現在法國的里昂。

第三條是從托利諾 (Torino) 向西，經由蘇薩山谷間的道路挑戰阿爾卑斯山的路線。進入現今法國境內之後，往北經過維也納 (Vienne)可到里昂，向南經過瓦倫斯 (Valence)，溯隆河而下，便可出到地中海。這條路線羅馬人以居住在當地的部族名稱取名，叫做「阿爾卑斯．可提耶」。

第四條路線正如羅馬人取的名字——「沿海的阿爾卑斯」，是從熱那亞 (Genova) 到馬賽 (Marseille)，沿著地中海的一條路。這條路比其他條都早整頓好，因為這條路是通往南法和西班牙兩個行省的路。羅馬式的道路早在當時的一百五十年前就已經鋪設完成。

西元前十六年，當時羅馬已有這四條路可通了，因此用不著奧古斯都再出手。只是第三條

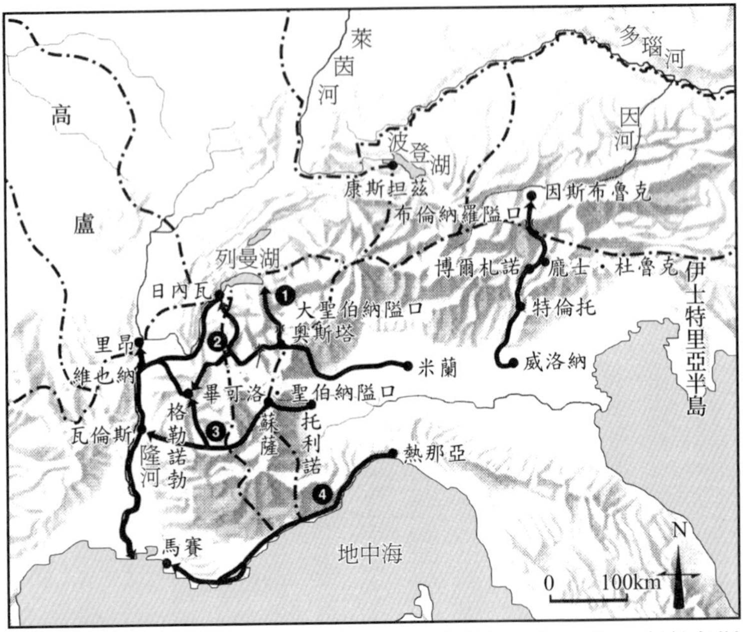

越過阿爾卑斯山的四條主要路線，以及西元前 16 年～前 15 年杜魯斯的行軍路線

的「阿爾卑斯．可提耶」是在獨立部族的支配之下。當時凱撒給予這個高盧民族出身的部族族長羅馬公民權和自己家族名——朱利斯，結成了同盟關係。於是這位自稱為王的部族族長名字就成了羅馬式的：馬克斯．朱利斯．可提斯。不過由於這個部族身為羅馬的同盟者，使得可提斯的立場在山地部族中變得比較強。雖然這四條路線上的居民並沒有直接在他的統治之下，但是都可以感受到他與眾不同的威嚴。奧古斯都任命朱利斯．可提斯為負責阿爾卑斯的「長官」，並將這個職位編入羅馬帝國的統治系統之內。和凱撒相比，奧古斯都

的作法是不是比較好呢？這件合併案就在和平中落幕。越過阿爾卑斯山的路線現在都屬於羅馬了。接下來奧古斯都立刻下令將這條路修整成像羅馬道路一樣，當然就是做成高速公路。順便一提，從義大利穿越阿爾卑斯山到高盧，走這第三條路線，從托利諾到瓦倫斯的距離是三百六十五公里，全程走完要花十天的時間。

整頓阿爾卑斯路線的行動可以顯示奧古斯都不只是注重本國而已，其實是具有超越國境的眼光。既然「西邊」整頓好了，「東邊」也不能不整頓一下。而正好敵人帶來一個整頓的好機會，就像以往一樣。

這段時期，駐紮在伊利利亞的軍團受到應該是同盟者的北方部族攻擊，阿古力巴便從羅馬出發向北救援了。

多瑙河

盧比孔河以北的北義因為凱撒賦予羅馬公民權而得到與本國相同的地位，防衛這裡的是由西向東伸展的阿爾卑斯山脈。以現代的稱呼是被法國．阿爾卑斯、瑞士．阿爾卑斯、奧地利．阿爾卑斯所圍繞，在現在的斯洛伐克交界處山脈就斷了。

以高聳相連的山脈來做防線大家都會覺得是很合理的戰略，但是實際上正好相反。第一，人對於從背後來的襲擊特別感到威脅。第二，這麼一來防衛基地只好建在高山前面，但是不管建得多高多好都可能沒什麼效果。而且，在高處攻擊，比在低處防衛，立場更有利。那麼在山頂建城寨不就好了？如果是以監視為目的是可以，但是對於防衛就沒有用了。因為包括氣候等所有條件都不利的山中，不可能駐紮足以防禦外敵的大軍。

最先發現以山脈當作防衛線不適宜的羅馬人是凱撒。他征服高盧也是為了將羅馬國的防衛線從阿爾卑斯山脈移到萊茵河的防衛戰略的一環。以河取代山來做防衛線成為凱撒之後羅馬的戰略。如果以河為防線可以看到對岸，要看到敵人也比較容易。絕對不能讓士兵看不到敵人，再也沒有比看不見的敵人更容易使士兵陷入不安。此外在河岸邊就可以駐紮大部隊了。

萊茵河防衛線凱撒已經確立了；幼發拉底河也由奧古斯都以外交方式解決中；黑海的南邊是行省，東邊是同盟國，也已確保，剩下就是多瑙河了。凱撒原本預備在遠征帕提亞的歸途中制服的多瑙河南岸一帶還待解決。以現在的國別來看，由西向東分別是經過德國、奧地利、匈牙利，到達前南斯拉夫 (Yugoslavia)，現在的塞爾維亞 (Serbia)，還有保加利亞境內，所以不是可以簡單解決的問題。但是只有完成這塊地方的稱霸工作，包括黑海西岸在內的帝國東北部防線才算確立。

不管做什麼事，最重要的前提就是得到正確的資料。凱撒那時候已經叫人製作標有街道和橋梁的義大利半島地圖了。據說最先是阿古力巴命人製作從英國到印度，包括羅馬人視野可見的非洲地區地勢圖。阿古力巴將這面大地圖以不同顏色的大理石版嵌在他所興建的諸多公共建

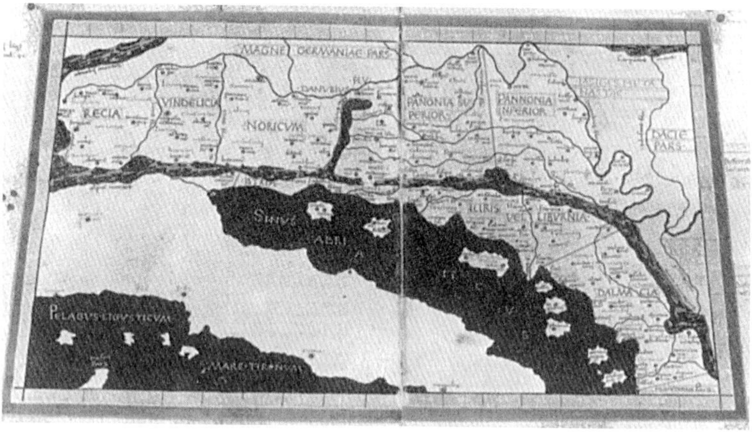

托勒密的世界地圖（多瑙河以南）

築物中的一面牆壁上展示，誰都可以看。當然奧古斯都也有他自己的地圖，他的地圖有兩種，一種地圖是以不同顏色的大理石版鑲嵌，代表各個不同的地方；另一種是畫在紙莎草紙上的地圖。

因為這些地圖都沒有遺留下來，所以到底正確性如何也無從考證；不過，應該具有像西元二世紀住在埃及的希臘人托勒密(Claudius Ptolemaeus)所製作的世界地圖一般的正確性吧！因為接受凱撒委託製作義大利地圖的也是希臘人。不過雖然地圖要求的就是正確，但是希臘人是因為純粹的求知欲而做，羅馬人則是為了現實的需要而做。我想奧古斯都遲早都會注意到多瑙河的，只是時間早晚的問題而已。

奧古斯都自己在《業績錄》中寫道：「除非敵人攻擊，否則我從來不曾主動發起戰鬥。」東北部阿爾卑斯一山地民族襲擊伊士特里亞半島(Istria)，在他眼中正是解決多瑙河問題的大好時機，因為反擊是很簡單的，但是前往北方的羅馬軍隊卻可以趁此機會展開大規模的稱霸行動。

西元前十六年征服北方的大規模軍事行動開始，由二十六歲的臺伯留以及二十二歲的弟弟杜魯斯擔任前線指揮，可能還有阿古力巴在旁指導吧！奧古斯都和莉薇亞結婚時兩兄弟一個三歲，一個還在母親肚子裡，現在已經成長為年輕將軍了。兩兄弟在西班牙已經和山地民族對戰過了，這次的敵人是住在現在奧地利西部提洛爾 (Tyrol) 省周邊的拉耶提亞部族。

根據阿古力巴指導的作戰策略是——杜魯斯領軍從威洛納 (Verona) 北上，臺伯留則從高盧越過萊茵河往東南進攻，兩人在現今波登湖 (Boden) 畔的康斯坦茲 (Konstanz) 會合之後，一起往南進攻。這麼一來，現在的瑞士全境到南邊的奧地利．阿爾卑斯為止，都像被大網網住的魚群一般，想跑也跑不掉了。

離開前線基地威洛納之後，杜魯斯的領軍在該年秋天便征服了特倫托 (Trento) 一帶，並在那裡建築基地，然後繼續北進，到達博爾札諾 (Bolzano) 剛好迎接冬天。這一帶已經是奧地利．阿爾卑斯的山中了。

但是二十幾歲的年輕將軍所率領的士兵並沒有在嚴冬時返回溫暖的威洛納過冬。說起羅馬軍團真正強過別人之處，並不只是武器交兵的戰鬥而已，還有他們依照計畫、完善的事前準備。西元前十六年到前十五年間的非戰鬥期，軍團士兵一變而為工兵，在各個戰略要點建築圍著壕溝的堅固城塞，修築連結各城塞的道路網，架設橋梁等，大雪紛飛中仍舊不停地進行工程建設，以為來春的北進作準備。本來只通到威洛納的羅馬式道路，也是當時的高速公路，就在這段時期延長到了特倫托。

隔年的西元前十五年春天，北征行動再度展開，杜魯斯軍隊開始一邊完成架設「杜魯斯橋」的工程，一邊北進，越過布倫納羅隘口(Brenner Pass)到達因斯布魯克(Innsbruck)。之後再沿著因河(Inn)進行稱霸行動，逐漸遠離阿爾卑斯山，然後改道西行往康斯坦茲前進。

由高盧渡過萊茵河向東南進攻的臺伯留軍隊也是一路順利地前進。在夏天來臨之前，兄弟倆就在波登湖畔會合了。康斯坦茲距離多瑙河有五十公里的距離，沒有一個部族前來阻擋向南行軍的羅馬軍。西元前十六年和前十五年的這二年間，義大利本國北方的安全是有保障的，儘管只有北面。

首都羅馬的居民完全了解這情形所代表的含意，也許是阿古力巴的大地圖加深了他們的地理感吧！詩人霍雷斯也是為此而狂熱的人，他還寫了一首詩慶祝，內容是說：二十七歲和二十三歲的年輕將軍所完成的壯舉，是因為他們都是榮耀的克勞狄斯一門之後。

「和平祭壇」

希臘人喜歡在遠離人煙的地方建造聖地，但是羅馬人卻認為人來人往的場所才適合建立聖地。西元前十三年，元老院為歡迎奧古斯都歸國而決議興建的祭壇開始建造，位置是在從羅馬向北的幹線道路之一弗拉米尼亞大道通往臺伯河的途中。這個祭壇的正式名稱是「奧古斯都的和平祭壇」(Ara Pacis Augustae)，通稱「和平祭壇」(Ara Pacis)，以慶祝奧古斯都努力得來的和平，並且象徵羅馬人祈求永久和平的心願。

建造「和平祭壇」的構想不曉得是元老院議員自己想出來的，還是在高盧和西班牙待了二年以上，專心一意確立帝國統治、「打根基」的奧古斯都想出來的結果。不過這並不是很要緊的問題，因為希望和平永繼的想法，上至元老院議員，下至平民百姓，大家都是百分之百意見一致的。只不過，祭壇的建立是因為元老院的決議才有，但是要建成什麼樣子必定受奧古斯都的意見所左右。因為這座西元前十三年開工，西元前九年一月慶祝完工的「和平祭壇」，無論是它的名稱，或是使用白色大理石建造的簡單造型，以及雕刻在那裡的浮雕所代表的意義，都比其他奧古斯都所興建的公共建築更能表現他健全而勤懇的人格。

祭壇正對著利用埃及式方尖碑 (Obelisk) 為指針的大日晷而開，現在這個大日晷立在國

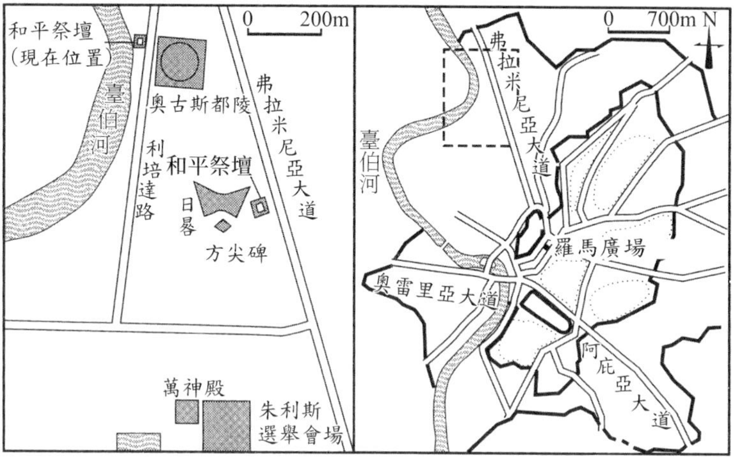

和平祭壇的位置圖

會議事堂前面的廣場。祭壇的大小是十二公尺×十一公尺，幾乎是正方形了，在古代羅馬的建築中算是小型的。正後方對著弗拉米尼亞大道也開了一個出入口，而祭壇本身是沒有天花板的露天建築。而且也沒有從高處睥視周圍的構造。登上石階首先到達圍繞祭壇四周的列柱迴廊，裡面就是高不到五公尺的四方形祭壇，可以說是一種開放型的建築。不管是來看大日晷以確定時間的人，或是走過弗拉米尼亞大道的旅人，這裡都是歇腳的好地方。經過旁邊時穿過列柱，在列柱迴廊坐下來，眼前就可以看到為羅馬帝國和平祈禱的奧古斯都和他的家族以及元老院議員的浮雕。

如果這些浮雕都是死板無聊，大家一定立刻就把視線移走了，但是這些登場人物都描繪得多彩多姿，還有令人不覺想微笑的孩童雕像也夾雜在其中。是嚴肅但也充滿人情味地雕刻出了祈願

和平的祭祀情景。(以下請參照頁一七四~頁一八〇的圖)

除了開在中央、通往正殿的入口和反方向的出口之外,祭壇護牆的四周都刻滿了浮雕,而且這些浮雕分成上下二段,下段都是一樣的,描繪鳥、蟲散布在莨菪葉上的圖案。屬於農牧民族的羅馬人喜歡將自然安插在城鎮中。鳥圖案中尤以白鳥最為醒目,白鳥和阿波羅神的關係深厚,而阿波羅神又是奧古斯都自己選定的守護神。

上段則都是神和人的像。進入祭壇之後右手壁面上的浮雕,描繪的是從大火中的特洛伊城逃出來的伊尼亞斯,經過不斷的亡命旅程之後在義大利登陸,就好像在說這裡是我臨終之地一樣,來到羅馬自古以來的家庭守護神貝那提斯 (Penates) 前面,奉獻自己的情景。傳說中伊尼亞斯是特洛伊人和美神維納斯所生的孩子,是希臘人,所以他的雕像也是下巴蓄著鬍子的希臘風貌;相反的,貝那提斯神的雕像上就沒有鬍子,因為羅馬的男性是習慣剃鬍子的。

在伊尼亞斯和貝那提斯神之間還刻有伊尼亞斯的兒子,但是今日已殘破不全,看不清楚了。這個人才是朱利斯一族的創始者,這個浮雕的目的應該就是為了彰顯身為凱撒養子的奧古斯都出身的尊貴、正統和歷史。

祭壇左邊牆上的浮雕除了一小部份之外,現在都已經不見了。不過殘留部份修復之後可以知道這面牆上描繪的是正在吸吮狼奶的幼兒——羅慕路斯 (Romulus) 和雷慕斯 (Remus) 兩兄弟,以及發現兩兄弟並且帶回撫養的牧羊人,還有兩兄弟的父親馬爾斯神看到兩兄弟平安無事而感到安心的情景。

無論是伊尼亞斯的故事，或是羅慕路斯、雷慕斯和狼的故事，都是最有名的羅馬開國傳說，刻在祭壇正面的左右兩邊是最有資格的了。

在描繪人類之前先將諸神交代清楚，正面和對牆的後面都是獻給神的浮雕，不過，兩面雕的都是女神。

繞到後面來看，左側描繪的是兩手各抱一個幼兒的大地女神泰露斯 (Tellus) 坐在中央，兩邊則坐著風神和水神兩位女神。抱著兩個幼兒的女神象徵多產，在三位女神腳下刻的麥田、牛、羊等，代表大地賜給人類的恩惠。

以正殿的出口為中心，右側牆壁上的浮雕雖然大部份都已不見了，但是根據考古學者研究殘存的石片發現，這面牆上刻的應該是身著冑甲、英姿煥發、模仿希臘神話亞馬遜女族 (Amazon) 而來的女神羅瑪的像。在共和時代的貨幣上可以發現，以神明的形象表示羅馬的傾向，不過獻給女神羅瑪和奧古斯都的神殿則是進入帝政時代之後才開始的現象，連行省都建有不少這種神殿。以女性作為國土的象徵，是因為對於那些在羅馬出生成長，長大之後離開故鄉直到死後才又回到故國的男性來說，國家就像母親一樣。

像這樣，描繪人類的浮雕放在左右兩側，這種安排正顯示多神教神和人之間既不離得太遠，也不會太接近的關係，真是絕妙的安排。而且，由於羅馬人的寫實主義，使得二千年後的我們還能看到奧古斯都逼真的「家族肖像」。

正面的右手邊，也就是祭壇的南面刻著參加和平祈禱的隊伍。最前面的四分之一破損嚴

和平祭壇：復原圖

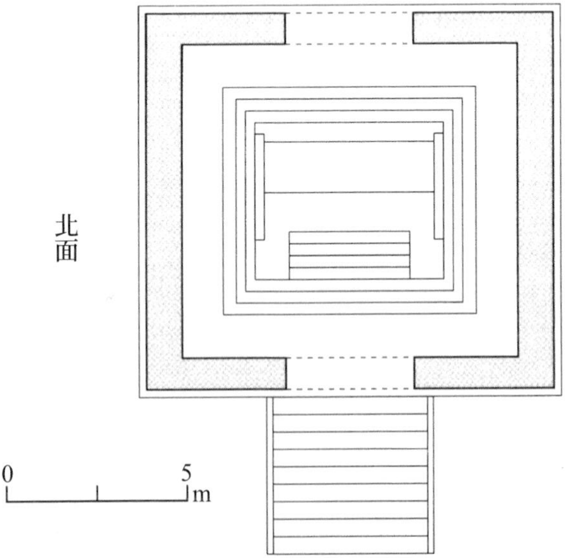

和平祭壇：平面圖

和平祭壇的浮雕
上、中：嵌有鳥、蟲圖的莨菪葉圖案及其放大圖
下：向貝那提斯神奉獻自己的伊尼亞斯（右：伊尼亞斯的獻祭）

和平祭壇的浮雕

上：兩手各抱一個小孩的女神泰露斯

中：以希臘神話亞馬遜女族為範本的女神羅瑪

下：羅馬建國傳說中的羅慕路斯和雷慕斯

和平祭壇南面浮雕全圖（下段及次頁為放大圖）

奧古斯都

神祇官

神祇官 警士 阿古力巴

蓋烏斯·凱撒

和平祭壇南面浮雕放大圖

和平祭壇北面浮雕全圖（上：左面，下：右面）

重，站在警士後面的奧古斯都只剩下臉和左半身的一部份。「和平祭壇」建造時奧古斯都剛好就任最高神祇官，因此五十一歲之後的奧古斯都便成為名副其實的國家祭祀的主持人。

　　由磨損得很厲害的殘像來想像，奧古斯都的頭上除了覆蓋袍服之外，是不是也戴了月桂冠呢？不過，看那臉頰的線條還有垂散在額頭上的頭髮，實在不像是超過五十歲男性的樣子。隔了幾個神祇官之後的阿古力巴雕像，那個臉就確實是五十歲以後男性的樣子。尤其和阿古力巴年輕時的肖像比較，更是令人有歲月流逝之感。但是，和阿古力巴同年的奧古斯都的臉卻仍舊停留在三十幾歲的樣子。如果「和平祭壇」能夠完整保留下來，說不定就可以給我一個答案，看看我的想法——奧古斯都特意維持永遠年輕的形象是一種心理戰術——到底正不正確？

束著細繩的斧頭是古代羅馬公權力的象徵，警士肩上就扛著一把；緊接著警士後面的是阿古力巴——被奧古斯都指名為共同統治者，同時也是他女兒尤莉亞再婚的對象。十七歲受到凱撒的拔擢，從此成為不善戰的奧古斯都不可少的左右手，可說如果沒有這個人，就沒有今天的奧古斯都了。但是「和平祭壇」上描繪的阿古力巴已不復年輕時壯碩的體格和有力的容顏，老得好像是另一個人似的。決定建造這個祭壇的時候他還活著，可是三年後完工大典時，他已是另一個世界的人了。從這栩栩如生的雕刻中可以看出奧古斯都對這位一生的朋友深深的懷念。

阿古力巴和他身旁拉著他衣角的小孩形成一幅可愛的畫面，而這小孩正是他和尤莉亞所生的蓋烏斯．凱撒。這個小孩是奧古斯都的長孫，執著於血統承繼的奧古斯都在蓋烏斯週歲時便將他收為養子。「和平祭壇」起建的時候他才七歲，一個七歲的小孩能夠列席祭典的上位，可見當時奧古斯都是將這個孫子當成自己的繼承人看待。

少年的後面是一位美麗的婦人，從席次的順序推斷，應該是奧古斯都的妻子莉薇亞。莉薇亞後面有一位穿著長袍的年輕人，是莉薇亞第一次婚姻所生的孩子中的哥哥，祭壇起建時二十九歲的臺伯留。因為他還沒有成為神祇官，所以沒有以長袍覆頭。祭祀的時候，普通市民並不需要包住頭部。

隔著一個人之後的婦人像可能是奧古斯都的獨生女尤莉亞，當時是阿古力巴的妻子；因此她手上牽著的幼兒就是和阿古力巴所生的第二個小孩盧基烏斯·凱撒。祭壇建起時才四歲的盧基烏斯一出生就被外祖父收為養子。

在這四歲幼兒後面是行列中唯一著軍裝的年輕人，據說是莉薇亞帶過來的孩子中的弟弟，就是杜魯斯。他之所以著軍裝，應該是因為建造祭壇時也正好是他以總司令官的身份，帶軍遠征日耳曼的時期吧！莉薇亞再婚時帶來的兩個小孩代替年過五十的阿古力巴，成為奧古斯都的左右手。

排在年輕將軍杜魯斯之後的人像到底是誰，至今仍眾說紛云。不過，既然是婦女和小孩，一定就是奧古斯都的家族。當時他的「家族」中還包括：臺伯留的妻子薇普莎尼亞、杜魯斯的妻子小安東妮亞、和多密第斯·艾諾巴布結婚的大安東妮亞，以及他們的小孩。

由於同名，所以姊姊以大安東妮亞稱呼，妹妹則叫小安東妮亞，兩姊妹是奧古斯都的姊姊歐古塔薇亞和安東尼結婚所生的女兒。雖然奧古斯都將她們的父親安東尼逼入敗亡之地，但是仍將兩位外甥女當成家族的成員來照顧，並且為她們安排合適的婚姻。結果，沒想到羅馬的第三代皇帝卡利古拉(Caligula)、第四代皇帝克勞狄斯、第五代皇帝尼祿都是出自敗亡者安東尼

和平祭壇內浮雕上所雕刻的祭祀情景

的親族。

南面浮雕都是第一代皇帝奧古斯都的「家族肖像」，北面則是列隊參加祭祀的元老院有力人士或是政府的高級官員。大家都是身著長袍，其中還有帶著孩子的。雖然是羅馬政界有力人士的雕像，但是與對面的皇帝家族肖像一樣，每個人的姿態都不同。有看著旁邊的人，也有拼命講話的人。奧古斯都家的小孩子根本就不管什麼祭祀了，大家只管聊天。與神像不同，這邊刻的是人性洋溢的羅馬人。奧古斯都一定覺得這樣子能夠使得這種祭壇更具意義。因為雖然是向天神們祈求和平，但是真正要達成和平目的終究還是要靠人的努力。

正殿的四方圍繞著以人類形象描繪的人、神浮雕，正殿本身也刻滿了浮雕，但是建築簡單，登上臺階之後只設了一個大理石的祭壇在那裡。由於犧牲的動物必須在祭壇上烤，為了能讓燒烤時產生的煙順利排出去，所以才建成沒有天花板的構造吧！

正如奧古斯都自己在《業績錄》中所記載的，元老院不只是決定建造「奧古斯都和平祭壇」而已，還「決定每年在這個祭壇舉行犧牲式」。所謂每年舉行犧牲式就是每年向諸神祈求和平的羅馬人式講法。因此，「和平祭壇」是建來作為「羅馬和平」(Pax Romana)的象徵標誌，實際上也是用來祈求和平的。

羅馬時代的「和平祭壇」是建在離羅馬廣場走路不到幾分鐘的弗拉米尼亞大道旁。從各個行省來到羅馬的人，如果是從北方經由弗拉米尼亞大道或是卡西亞大道來，走在路上就可以看到；從奧雷里亞大道來的人只要稍微繞一點路；而從南方經由阿庇亞大道來，由羅馬廣場再走一點路就可以看到「和平祭壇」了。這些行省人民在看完之後是不是也像羅馬人一樣感受到奧古斯都想表達的——那就是羅馬帝國追求的目標是和平。

統治者如果不能給予被統治者一些他們也能接受的東西，光是靠武力壓制或是消滅反對者，他的統治絕對無法持久。

這個「和平祭壇」現在也還看得到，但是所在地點已經不是原來的地方了。因為古代羅馬的遺蹟上已經建有中世紀到現在的羅馬城市，即使挖掘出祭壇的殘片，如果原址上有建築物，而且有被使用，也不可能將它拆掉，因此在同一個地點重建是不可能的。於是在一九三六年的時候，依照當時的獨裁者墨索里尼的想法，趁著再度開發「奧古斯都陵」周邊地帶的機會，將挖掘出來的東西在「奧古斯都陵」和臺伯河之間的地方予以復原。

「奧古斯都陵」和「和平祭壇」為中心的廣場，從此之後以義大利語「奧古斯都皇帝廣場」稱之。不過，第二次大戰之後的義大利政府全都是以反法西斯主義為首要政見，所以對法西斯黨開發的這一帶都不怎麼喜歡。法西斯時代的建築物雖然缺乏美感，但是卻造得非常堅固，要拆掉奧古斯都皇帝廣場周圍的建築物太花錢了，所以，這一帶就一直保留著原來的樣子。由於羅馬市政府也和中央政府一樣，一直是左派政權，從來不管理這一帶，也不採取任何活化使用政策。這麼一來，對我這種人來說實在是太好了，那些吵鬧的羅馬人根本就不來這邊，使這裡成了閒散的一角。

此外，現代的博物館和美術館經營者當中，很多對於美術史的關心要強過歷史；一旦發現是真品，即使是一個壺的碎片都要大大的展示一番，但是對於古蹟的復原作業卻不怎麼關心。結果來看「和平祭壇」的觀光客也很少。不過，如果要思考如何實現和平的這個問題，這裡是最適合不過了。因為，「和平祭壇」動工的同時，奧古斯都也正在展開一場革命性的軍制改革。

軍事重整

古代希臘人和羅馬人對「公民」的定義是：除了有權參與自己所屬共同體——無論是國家或是地方自治體的自治之外，還應該負起保衛該「共同體」的義務。雖然他們的軍隊在量方面不如東方專制君主國，但是在質方面卻是比較好的，因此常常會打勝仗，而究其原因就在於——東方君主國是從別國召來傭兵拼湊成軍，但是希臘、羅馬的軍隊都具有保衛本國的堅定信念。

為了提升公民的社會、經濟地位，相對於由社會上層份子所組成的騎兵團，甚至發生了軍事制度的大變革，改以公民的中堅份子所組成的重裝步兵隊為軍事主力。順便一提，古代結束之後，中世紀又恢復為以騎兵為主力的軍事力，一直到近代之後才又再改變成以步兵為主。馬基維利 (Machiavelli) 的《戰略論》就是提倡恢復本國國民組成的步兵戰力為主力軍。

古代羅馬也是承襲這種「公民」定義的國家。和希臘人只限於自己所屬的城邦國家境內相比，羅馬帝國領域廣大，而這種觀念又擴展到整個帝國，所以可以說確立近代「公民」觀念的應該是羅馬人。

所謂防衛共同體的義務也可以說就是維持共同體的義務。因此，服兵役的義務和繳納稅金的義務經常被合為一體、共同展開，也成為理所當然的事了。正如同不問收入多少，所有人一律繳納相同稅金一樣不公平，兵役也是，如果不管誰都要服兵役，那也是有欠公允的。在羅馬，其實從王政時代開始，正如第Ⅰ冊的〈第六代羅馬王──塞爾維斯．圖利烏斯〉單元所述，就已經努力在改善兵役形式的課稅制度，以期做到最公平。對於沒有資產，只能靠每日工作所得來養活自己和家族的公民，稱為「無產階級」，這個階級的公民不需要負擔兵役形式的直接稅。

不過，這種徵兵制度當時之所以能夠維持下去，是因為當時羅馬的軍事行動圈只限定在狹小的地區之中。春天軍團成軍出兵作戰，秋意未濃就可以返家了。兵役期間普通只有一年，持續一年以上的戰役，只有司令官留任，士兵到期就換人。不然不可能強迫公民盡這個義務。

但是隨著時代改變，敵人變成迦太基、西班牙、希臘等，羅馬軍事行動圈愈發擴大，從戰場返家得花上一個月的時間，不可能每年重覆解散軍團再徵召不同的公民來組成軍團。在這種情形之下，當然只有延長兵役期間了。但是這麼一來，公民要維持生活也變得困難。而且隨著羅馬霸權的擴大，羅馬人的經濟可能性也隨之擴大，服兵役變成愈來愈不受歡迎的義務。再加上經濟高度的成長也拉大了生活享受的差距，「無產階級」不只是靠每天工作養活自己和家族的人，連失業者都出現了。失業者都跑到首都來，形成新的社會問題，已經不是免稅就可以解決的了。

西元前一〇七年，正如第III冊的〈馬留斯與蘇拉時代〉所敘述的，當時的執政官馬留斯(Marius)將軍把持續五百年的羅馬軍事制度做了大改革，從徵兵制改成了募兵制（志願制）。羅馬士兵從公民的「義務」變成了公民的「職業」。由於西元前一六〇年前後，直接稅已被廢止，直接稅等於兵役的觀念早已有名無實，所以將兵役改成募兵制一點阻力也沒有。最重要的是，募兵制可說是解決失業人口的對策。

羅馬軍隊最終沒有淪為社會的垃圾場，都要歸因於為政者確立了應對的策略，而且代表一般公民的公民大會也給予支持的緣故。

第一，雖然這些失業者屬於「無產階級」最下層，但是服兵役者必須擁有羅馬公民權，這一點再度被確認。這麼一來，可以幫助那些因為長久被免除兵役，而不被當作是公民，連自己也這麼想的人恢復自尊。現在他們可以抬頭挺胸地說：身為羅馬公民所以有義務保衛羅馬。凱撒就常常對士兵們訓示說：別忘了你們是羅馬公民。只有對自己的任務感到自豪，並且得到世人認同，才能全心全意、理直氣壯地完成任務。

第二，薪水保證。所給的薪水實在不高，一個士兵一年的薪俸是七十狄納利斯銀幣，在西元前一世紀的生活水準來看，連買主食的小麥都不曉得夠不夠。但是軍隊裡衣、食、住都有供應，所以可以想成是最下限的薪水。而且也許還有戰利品可以分，或者是凱旋式時的賞金等額外收入。

羅馬軍隊改成募兵制之後還能維持一定素質的第三個原因：

因為按規定想成為「榮譽公職人員」者有服兵役的義務。要保證羅馬軍隊的素質首先必須保證指揮官階級的素質。士兵們對所跟從的將領的能力是非常敏感的。因為跟隨無能的指揮官等於是被迫犧牲。而軍隊的組織和營運如果不能以最少的犧牲換取最大的效果，就等於沒有軍事力。這種能力，即使到了政界也是完全適用的。

但是馬留斯的軍制改革仍然維持一年的兵役期間，到了必須延續的時候再來更新。無論是出國遠征三年的蘇拉軍隊、龐培之下戰鬥五年的士兵，或是跟隨凱撒征戰高盧八年，之後渡過盧比孔河又征戰五年的士兵，他們在春季從軍，到了秋天如果提出返鄉的申請，身為總司令也無權強制他們繼續留下來。而這些士兵之所以能夠一直留在軍中，都是靠蘇拉、龐培和凱撒強勢的領導力。像蘇拉和龐培的軍隊是以東方各國的海盜為對手，可以期待豐厚的戰利品；但是凱撒旗下的士兵就沒這麼幸運了，他們最先的對象是未開發的高盧地區，自然值得掠奪的東西就少了，後來又是和自己同胞打仗，總司令官有令嚴禁掠奪。雖然凱撒為了補償而將年薪七十狄納利斯銀幣提高一倍為一百四十狄納利斯銀幣，但是對於這些跟隨凱撒縱橫轉戰地中海世界的士兵來說，實在是過少的報酬。只是領薪水做工作就不是戰士了，因為這樣所以凱撒的士兵才願意跟隨著他。

繼承凱撒的奧古斯都明白自己沒有像「父親」一樣卓越的領導才能，也沒有蘇拉的超凡魅力和龐培的軍事頭腦。因為他只要一指揮戰事就輸，後來打仗就長期交給阿古力巴，現在則是由年輕的臺伯留和杜魯斯兄弟負責比較保險。

凱撒對所屬的士兵講話時經常以「戰友諸君」來稱呼，奧古斯都則只稱呼士兵們「戰士諸君」。與事實不符的事還是不要做比較好。但是，即使有充分資格叫「戰友諸君」的阿古力巴和臺伯留、杜魯斯兄弟，奧古斯都也不許他們這麼叫。前線的指揮官只能稱呼士兵「戰士諸君」。奧古斯都這麼做並不是嫉妒指揮官和士兵關係密切，因為他認為羅馬軍隊必須成為一個不管由誰指揮都能夠發揮功能的組織，而且是能勝任沒有戰利品、以蠻族為防衛對手、刻苦軍務的集團。將這個集團加以制度化就是目前奧古斯都面臨的課題。

奧古斯都在重整羅馬軍事制度時所考慮的基本方針列舉如下：

一、目的不是征服而是防衛。
二、除了帕提亞是統一國家之外，其他的敵人都是未開發沒有組織的蠻族。
三、以防衛為目的所產生的需要：常備軍事力的設置。
四、提高並確立擔任防衛工作者，也就是士兵的勞動條件。
五、確立安全保障所必需的綜合戰略。
六、確保這些防衛系統運作所需的財源。

在以征服為主的時代，只要決定遠征之後再組織軍隊就好了，但是羅馬也因此經常在外敵侵入時居於落後的地位。一旦軍事目的變成防衛之後，就不能再容許行動的落後，一定要在防衛線將敵人擊退。因此，在防衛線旁設置經常性的防衛力就成為必要。

每戰必勝的凱撒指出以萊茵河、多瑙河、幼發拉底河以及撒哈拉沙漠為防衛線，加以判斷之後再進攻其他的地方對羅馬並無好處，這實在是賢明之舉。西元前三〇年，後繼的奧古斯都一手掌握了打遍天下無敵手的羅馬大軍，一般人在這種時候多半會失去冷靜的判斷，拼命向外進攻；而羅馬人民也必定覺得這樣可以展現羅馬的威風而拍手喝采，大表支持吧！但是奧古斯都不僅遵循凱撒的指示，同時將手上所擁有的強大戰力縮減三分之二。而且為了有效實現以防衛為目的的戰略，不惜違反羅馬七百年的傳統，設立了常備軍。決定羅馬帝國未來的方針——為了維持和平所以需要常設的軍事力量就此確立。

不過，一旦防衛成了目的之後敵人就不是自己選的了。打贏了可能會有豐厚收入的唯一對手帕提亞，已經利用外交方式在交涉中，剩下的都是打贏了也沒有什麼戰利品可期待的蠻族。而且，與蠻族打仗就表示必須將士兵送到生活不便、氣候條件和地勢條件都很壞的未開發地區。所以，提高士兵的勞動條件就成為理所當然的問題。

在改革之初，奧古斯都將士兵的勤務期間訂為十六年。服兵役的資格年齡是十七歲起，所以到服滿退伍也只有三十三歲。自從戰役期間延長之後，羅馬的士兵又多了保持獨身的義務，所以十六年的服役期也是考慮到退伍後還可以結婚開始第二段人生。

但是到了奧古斯都統治末期，十六年的兵役延長到二十年。這麼一來，退伍後就是三十七歲了。雖然法律規定服兵役期間必須保持獨身，但即使有的士兵有了不合法的老婆甚至孩子，也不算違反軍規。也就是說，並不會因此而對晉升不利，或是受罰。通常這種例子大多數都在服滿兵役後正式結婚。

奧古斯都在訂定士兵服役期限的同時，也確立了在古代來說劃時代的退職金制度。

在共和時代末期時也有類似退職金的制度存在。退伍的士兵可以得到土地，並且以凱旋式賞金的形式發給獎金，以作為土地收穫前的投資之用。不過，並不是每一個士兵都可以得到，還要看他們所跟隨的總司令官力量如何，以及自己的運氣了。選到敗將的士兵，別說退職金了，連正規的薪俸都可能化為烏有。奧古斯都為了讓士兵們能夠安心在軍中服勤，所以將退職金予以制度化，而且還可以選擇以土地或現金方式支領。

事實上，除了移住到新建的殖民都市之外，選擇回故鄉的人也不少。因為凱撒將地方自治體的議員和公務員的選舉法改成對有兵役經驗者較有利。如果是返回故鄉，一定大多數人都覺得領現金比較好。

在奧古斯都那個時代，其他的職業都沒有工作年限，奧古斯都不但定出了士兵服役年限，而且定為二十年，他實在是深具洞察力的人。在邊境的駐紮生活，多半見識都被限定了，因為必須是這一方面的專家集合起來，否則無法運作，所以這是不可避免的宿命。如果服役時間不是二十年，又再延長，那麼這個人的一生就只有軍旅生活。即使不是在服役時結束一生，要轉任別的工作也是很困難的。結果就是造成軍人階級的固定化。人，如果沒有其他讓他集中心力的事物，通常會對原有的事物依賴更深。

羅馬不管在共和政體下或是帝政之下，都是軍事國家，能夠長期避免這種弊病是因為軍人生涯和文官生涯（一般公民生涯）的界限常常並不明確，很容易就能經歷兩種生涯，社會上也都認為這是一項有利之處。從指揮官階級轉到政界是一般的途徑，所以讓士兵階級能夠從駐軍生活的第一人生移轉到一般公民的第二人生，就是統治者的義務了。羅馬時代的退職金並不是讓人退職之後，什麼事都不做就可以悠然過完餘生，而是當作展開第二段人生的預備金。想要拿這筆錢悠然過完三十七歲以後的日子實在是太少了。

奧古斯都的軍制改革中，給一般士兵的年俸是二百二十五狄納利斯，比凱撒的一百四十增加許多。並不是因為三十年間發生了通貨膨脹，而是奧古斯都覺得為了回報士兵們在邊境地區從事防衛工作的辛苦，而且他們打勝仗也沒有戰利品，所以應該要保障他們的薪資。

然而即使是二百二十五狄納利斯，也還是屬於羅馬社會下層的收入水準。不過在軍中，食、衣、住是免費的，而且還有退職金等特別待遇就是了。此外，在不見敵蹤的時候，羅馬軍團經常要動員幫忙各種公共建設的整修，因此在軍中還可以學到各種土木工程技術。不管怎樣，軍旅生活只是「第一階段的人生」而已。

在西元六年的時候，服滿退役的退職金額規定是三千狄納利斯，等於十三年的本俸。如果在服勤時間把薪水都花完了，期滿除役的退伍兵憑著手中的退職金在都市生活，一年都過不下去。但是如果移到生活費便宜的行省去，大概可以游手好閒過十年吧！

假使在服役期間十分節儉，把錢存起來，退伍時再加上退職金，也是不夠輕鬆過完下半生。像這樣的士兵，那麼他總計有七千五百狄納利斯，換算成日常用的貨幣塞斯泰契斯有三萬，在本國義大利的某個自治體生活，大概可以過三年。如果不是把保衛國家當成自己的義務，並且視退職金為完成義務之後開始第二人生的預備金，這個金額實在是很難接受。也就是說，服役期滿者雖然受到社會的優待，但卻是以從事別的工作為前提的經濟保證。也許在服役者這方面來看不是什麼了不起的金額，但是對於給予保證的這方卻是很大的負擔。

帝國全境的防衛力，奧古斯都一開始是定為二十八個軍團，西元九年之後改成二十五個軍團，而這二十五個軍團只是由擁有羅馬公民權者所組成的軍隊數量。一個軍團有六千人，二十五個軍團就是十五萬人的兵力。這十五萬兵力稱為「軍團兵」，是帝政時代國家的防衛主力。以上所述的經濟保障也是針對軍團兵。包括將領階級在內，十五萬兵力光是每年的薪水就超過了一億三千五百萬的塞斯泰契斯銅幣。

光憑這十五萬的兵力要守住那麼長的防衛線是不可能的。但是要再增加更多的兵力也是不可能的，原因有二：

第一，擁有羅馬公民權（十七歲以上的男性）的人數總共是五百萬人，可服兵役者（十七歲到四十五歲為止）約占其中的一半到三分之二左右，每年確保十五萬人已經是極限了。或者說，如果不以此為限，羅馬帝國就會淪為只有軍事的國家。

第二個原因是，這方面用途的財源有困難。

羅馬並不是只選富裕的地方來當行省，為了帝國安全的必要而納為行省的地方也為數不少。奧古斯都劃分元老院行省和皇帝行省的原則除了依據是否需要配置軍團防衛之外，也按經濟能力來區別。「元老院行省」是具有較高經濟力的地方，而「皇帝行省」中除了特殊因素屬於皇帝私有的埃及，和制衡帕提亞的敘利亞之外，其他全是落後地區，也就是無法期望高行省稅的地方。但是這些地方卻正是軍團非集中不可的地方，因為保衛帝國安全的重要防線正通過這些行省之上。

元老院管轄的「元老院行省」和皇帝管轄的「皇帝行省」，行省稅的名稱不同，稅金的去向也不同。

元老院行省徵收的行省稅仍維持共和時代的名稱，意思是國庫的「艾拉留姆」，所收的稅金當然和從前一樣是繳入國庫。

而從皇帝行省徵收來的行省稅則叫做「費斯庫斯」，是繳入皇帝金庫的，不過並不屬於皇帝私有，奧古斯都對於公款和私款是分得很清楚的。「費斯庫斯」既然是稅金，那當然是公款。

來自經濟力低落地方的稅收即使在「費斯庫斯」之外再加上間接稅，依然不夠支付防衛經費。如果不將相當程度的元老院行省的「艾拉留姆」挪到皇帝行省使用，那麼帝國的安保系統僅是在經濟面就無法順利運作下去了。學者們對羅馬的歲收支一直無法掌握，「艾拉留姆」和「費斯庫斯」的界線不明恐怕也是原因之一吧！不過，因為上述的原因，這個界線是很難分得清楚的。

雖然是為了帝國全體的安全保障所需，所以將「元老院行省」徵收的稅挪到「皇帝行省」去用，如此一來，人民免受蠻族的威脅，得以和平的生活，以理性來思考是這樣沒錯，但問題並不是這樣就完了。如果百姓眼前就有架橋的需要，但是卻被告知先等一等，經費要先拿去作邊境的防衛費，這種時候鮮少人能夠理智的接受，大多數人一定會想說，那我繳稅金是為了什麼？這也是人之常情。這種不滿的情緒如果任它發展，本來不需要軍團駐紮的地方都會變得不得不派兵去鎮守了。羅馬人所認知的安全保障包括在「羅馬和平」之下讓所有人滿足的生活。奧古斯都考慮將軍團兵限定在十五萬人之際，腦中必定也想到了這個因素。

西元前三〇年，繼安東尼之後成為唯一最高權力者的奧古斯都，將手中五十萬兵力減少三十萬餘士兵，進行大規模的軍備縮減。軍縮之後的軍團數是二十八個軍團，士兵數約十七萬人。《業績錄》中所寫迫使三十萬以上的士兵退役的敘述確實不是騙人的。

如果以為奧古斯都縮小軍備是因為局勢和平，這種想法就太單純了。想想當時的種種情況之後就會發現，防衛帝國的軍力從二十八個軍團縮減到二十五個軍團，士兵從十七萬縮減到十五萬，其實是迫於現實的數字。勉強行事對持久來說是最大的敵人。

當時羅馬士兵的素質確實超越群倫，但是奧古斯都也明白要以十五萬之數來守衛那麼長的防線是不可能的。他打算以一個羅馬傳統上從來沒有過的方法來解決這個問題。

我在寫凱撒的時候深深感到這個人做一件事絕對不會只為了解決一個問題。現在寫到奧古斯都，同樣的感想又出現了。就在我思考這個問題的時候，腦海中浮現在他們之後一千五百年，文藝復興時期的政治思想家馬基維利所說的話：

「不管是什麼事業，如果不能讓所有參與的份子都感到這個事業對自己有利，那麼這件事是不會成功的；即使一時成功了，也不可能持久的。」

馬基維利的意思並不是指所有參與份子必須達成妥協。所謂妥協是一種讓步，等於是要所有參與者走前一點以取得一個一致點，簡單來說就是降低自己的標準，然後將這個點定為該事業的目標。在這種情況下，參與者對最終的結果或多或少都會心懷不滿。妥協的產物這種說法，也是人世間現實衝擊下所產生的吧！也沒有人像馬基維利這麼討厭這種非建設性意義的妥協了。

大概沒有人會將決意渡過盧比孔河一戰的凱撒和妥協聯想在一起。而奧古斯都呢？雖然乍看好像是會妥協的人，但是事實上他絕對不是這樣的。奧古斯都不是妥協，他是欺瞞。對於只承認共和政體的人，他的態度是讓他們繼續沉醉在自己的美夢裡。如果要以一句話來形容凱撒和奧古斯都經營事業的方式，可以說是「一石二鳥」吧！不過，可不是丟一顆石頭擊下二隻小鳥，而是丟一顆石頭擊下數隻小鳥的大規模「一石二鳥」，而且要丟就要丟石頭，丟那些線團或是紙團連一隻鳥都打不下來。問題是所有的參與者是否認可「一石二鳥」式的想法對自己有利呢？

規定以羅馬公民權所有者組成的羅馬軍隊裡，並不是沒有不具羅馬公民權的非羅馬公民。

除了以同盟軍參戰的方式之外，非羅馬公民常常出現在軍隊中，只是未加以制度化罷了。因此他們參戰的形式就依總司令官想法不同而異。有的像蘇拉那樣，實際戰鬥由羅馬公民兵來打，非羅馬公民兵則用作後方支援；也有像龐培那樣為了壯大聲勢而讓非羅馬公民兵參戰以補正規軍團兵的數量。凱撒依個人專長來派用非羅馬公民兵是眾所皆知的，他旗下高盧人和日耳曼人所組成的騎兵隊威名遠播，在地中海世界無人不知，無人不曉。即使如此，這些非羅馬公民兵仍然不屬於羅馬的正規軍。

奧古斯都將他們都升為正規軍，但是不是編在「軍團兵」之內。羅馬軍的主力「軍團兵」仍然維持傳統，必須由羅馬公民擔任。以前非正規兵的名稱——「補助兵」也繼續沿用。因為非正規兵雖然升格為組織的正式一員，但是羅馬軍的主要戰力還是一如往昔，是擁有羅馬公民權者所組成的「軍團兵」。

雖然叫做「補助兵」，仍然是負責保障帝國安全正規羅馬軍的一員。奧古斯都除了確保常備化之後軍團兵的勞動條件之外，對於不具羅馬公民權的補助兵也認為該有所保障。在這裡先聲明，奧古斯都並不是因為人道主義覺醒才這麼做的，實際上是站在「一石二鳥」的觀點所採取的策略。

「補助兵」和「軍團兵」一樣也有兵役期限，是二十五年，也許有人會認為，相對於軍團兵的二十年是一種差別待遇，實際上不是這樣的。保衛帝國安全是羅馬公民的責任，因此由羅馬公民所組成的軍團兵有服從命令移防到防衛區域的義務。有的軍團從萊茵河移到尼羅河，有的則從西班牙移到中東地區。相反的，「補助兵」的負責地區通常都是在出生地附近，大部份人從頭到尾都是在當地服完兵役。服勤地在出生地附近，期滿除役之後要展開第二段人生也比較容易準備，所以二十年和二十五年其實沒什麼差別，應同等視之。

當然薪水是有保障的。由於是無戰利品可期的防衛工作，只有在報酬有保障的情況下才能確保士兵的素質。只是關於補助兵年給的史料到現在都沒有發現，但是可以確定一定不如軍團兵。至於退職金方面，史料也沒有記載，即使有，可能也只有一點點吧！因為給軍團兵的退職金制度在古代已經是劃時代的創舉了。在食、衣、住方面，由於未升為正規軍時代就已經有保障了，成為正規軍之後應該更是完全保障了。除了這些之外，隨著帝政時代的推展，受傷給予治療是一定的，為了慰勞駐防邊疆的辛苦，像是劇場、浴場等士兵的享受，補助兵也全部有。

「補助兵」是行省人民，經過基地生活之後，心中產生對羅馬的敬意和憧憬也不是什麼不可思議的事。奧古斯都似乎看穿了這種心態，他所改革的軍事制度中，有一項就是給予服滿除役的補助兵羅馬公民權。而且這項規定和其他奧古斯都所訂的規定一樣，一直被羅馬帝國其他皇帝所沿襲使用。說不定這一項特權正是給與補助兵的退職金。

羅馬公民權並不只是一個勳章而已，首先就可以免除行省稅的義務；而且公民權是世襲的，期滿除役的「補助兵」兒子就能以堂堂正正羅馬公民的身份去加入「軍團兵」了。

對羅馬公民權的態度，奧古斯都不如凱撒那樣開放革新，他是採取保守立場的。不但終止行省部族長進入元老院，也不將西西里和南法這兩個行省升格納入本國。對於透過各種關係希望取得羅馬公民權的人一律拒絕，即使說情的人是他的妻子莉薇亞。一直到克勞狄斯皇帝時，才重新恢復凱撒積極重用行省人才的作風，這一切都是奧古斯都造成的。

但是對從事教育和醫療工作的教師和醫師，則延續凱撒的作法，不論何種人種和民族都給予公民權。除了表示重視這兩種職業之外，顯示奧古斯都也是走知性上層階級的開國路線，這一點與凱撒不謀而合。現在，奧古斯都又將「補助兵」的公民權授與加以政策化。雖然選擇服兵役的行省人民未必都是來自知性的上層階級，但是，公民權也含有與自己地位同等的意思，以現代的說法就是國籍。只有雙親都是雅典公民的人才能算是雅典人，在他們心中的公民權是「血緣」的問題。但是羅馬人心中所想的公民權是一種與自己的生存方式有共鳴，並且協助維持的人所共享的權利。

再沒有比參與羅馬公民的帝國防衛工作更值得感謝的了。凱撒是大大方方地給予日耳曼或高盧出身的士兵羅馬公民權，而奧古斯都則將它制度化。在奧古斯都的腦袋中雖然同時想著授與補助兵公民權的制度化政策，以及授與羅馬公民權的慎重政策，但是我確信他一定一點都不覺得這有什麼矛盾。

奧古斯都所定的「補助兵」人數和「軍團兵」一樣都是十五萬人。雖然這樣計算比較簡單，但是每二十五年就會增加十五萬擁有羅馬公民權的人。而且，軍團兵之中很多都是和駐紮地的女子結婚。期滿除役者所建設進住的「殖民都市」中，羅馬人的男性通常也是和當地女子結婚。即使對授與羅馬公民權採保守政策的奧古斯都時代，民間和外族交流的情況也是如上所述。羅馬人大概從來不會想到什麼「鎖國」政策。

經過奧古斯都的改革，行省人民所組成的「補助兵」也變成羅馬軍隊中常態性的成員。這項改革有以下的益處。也許該說奧古斯都就是想到有以下的益處才將之付諸實行的吧！這就是他的「一石數鳥」政策。

第一項益處是，節約防衛費。

和平是要付出代價的，需要很多經費。如果就這樣花下去，遲早會出現財政赤字。當時還沒有銷售國債來補足赤字的方法，所以財政赤字就要靠國庫和皇帝公庫兩邊貼貼補補來解決。如果不能解決就會出現重稅方式。在統治上，也就是政治心理學上，重稅是最笨的解決方法。根據學者們的研究，西元前後羅馬帝國全境的人口約有五千萬左右，而這個擁有五千萬人口國家的防衛力，包括軍團兵和補助兵總共是三十萬。以現代同樣人口的國家相比，只限陸軍兵力，而且不把高科技化程度考慮進去，結果是：

法國——二十四萬。韓國——五十二萬。

舉這兩國為例除了因為人口相近之外，也是因為這兩國與他國接壤，就像古代羅馬一樣。順便一提，日本這個島國人口是古代羅馬的二倍，但是日本自衛隊的陸軍兵力只有十五萬，原因除了是否合乎憲法之外，未和其他陸地接壤恐怕也是一大因素吧！因為人口和法國相近的英國，其陸軍兵力比日本更少，只有十二萬多。

還有一點不可忘記的是，不管和現代哪一個國家比較，羅馬帝國的防衛線實在是太長了，而且軍力還必須適應各種不同條件的防衛線。

有寒冷的日耳曼，也有焦熱的撒哈拉沙漠，實在讓人忍不住要驚嘆：「三十萬軍力怎麼有辦法守得住？」如果沒有壓低經費的「補助兵」制度，一定不可能持久的吧！

「補助兵」正規化的第二項益處是，有助於培養行省人民自己守護自己國土的意識。

在羅馬霸權下生存的行省人民，由於防衛工作是霸權者負責的，所以沒有兵役的義務，取而代之的是要繳交行省稅的義務。繳交收入的十分之一可以說是換取安全保障的代價。

但是在古代，羅馬人和希臘人都認為，付錢讓別人來保護自己的安全，這種生存方式會讓人墮落。奧古斯都以「補助兵」的形式讓行省人民參與保衛國土的工作，也是考慮到這樣有助於保持行省人民的健全性。反正「補助兵」和「軍團兵」都是志願制。而且，士兵為了保衛自己故鄉和自己的家族而從軍是最健全的，才最能發揮力量。「補助兵」的服役地點以出生地為原則，也是因為考慮到這一點。

第三項益處對把政治當作心理學問題思考的人來說，可能是最好的例子吧！

馬留斯將軍把徵兵制改成募兵制的最大理由，一言以蔽之，就是救濟失業者。以往的徵兵制必須有資產為後盾，無產階級根本就被拒絕於兵役之外，而募兵制就是將無產階級吸收為軍隊的一份子。因為失業問題發展下去會變成社會問題，但不僅是經濟上的原因。人通常都是透過自己的職業來培養自尊心的。兵役是一個公民基本的義務，一旦連服兵役機會都被剝奪，這個人將會失去穩定。不穩定的精神狀態再加上經濟上的不滿，就容易衍生社會問題。相反的，如果想到即使沒有資產仍然可以盡一個公民的義務，精神就可以維持健全。

同樣的道理在行省也是行得通，各行省也都有下層階級的人民，他們的經濟能力連行省稅都不用繳。這些人如果放著不管，在本國也許是造成社會問題，但是在行省就有孕育暴動和反叛的危險。

對於南法以外的高盧全境，奧古斯都當初似乎認為只要六個軍團就足夠了。而且，這六個軍團三萬六千的「軍團兵」全都集中在萊茵河的防線上。除此之外的高盧全境一個軍團也沒有設。如果不是在一開始就除去可能孕育反羅馬暴動的因素，是無法實行這種行省統治政策的。

第四個益處是，由於「軍團兵」和「補助兵」的設立，使羅馬人和行省人能並肩服役，於是行省的羅馬化，以羅馬人的說法是文明化，便經由軍隊基地得以實現。

因為在羅馬霸權之下，支配者與被支配者並不是彼此分離的，軍團兵會娶當地的女子為妻，補助兵的兒子也可以成為軍團兵，就是這樣，以民族間的混血為羅馬化的基礎，所以是很自然的同化方式。歷史學家塔西圖斯有留下一個關於這的小插曲。萊茵河東岸的日耳曼人呼籲西岸成為羅馬公民的日耳曼人共同襲擊羅馬軍團，但是西岸這些以往的同胞回答：

「駐紮在這邊的羅馬兵有不少都和我們結有親戚關係，有的是和這邊的女子結為夫妻，也有的軍團兵的母親是這邊的女子。他們都將這塊土地視同羅馬本國一樣，所以對你們無理的要求，我們是不可能答應的。有哪一個人會去殺自己的父親、自己的兄弟、自己的兒子呢？」

這也是羅馬帝國的安全保障。這種可說是形成命運共同體的方式，才最合乎「綜合安全保障」的名稱，不是嗎？

不過，無論這種羅馬同化程度多深，僅靠軍團兵和補助兵加起來不到三十萬的兵力，要守住長達一萬公里的防衛線實在是非常困難的工作。雖然因為種種現實因素使得兵力不得不控制在三十萬之內，但正因為如此，才會設法提高防衛力，同時促使羅馬軍發揮真正的實力。奧古斯都施行軍制改革，其中第五項改變就是安全保障中不可欠缺的，也就是綜合戰略的確立。

綜合戰略

羅馬人早在統一義大利半島的時代開始，就擁有超群的應變才能（Case by Case）。之所以仍舊能夠整合運作，是因為確立了一貫的基本策略。而且因為這個基本路線既單純又明快，不管出現多少種因應狀況，應變處理方式都不至於會偏離基本線。要遵循一貫的方針，又要視情況採取應變方式，為了能夠同時行使這兩種在概念上矛盾的作法，而且還要積極地活用，基本路線最好簡單一點。這時候，平衡感也是很重要的。羅馬人的平衡感也是頂尖的。

綜合戰略如果沒有先確立構成全體的個體乃至核心就無法成立。基於這個道理，奧古斯都將「軍團兵」和「補助兵」重新編制，但是羅馬軍傳統的名稱，即使已經不符現狀了，仍然予以保留。例如，編制已經不是一百人了，仍然叫做百人隊。（請參照頁二〇八～頁二〇九的圖表）

——武器

- 軍團兵
  - 攻擊武器：槍(Pilum)、短劍(Gladius)
  - 防禦武器：長方形的大盾
- 補助兵
  - 攻擊武器：弓、石弓、長劍，騎兵是用長槍
  - 防禦武器：圓形的小盾

看了以上的武器介紹就可以知道，圓桌武士和十字軍時代等中世紀的士兵，是補助兵而不是軍團兵的延續。我想原因可能是羅馬帝國滅亡後，戰場上不再有「公民」的存在，戰法因此發生了變化。

「個體」確立之後，能夠縱橫驅使「個體」的綜合戰略就是下一個要解決的課題了。技術力足夠，但是卻沒有築起一道「萬里長城」的羅馬人，以下列的方式解決這個問題。不過得先聲明，防衛網是經過歷代皇帝不斷改良才得以確立完成的，所以奧古斯都所建立的只能算是基本戰略。如果不考慮各防衛線的特殊情形，基本戰略的圖解則如頁二〇八圖所示。

學者們對各行省的防衛線都有詳細的圖解，但是卻不畫基本圖。那些專業書籍都是以有基

本概念的人為對象；像我這樣的業餘研究者，根本沒有基本概念，為了理解方便，於是自己畫了這麼一張圖，雖然有點幼稚，我想應該是抓到大概了。也就是說，駐守要塞的士兵一旦察覺敵人來襲，便可以升起煙火，或者以馳馬傳信的方式，將敵人來襲的消息傳送到附近的基地去。收到通知的基地除了立刻派出援軍之外，同時也要將消息傳遞到軍團基地。軍團也是立即出兵。由於羅馬式的道路網四通八達，因此軍隊得以快速地前往目的地。

步兵的行軍速度是一小時五公里，騎兵一天奔馳的距離可達九十到一百公里，載著重兵器的貨運馬車一小時只能走一．五公里，所以只要是有大隊兵馬駐守的基地，即使是補助軍，通常都會備有兵器。

簡單來說，以防衛為目的的羅馬軍隊的戰略是先由補助兵抵擋敵軍，在這段時間內軍團兵就會到達，然後再一戰高下的迎戰體制。如果來襲敵軍規模很大，還有周邊的軍團基地會來支援。

據說全部接起來可以繞地球兩圈的羅馬街道網就是為了這種軍事用途而鋪設的。羅馬帝國全境一直在造這種盡可能平坦、盡可能呈一直線的羅馬式兩線道路，遇河就搭橋，遇山就切山或挖隧道，幹線路面全部都鋪得好好的，連排水系統也幾近完美。正如同義大利境內的道路網對人與物的交流，以及生活水準的提升貢獻良多，包含行省在內，羅馬帝國全境開始享受到羅馬街道所帶來的利益。雖然當初這些道路是為了使三十萬不到的軍隊得以完成防衛帝國全境所想出的戰略。

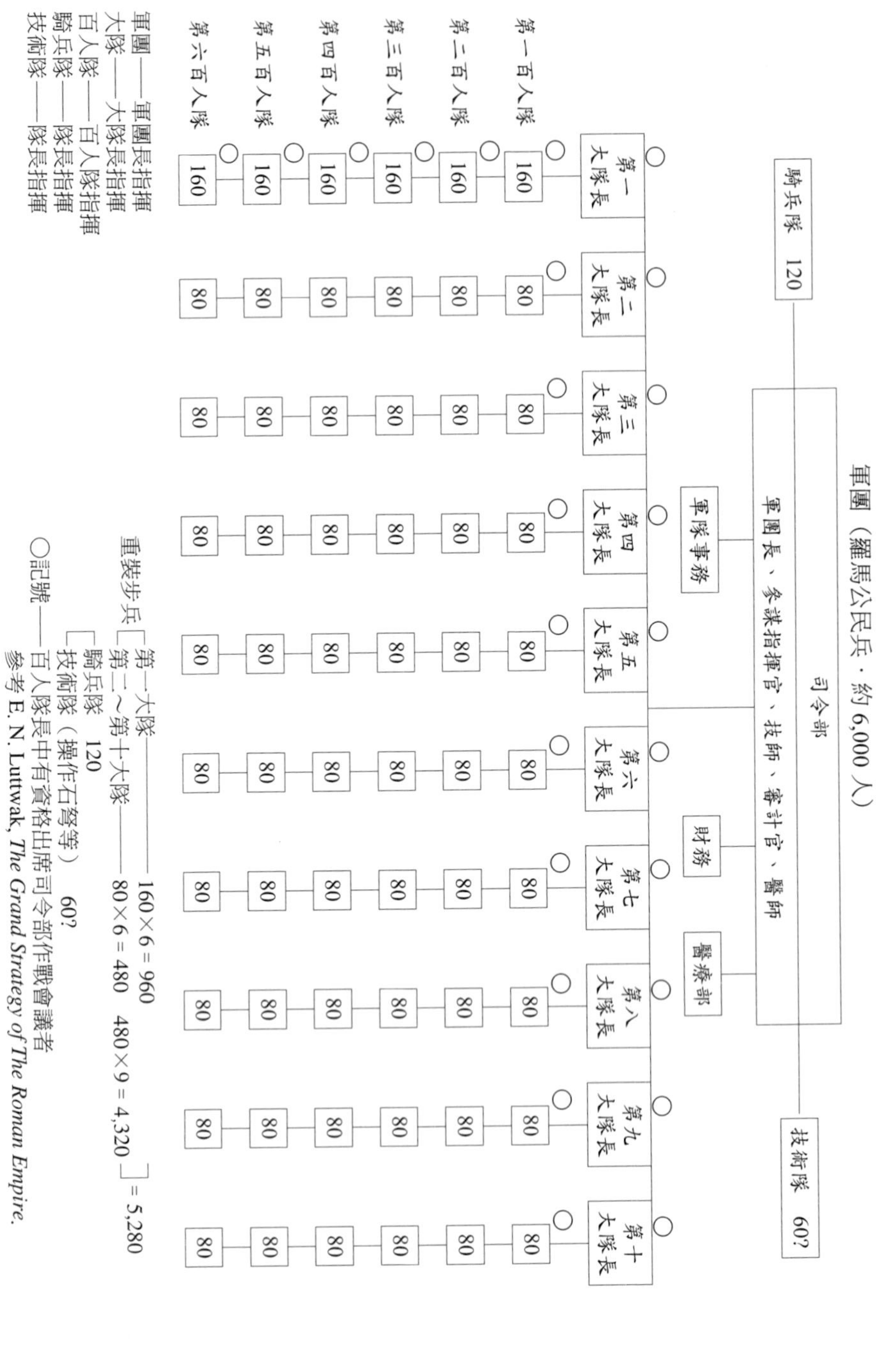

參考 E. N. Lutwak, *The Grand Strategy of The Roman Empire.*

補助部隊（行省民兵・4,500～6,000人）

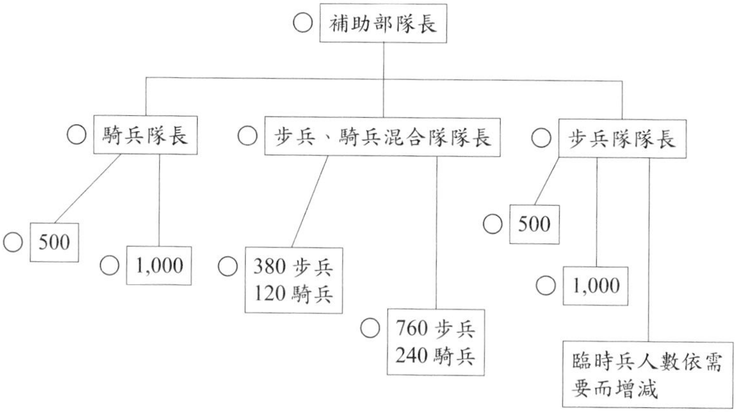

＊指揮官階級為部族族長的子弟，也是行省人民，但是多半擁有羅馬公民權
＊財務、醫療等其他事項全由軍團各部門負責補助部隊支援
○記號——有資格出席司令部作戰會議者

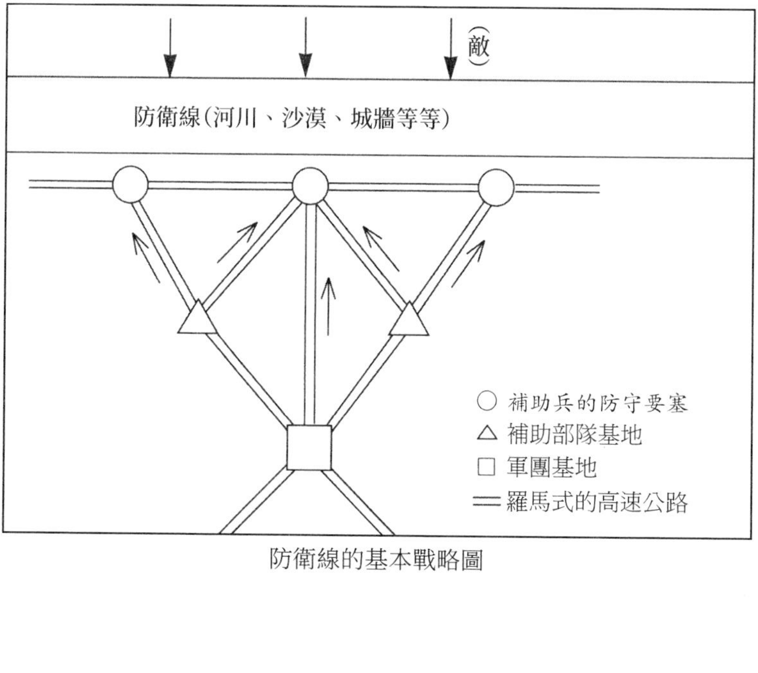

防衛線的基本戰略圖

到西元九年為止，負責保衛羅馬帝國安全的主力軍團一直維持為二十八個，它的配置如下：

除了南部以外的伊比利半島全境——四個軍團
萊茵河下游沿岸——五個軍團
萊茵河上游沿岸——二個軍團
現在的斯洛伐克和克羅埃西亞，古代的伊利利亞和達爾馬提亞(Dalmatia)地方——五個軍團
多瑙河以南，現在的塞爾維亞，古代的莫埃西亞一帶——三個軍團
現在的敘利亞和黎巴嫩，古代的敘利亞——四個軍團
北非全境——五個軍團

西元九年之後，羅馬的常備軍團變成了二十五個，軍團的配置也隨之改變，從此，基本上就維持這種配置方式了。

伊比利半島西北部——三個軍團
萊茵河以西沿岸——八個軍團

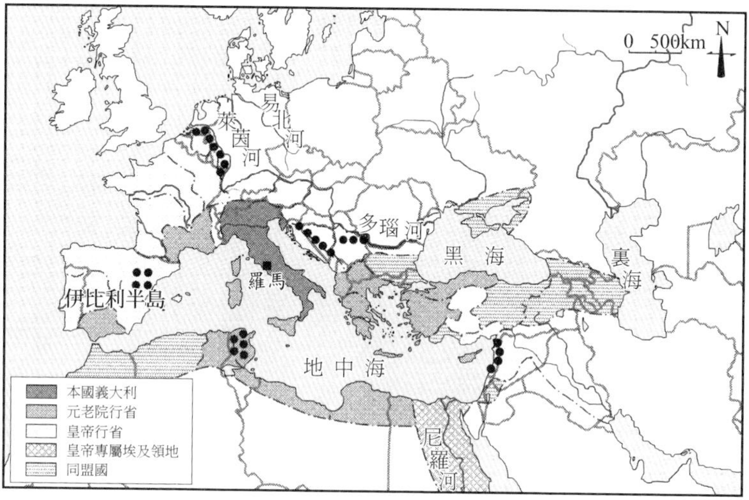

西元 9 年之前的軍團分布圖

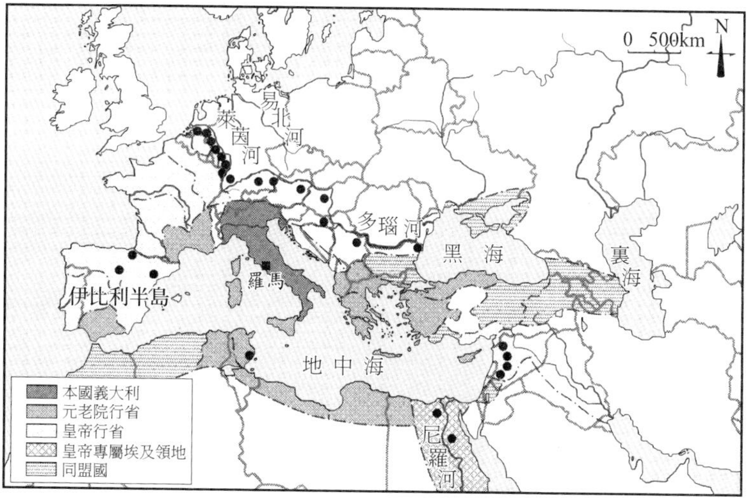

西元 9 年之後的軍團分布圖

多瑙河以南沿岸——七個軍團
敘利亞行省——四個軍團
埃及——二個軍團
除了埃及與同盟國茅利塔尼亞(Mauritania)之外的北非——一個軍團

這些就是志願從軍的羅馬公民服役的地方。當然必要時也會改變配置。除了這些軍團兵之外，每個地方還會在當地僱用與軍團兵相同數目或者數目以內的補助兵。由於是當地僱用，所以補助兵所屬民族各有不同。例如：敘利亞基地的補助兵多半出身閃族，萊茵河沿岸基地則多僱用高盧人或者日耳曼人。我再強調一次，這些被統治者一旦期滿除役之後，就變成統治者羅馬的公民了。

既然敘述了陸上的防衛力，海上的防衛力當然也不能忘記；不過身為軍事大國，與陸軍比起來，羅馬的海軍實在是非常的弱。

這樣的結果不能只歸咎於羅馬人的農耕民族本質。自從將地中海沿岸所有地方都納入霸權之下後，海軍的軍艦多半當成運輸船在用，其他的任務就只有抓抓那些想趁機蠢動的小規模海盜船，類似海上警察的工作了。由於地中海沿岸的陸地都在統治之下，因此海上的「羅馬和平」比陸上的更早，也更容易就達成了。

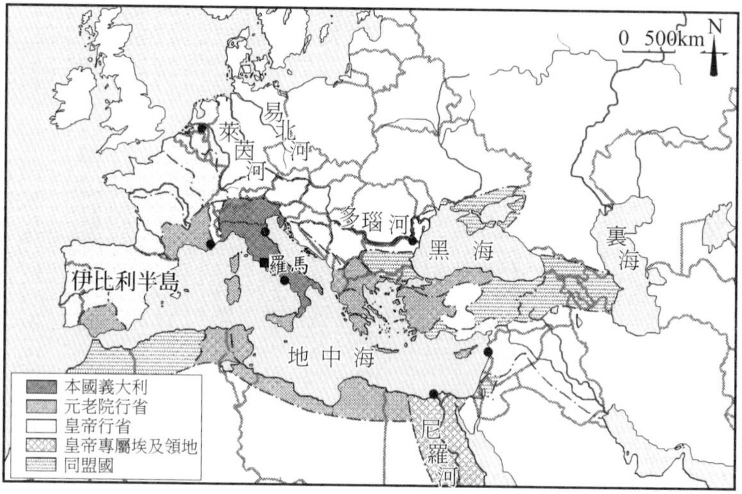

羅馬海軍基地分布圖

但是，奧古斯都認為正因為以防衛為目的，所以更需要將軍事力予以常備化，於是他又設置了違反羅馬傳統的常備海軍。

在奧古斯都時代，羅馬的海軍基地有兩個，一個是為了維持亞德里亞海的制海權而設的拉韋納（Ravenna，現在的拉韋納）；還有就是位在那不勒斯灣的米塞努姆（Misenumu，現在的米塞諾 Miseino）。除了這兩個主要的基地之外，東地中海在埃及的亞歷山大以及敘利亞的安提阿（Antioch）也有設置羅馬海軍基地；西地中海海域方面，南法的法姆．尤利（現在的弗雷朱斯 Fréjus）從前凱撒曾經加以建設成海軍基地，因此就成為羅馬軍艦的停泊地。當然，除此之外的港口羅馬軍艦也會入港。只是在奧古斯都時代，有開鑿運河到附近的湖泊，足以容納大型船隻安全靠港的大型海軍基地，只有拉韋納和米塞諾兩處而已。其他小規模的海軍基地在黑海沿岸也有，西元前要進入西元後的時期，萊茵河和多瑙河兩大河沿岸也開始設有海軍基地了。

不過，羅馬的防衛系統再怎麼說仍是以陸地為「主」，海岸為「輔」。如果要列舉出原因有四。

第一，羅馬人認為要達成海上防衛，最好將沿海的陸地納入霸權之下較易完成，而羅馬人確實實現了這個想法。

第二，羅馬人和希臘人不同，希臘人即使只是去一下隔壁的城鎮都要張起帆乘風而去，正如羅馬人為自己所做的辯解：「正經的羅馬人是怕海的」，這是他們的民族性。

第三，在船上時日太久，恐怕影響士兵的健康。因為當時並沒有冰箱等設備。

第四，與羅馬人喜歡計畫的個性有關。如果陸上行軍，時速五公里，一天假設可以走二十五到三十公里，只要知道距離就可以預估到底要花多少天。譬如：從羅馬到萊茵河防線的最大基地科隆，就可以事先計算出以一般行軍速度六十七天可以到達。而且羅馬的道路彷彿現代的高速公路，每一羅馬哩（正確來說是每一千四百八十二公尺）就設有距離標識，配合一天的行程都設有住宿設施，供給兵糧和更換馬匹的地方也都規畫得十分完備。最重要的是，無論風雨或雪下得多大都不用愁會偏離路線。

還有就是，海上航行沒辦法預設嚴密的計畫。暴風雨可不管人要不要它來，愛來就來了。在現代考古學中，海洋考古學之所以成為重要的類別，也是因為古代的沉船實在是超乎想像的多。

此外，地中海的風向變化不定。結果，古代的帆卻是四角帆，順風時最適合，但是逆風或是無風時就束手無策了。那時候的槳就相當於現代的馬達，但是用槳來划船實在太多缺點了。第一，要划槳手一刻不休息，不停地划，早晚這個「馬達」都會爆掉的。其次，帆的平均時速可達六海里（Knot，1,852 M/HR），光靠槳絕對無法保持這個速度。所以利用帆和槳互補的船（Galley）成為地中海的主力船也是有原因的。

中世紀的民族中喜歡計畫而且超越群倫的威尼斯人也是很會操作有槳帆船，但是他們所用的帆是三角帆。因為三角帆即使在逆風的情況下，也能以Z字形方式前進。

不過，不管怎樣，海路有海路的優點，那就是節省時間。

例如要從羅馬出兵到和假想敵帕提亞相鄰的行省敘利亞時，如果走陸地路線如下：首先，經過阿庇亞大道到達布林迪西（Brindisi），從布林迪西坐船一天到達杜拉丘姆（現在的阿爾巴尼亞），再由那裡通過艾格那提亞大道橫越希臘，渡過海列斯龐特海峽（The Hellespont，現在的達達尼爾海峽）進入小亞細亞，再越過小亞細亞到達敘利亞行省的首都安提阿。要走完全部行程需要的日數，陸路一百二十四天加上海路二天總共一百二十六天，也就是要花四個多月的時間才能到達。

如果從羅馬走陸路到米塞諾，然後乘船經昔蘭尼加（Cyrenaica，現在的利比亞）的阿波羅尼亞和埃及的亞歷山大港前往安提阿的外港塞留庫亞 (Seleukeia)，一路順風的話要十五天，普通的航海情況也只要五十五天就能夠到達了。

到地中海沿岸的羅馬帝國要地所需天數如下：

從羅馬的外港奧斯提亞 (Ostia) 到南法的馬賽至少要三天，一般要十天。

從奧斯提亞到西班牙的塔拉格那至少要五天。

從奧斯提亞到古稱為「天神赫拉克斯雙柱」(The Pillars of Hercules)、現在的直布羅陀海峽，途中都不靠港的話至少要七天。

從軍港米塞諾到凱撒和奧古斯都重建的迦太基至少要二天，最遲十天。

從米塞諾到埃及的亞歷山大，經由西西里的墨西拿和昔蘭尼加的阿波羅尼亞，順風的話要九天，一般大概要四十一天。

從黑海的出口拜占庭（現在的伊斯坦堡）到頓河的河口約十天。

這些都是學者們從古代留下的各種記述中挑出來的數字。由於可以節省這麼多時日，什麼「正經的羅馬人是怕海的」也不說了，羅馬人充分利用地中海來作為運輸路線。因為羅馬人自己都稱呼地中海為「內海」或是「我們的海」。

雖然如此，只要所需時間相差無多時，羅馬人一定選擇陸路。西元前四十九年時，凱撒帶領騎兵要從羅馬到馬賽，航海的話，順風的時候要三天，一般要十天左右，但是凱撒寧願選擇陸路，全程騎馬奔馳了十二天，也不管以距離來看，海路的距離是三角形的一邊，而陸路相當於三角形的兩個邊加起來。與凱撒正相反，奧古斯都算是羅馬人中很稀奇的，他比較喜歡海路。也是因為對於幾天的策馬奔馳他深以為苦。

自從亞克興角戰役之後，海軍的主要任務變成運輸，對於海軍成員的素質維持便不如陸軍那麼用心。除了指揮官階級規定是羅馬公民之外，像船員和划槳手都不分民族。不過，像好萊塢電影中以鎖鏈相連的奴隸划槳手並不是一般的情形，因為兵役期固定是二十八年。雖然並沒有服役期的薪俸和退役後待遇的史料，如果使用奴隸划槳是常例，就不應該有服役期限的規定。而且，從史料上記載軍團兵二十年，補助兵二十五年，海軍二十八年期滿除役看來，海軍的任務是比較輕鬆、社會地位也比較低的。海軍升格成和陸上的「補助兵」同等，是由征服大不列顛的克勞狄斯皇帝所決定的。西元五〇年，那時海軍的服役期間已經改成二十二年，而且期滿除役後也可以獲得羅馬公民權。

不過，海軍艦隊的艦長似乎是從政務官中選出，而不是軍事將領。西元七十九年，維蘇威火山 (M. Mesuvio) 爆發埋掉整座龐貝城 (Pompeii) 的時候，和龐貝城夾著那不勒斯灣遙遙相對的米塞諾海軍基地負責人就是有名的博物學家老普林尼 (Pliny the Elder)。這個人在當上海軍艦長之前經歷過豐富的公職生涯，他曾是高盧和非洲以及西班牙行省的「財務官」。財務官的主要工作就是徵收行省稅。

近衛軍團

奧古斯都一面宣布回歸共和政體，一方面又悄悄地為實施帝政而布局，他在改革軍制中帝政色彩最濃的就是「近衛軍團」的成立。但是這和由奧古斯都打下基礎，後代皇帝再加以完成的羅馬帝國軍事力並無不同，也是一種「當作抑制力的軍事力」。因此，表面上看起來是為了防衛沒有設置軍團的本國，但事實上是為了維持本國的秩序，也就是用來抑制反皇帝派的。

「近衛軍團」是由九個「大隊」集合而成，每個大隊包含步兵和騎兵共一千人。因此近衛兵的總數是九千人。資格當然是要擁有羅馬公民權。素質是從嚴挑選，但是出身階級不管。地方農民的兒子也可以成為近衛兵。

年俸是六百七十五狄納利斯銀幣，為軍團兵的三倍。服役期間也比軍團兵的二十年少，只要十六年。十六年後服滿退役所領的退職金是五千狄納利斯銀幣，軍團兵只有三千。近衛軍的軍裝華麗，因為皇帝待在首都羅馬的時候要擔任皇帝的貼身護衛，皇帝前往行省時也會帶一部份近衛軍同行。「近衛軍」可說是羅馬軍隊之「花」。

當上近衛軍之後不用說晉身指揮官階級，可說已經確定會出人頭地。因為元老院行省的「財務官」和皇帝行省的「長官」之門為他們開著。對於出身低的地方子弟，加入近衛軍團是他們的夢想。因為「近衛軍團」的總指揮權在奧古斯都手上，實際上執行指揮的「長官」有兩人。這兩人都是從「騎士階級」出身者中選出來的，不用說是為了要培養元老院階級的對抗勢力，因為元老院中仍然不乏共和政體的支持者。兩位「長官」之下設有九位指揮各個大隊的「大隊長」。到這個階段已經不問出身階級了。重整羅馬軍的實際執行者是阿古力巴，因為阿古力巴自己就出身於義大利地方的低階層，所以羅馬軍是徹底奉行能力主義的。

奧古斯都成為唯一最高權力者之後的西元前二十七年，已經得到元老院的同意，得以創設近衛軍團，但是在實現和持續時，奧古斯都採取非常慎重的態度。對於可能引起元老院懷疑到帝政的行為，絕對慎重避免。九個近衛軍大隊中只留三個駐守在首都。其餘的六個大隊則分散在本國義大利各地。對於駐守首都的三個大隊近衛兵也沒有特別建造軍營給他們住。「近衛軍團」全部都駐守在首都，並且建造大規模的軍營是第二代皇帝臺伯留之後才開始的。顯示元老院對帝政的「過敏症」已經漸漸淡了，或者應該說是放棄堅持了。

古代羅馬的「近衛軍兵營」所在，現代依然當作兵營。古代的兵營通常有很多雕像裝飾，因此如果加以挖掘一定是考古學上的寶庫，但是義大利仍然繼續當作軍營地來使用。在這「近衛軍兵營」的附近有羅馬大學，在古代曾有羅馬行省的各國留學生來羅馬大學攻讀羅馬史。我將這個事情告訴一位專攻考古學的義大利學生，他回答說：「這樣的話，非把全羅馬挖遍不可。」真的是這樣，正因為現代的羅馬就建在古代羅馬的上方，很難建造地下停車場，因為現代的地下一樓，相當於古代的地上一樓。

奧古斯都的稅制改革

	羅馬公民	非羅馬公民（行省人民）
直接稅	沒有直接的收入稅 奴隸解放稅 5% 繼承稅　5%	地租稅或行省稅為收入的 10% （志願服役的行省人民則免）
間接稅	關稅　1.5% ～ 5% （東方出產的奢侈品則是 25%） 營業稅 1%	

稅制改革

不管什麼事業，如果不能確保財源就無法持續下去。奧古斯都以防衛為主要目的設置了常備軍，當然防衛經費方面他也考慮要「常設」。以現代的講法就是新設目的稅，因此進行了稅制的重整。

羅馬帝國三百年間實施的就是奧古斯都重整的稅制，如上表。

在那個資產等於土地的時代，對行省人民所課的地租稅就等於資產稅。以現代人的想法，對土地課稅不就是對生產力課稅嗎？但是在古代羅馬，地租稅叫作"Sutipendiumu"，直譯的話是「報酬」的意思。是沒有服兵役義務的行省人民付給從事安全保障工作的羅馬公民的報酬。意譯的話就是「安全保障費」。因此，凡是志願當補助兵的行省人民當然不用繳交這個稅。

「奴隸解放稅」只針對羅馬公民課徵，不曉得是不是因為這個稅在羅馬尚未擁有行省時就存在的緣故。對於恢復自由之身的奴隸還要課稅實在是說不過去的事，這種想法是現代的思考方式。

古代羅馬人的看法是，由不用服兵役、不用納稅的奴隸身份，變成也可以志願從軍，也有了納稅義務的自由公民，當然得具備公民生活所需的經濟力。如果任意解放沒有生活能力的奴隸不管，將導致無產階級擴大，而造成社會問題。經濟力足以負擔自己價值的百分之五稅金的奴隸就可以解放，這也就成為升格公民的選拔標準。而且，比起免費贈送的權利，人的天性對花錢取得的權利也比較會珍惜。

那個時代雖然有百分比的概念，但是尚無可供表達的詞彙，當時這個稅正式的稱呼是：「解放奴隸二十分之一稅」。自己價值的二十分之一，也就是被判定有生活能力，付得出百分之五稅金的奴隸就可以獲得自由，得到自由的解放奴隸中，如果擁有三萬塞斯泰契斯銅幣（軍團兵退職金的二．五倍）的資產，同時又有兒子者便可以取得羅馬公民權，而可以行使選舉權。不過，為了回報奴隸長年忠誠的服務，多半先由主人借給奴隸稅金，以取得自由之身，然後原奴隸再由工作所得中償還。

之前曾介紹過，從以前就存在的間接稅“Porutoria”，只能譯為「關稅」。直譯的話是「港灣稅」，經由設在海港或河港的稅關來徵收，凡是通過該處的物產都要課稅。由於考慮到各地經濟力的不同，所以此稅不是帝國全境共通的。在經濟力仍舊低下的高盧稅率是百分之一．五，羅馬本國的義大利半島則是百分之五。至於從東方來的絲綢、寶石、辛香料等奢侈品則課徵高達百分之二十五的稅率。但是這百分之二十五的稅率只對通過紅海和尼羅河中游的稅關課徵，並不是所有的奢侈品到每一個稅關都徵收百分之二十五的稅。

所以，為了避開羅馬的稅關，經由荷姆茲海峽 (Str. of Hormuz) 進入阿拉伯灣（現在的波斯灣），登陸之後再穿過地中海的祕密貿易路線就變得很暢旺。此外，季風現象發現之後，從印度乘著季風一直往西到達馬達加斯加 (Madagascar)，再從馬達加斯加前往非洲，然後一路北上，穿越地中海的走私路線也出現了。讀者可能會認為這麼一來，奧古斯都自傲的這個稅不就有名無實了嗎？但是事實上，在西方以羅馬為中心漸漸形成了一大經濟圈。這個事實代表著奢侈品的需要量一直在增加。而且，走私路線是在羅馬軍事力的保護範圍之外，這意謂著，除了可能受到在沙漠出沒的強盜襲擊之外，也必須繳交法外通行費給那些不在羅馬控制下的小部族。因此，從東方到西方的走私路線並沒有打擊到羅馬監督下的正式路線，只要羅馬帝國有需要，這兩條路線似乎可以共存共榮。

雖然以羅馬為中心成為一大經濟圈，但是到處設立稅關、徵收「關稅」的作法難道不會成為經濟繁榮的障礙嗎？我不禁抬起頭來思考這個疑問。實際上並沒有這個顧慮。

第一，徵收「關稅」的稅關在帝國全境約有十處，這是學者們寫的。在從前尚未成為羅馬行省之前，部族割據，大家占地為王，那時候更多部族以通行費的名義強取金錢。因此，歸羅馬統治之後，反而有收取關稅次數減少以及關稅率一定的優點。

將這個稅向一位有日本稅務工作經驗的朋友說明，請教他應該使用什麼譯名比較適切，這位朋友回答說，這個稅實際上就是消費稅。只不過，原名叫做「百分之一稅」，如果翻成「消費稅」太現代化了。於是，在和這位朋友商量過後，決定採用「營業稅」這個稱呼。而這項稅正如原名「百分之一稅」所示，不管何種物品全部一律只要百分之一的稅。順便一提，現代義大利這種稅的稅率是百分之十九，義大利人對於逃稅的熱情和觀賞足球比賽不分軒輊。

無法確定這個「營業稅」是共和時代開始的或是奧古斯都新設的，但是可以確定的是將其固定成目的稅的是奧古斯都，目的是補足防衛費用。因此這個稅意譯為「安全保障稅」也成立。

此外，這個「百分之一稅」是不分羅馬人、行省人民都要課徵的間接稅，由此也可以觀察奧古斯都對國家安全保障費的想法。那就是，即使稅率只有百分之一，但是奧古斯都決定帝國全境的防衛費用，身為征服者的羅馬公民也要負擔。如果要做到社會公正，這是當然的結果。然後，奧古斯都的這個想法又促成了「繼承稅」這個古代絕無僅有的新稅制的創設。

羅馬公民從西元前二世紀之後，也就是奧古斯都時代之前二百年之間，就一直免繳收入稅形式的直接稅。西元前二世紀正是羅馬降服迦太基、馬其頓、敘利亞等地，霸權擴張到地中海全境的時期。征服者有保護被征服者的義務，這是當時大家公認的。當時羅馬的軍制還是徵兵制，而且兵役期通常只有一年。從十七歲到四十五歲都在兵役年齡之內，危急時六十歲以內的男子都有預備役資格。因此，羅馬公民一生一定會服一次兵役。而且隨著羅馬霸權的擴大，也意味著羅馬公民服兵役的必要性更增加了。因此自從有了行省稅之後，在財政上已無課徵收入稅的必要，於是名義上便以服兵役的義務來取代。

西元前二世紀末，馬留斯將軍改革軍制，將徵兵改為募兵制。由於取消收入稅是因為財政上的因素，所以即使軍制變成募兵制之後，羅馬公民仍然免繳收入稅。

一百年後到了奧古斯都的時代，國家防衛主力仍舊和從前一樣是由羅馬公民來擔當，而行省人民也可以加入「補助兵」來參與防衛的工作。奧古斯都認為沒有當兵的羅馬公民依舊免繳直接稅形式的「防衛費」是有欠公允的。為了補足防衛費用所設的「營業稅」是不分羅馬人、行省人民都課徵的。因此，新設只對羅馬公民課徵的直接稅，也是為了修正稅制上的不公正。

但是叫做「報酬」的行省人民直接稅就不能對羅馬公民課徵了。雖然是募兵制，但是保障帝國安全的主力畢竟是羅馬公民組成的「軍團兵」。而且在感覺上，霸權國家的人民為什麼非要和行省人民一樣繳稅不可——帝國人民可能會有這樣的不滿，奧古斯都也都看在眼裡。不管怎樣，二百年來已經習慣免稅了。實際上，因為沒有負擔兵役所以才要分擔防衛費，這是合乎道理的，但是服從道理的人常常只占少數。於是奧古斯都便想出了古代人概念中所沒有的「繼承稅」。

第一，因為是全新設立的稅目，無從比較。

第二，不是每年都要繳。

第三，在繼承遺產的幸運時期繳納比較不會反彈。

第四，言明所收稅金是用做羅馬軍服役期滿的退職金，目的清楚，難以反對。

第五，如正式名稱「繼承二十分之一稅」所示，稅率是百分之五。行省人民的行省稅稅率是百分之十，為「繼承稅」的二倍，可以說保住了霸權者羅馬公民的面子。

第六，免稅對象是六等親之內的血親。

也許有人要擔心了，免稅對象範圍這麼廣，那不是收不到多少稅金了嗎？可是羅馬人的遺產繼承並不限於血親，羅馬人之間盛行將遺產留給知己或是敬愛的人，而奧古斯都正是看上了這一點。

奧古斯都自己就得到至交阿古力巴和馬西納斯兩人贈與的遺產，以及其他很多人的。阿古力巴是奧古斯都女兒尤莉亞的丈夫，所以非常符合免稅資格，但是一生未任公職，始終在背後默默支持奧古斯都的馬西納斯，由於兩人並沒有血緣關係，因此馬西納斯死後獲贈他全部財產的奧古斯都，就有義務要納百分之五的繼承稅了。

儘管已經考慮了這麼多，奧古斯都對於提出「繼承二十分之一稅」的法案，仍然是慎重再慎重。因為新稅是不分古今東西最不受歡迎的東西。奧古斯都自己在《業績錄》中有以下的記載：

「西元前三〇年以及之後的前十四年，為了購買耕地給退役士兵而支付購買費給土地的所有者，也就是各地方自治體。購買這些位於義大利的耕地，我所支付的金額總共約達六億塞斯泰契斯銅幣。

在行省買給士兵的耕地，所花金額約為二億六千萬塞斯泰契斯銅幣。」

可以想像在西元前十四年左右，給士兵的退職金是以耕地方式來支付的，但是此後就變成支付現金了。

「西元前七年、前六年、前四年、前三年以及前二年，期滿退役軍人到各自所選擇的城鎮定居時，退職金（拉丁文是『賜與正直盡職工作者的金錢』）是以現金方式支付的，所需金額達四億塞斯泰契斯銅幣。」

不管是購買耕地的資金或是以現金支付的退職金，恐怕都是以「皇帝行省」所徵收到的行省稅加上其他間接稅來支付的吧！只是「皇帝行省」是需要軍團駐紮防衛的行省，但也是經濟較落後的地區，所收得的直接稅和間接稅一定比高度羅馬化、經濟力也高的「元老院行省」來得少。但是比較需要軍費的卻是「皇帝行省」，奧古斯都則貫徹他所主張的——帝國的安保費應當由帝國全民共同負擔。

《業績錄》中有以下記載：

「我曾經四次以我個人的財產支援國庫，總額達到一億塞斯泰契斯銅幣。」

「皇帝行省」的國庫常常為財政赤字而煩惱，每次奧古斯都都拿自己的錢來幫忙。所以緊接上段文字之後還有下面這段敘述。

「西元六年，根據我的提案創設了軍事資金制度，從此以後，期滿退役士兵的退職金都由這筆資金支付。這筆資金中也包括我所捐贈的一億七千萬塞斯泰契斯銅幣。」

這是指西元六年，繼承稅設立的事情。為除役士兵所準備的資金不再從皇帝行省的國庫中支取，皇帝也不必再以私款補助了。給帝國安全保障者的退職金來源，終於得以制度化了。

有趣的是奧古斯都的作法。不夠的時候先自己墊，等到設立繼承稅，財源確立之後，他又率先捐贈一億七千萬塞斯泰契斯銅幣的鉅款。這麼一來，想反對的人也很難開口。奧古斯都為了確立退職金的來源，總共花了二十四年以上的歲月，而且其間還經常自己貼錢，我們只能承認奧古斯都實在是名副其實的深謀遠慮。不過在那個時代，勝者可以拿走全部，敗者連身體自由都不保是當然的想法，奧古斯都的方法是讓勝者還要繳稅去保護敗者，恐怕沒有比這更困難的事了。

不管是不是因為稅率全都是以分數表示，但是羅馬的小學確實將分數的計算列為重要課目。與奧古斯都同時代的詩人霍雷斯遺留下來的文字中，有一段很可愛的描述：

「羅馬的小孩連十二進位法這麼複雜的計算都十分熟練。有一位老師問：『阿爾卑努斯的兒子，回答我。十二分之五減十二分之一是多少？我在等著你的回答喔！』

『三分之一。』

『太棒了！等你長大一定可以成為一位很好的資產運用者喔！那麼，如果換成用加的，十二分之五加上十二分之一會是多少呢？』

『二分之一。』」

不知道該歸功於幼時教育的成功，還是單純明快的稅制，以帝國的規模來說，羅馬帝國的稅務人員可以說出奇的少，而且也沒有專門抓逃漏稅的人員。也許是因為所有的稅賦稅率都壓低在百分之一到百分之十以內，以後世的標準來看真是十分低的稅率。依我看，納稅者會動腦筋節稅或逃稅都是當直接稅超過百分之十，間接稅超過百分之五以後才開始的。

古代羅馬稅制的特徵在於以全部收入為課稅範圍，而不是將收入扣除花費之後的餘額才來扣稅。由於這項稅賦特徵在不久之前還被廣為採用，不曉得是不是長久以來稅制的基礎？由於羅馬稅制的這項特徵，所以我都不寫是所得稅，只寫是收入稅或收益稅。我想收入和所得不分開的作法可能就是羅馬稅制單純、明快，稅務機關無法肥大的要因吧！而且現代的稅制是花費愈多，課的稅就越少，到底合不合理呢？先想想看，如果花越多稅金越便宜，那麼大家都會對花錢愈加熱心，結果連不必要的經費也花下去了。其次，並不是所有的生產方式都可以用經費計算。例如：到美術館去站在奧古斯都的雕像前任想像馳騁，如果要計算這筆經費，不就只是美術館的門票這麼一點價值而已了嗎？我想如果稅金的計算能夠做到不需要會計師，只要小學生的計算程度就夠了，這種稅制可能還比較健全。

西元前十二年，前一年才動工起建的「和平祭壇」還在進行浮雕的製作，而奧古斯都最好的作品「羅馬和平」也將進入最終階段，但也就在這一年，五十一歲的奧古斯都失去了他一生最好的朋友兼事業夥伴——阿古力巴。

阿古力巴

重新回顧馬庫斯．韋普薩尼斯．阿古力巴 (Marcus Vipsanius Agrippa) 的一生如下：

西元前六十三年生，前十二年死。對一心想要建立羅馬帝國的奧古斯都來說，是最重要也最可信賴的左右手。對十七歲時被凱撒祕密決定為後繼者的屋大維時代的奧古斯都來說，他對自己最欠缺的軍事方面的協助特別顯著。奧古斯都在軍事上的所有勝利，都是靠阿古力巴的戰略和指揮得來的。

阿古力巴出身於義大利地方上沒沒無聞的家庭，他成長過程唯一的出路只有志願從軍，因此沒有受什麼教育。但是他卻並未因此而有一絲不如人的感覺，精神十分健全，而這份健全的精神完全發揮在羅馬式、實用性方面了。如果沒有阿古力巴的戰略眼光以及他所指揮的軍團兵，由前線的補助部隊基地與主力的軍團基地和道路所形成的羅馬防衛網是不可能實現的。現代德國的大都市科隆，古代名稱叫做「科隆尼亞．阿古力皮南西斯」，是阿古力巴從羅馬軍團基地開始建設起來的。

阿古力巴所建的羅馬防衛網不止於帝國的西方，也到達東方。不過在高度文明發展的東方，戰略網的建立也包括修復雅典的神殿以及重建猶太教的神殿。由凱撒著手、奧古斯都確立的「羅馬和平」，在兩人眼中必須是包容多民族、多宗教、多文化、多語言的集合體，雖然阿古力巴連希臘語也不懂，但是這一點他卻是完全了解。對古代的羅馬人來說，希臘語是測試一個人教養程度的標準，據說奧古斯都也不會使用。不過這兩人在對東方發布羅馬中央政府的通知時，不是硬使用自己所說的拉丁語，而是叫人翻譯成帝國東方的共通語言希臘語。

阿古力巴的一生可說全部都花在幫助奧古斯都實現他的想法，不只是軍事方面，在建設方面，兩人也是合作無間。

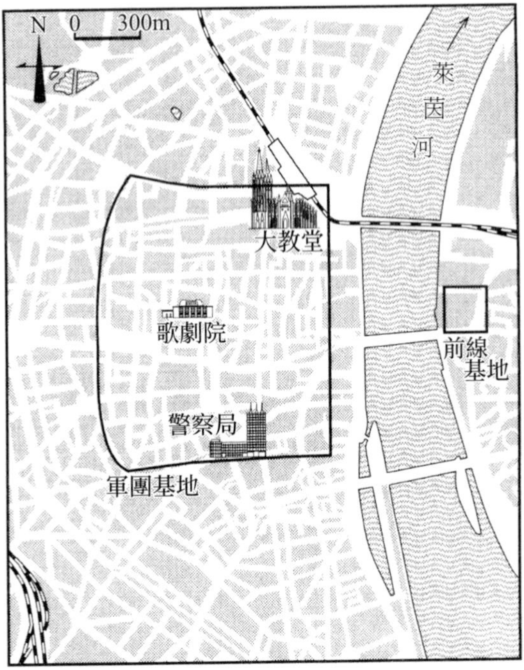

在古代以羅馬軍團基地為中心發展而成的現代都市科隆 (Köln)

羅馬市中心的羅馬廣場一帶，奧古斯都承繼凱撒的計畫持續整建中，而阿古力巴所負責的則是位於羅馬廣場北邊的「馬爾斯廣場」。這一帶西邊被蜿蜒而過的臺伯河環繞，有龐培劇場以及附屬的大迴廊，被稱作「公共館」、以貧民為對象的小麥配給所等公共建築物林立其中。以往只供士兵集合操練的廣場，到了共和末期已經漸漸地被納入市中心了。

不過「馬爾斯廣場」位在共和時代當作羅馬防衛牆的「塞爾維斯城牆」(Servius) 西北邊，而「馬爾斯廣場」的市中心化只完成了靠近城牆的三分之一就停頓了。之後凱撒又往北擴展三分之一，以這三分之一發展的「核心」，開始建設三百公尺×一百二十公尺、周圍列柱並立的大迴廊「朱利斯選舉會場」。都市計畫與其由一個人全部計畫好，不如由「公家」來建設幾個當作「核心」的建築物，其他周邊就交給「人民」來負責，這樣造出來的街市才比較人性化。馬爾斯廣場南邊三分之一的「核心」是龐培所建的龐培劇場和附屬的大迴廊。而馬爾斯廣場北邊三分之一是以奧古斯都所建的大日晷以及元老院決定建設的「和平祭壇」為「核心」來發展。阿古力巴要建設的是中央部分的三分之一。

阿古力巴首先完成凱撒未完成的「朱利斯選舉會場」，完成之後便按照凱撒當初的計畫，將此處作為選舉時期的公職選舉會場，平時則供民眾休憩。

在「朱利斯選舉會場」的西側，阿古力巴建造了神殿，供奉所有的神祇，所以稱為「萬神殿」。在哈德良皇帝 (Hadrian) 時經過改建，是羅馬時代遺留下來唯一完整的建築物。在萬神殿的南邊，阿古力巴建造了最初的公共羅馬浴場「阿古力巴浴場」（請參照頁八十六的圖）。阿古力巴動員了希臘的藝術家，在浴場內裝飾美麗的壁畫和雕像。為了這個浴場的供水特別設了一條「維格水道」。在現代，這個地上水道是古羅馬的十條供水道中唯一一條修復好的，專門供水給特雷維噴泉 (Fontana Di Trevi) 等羅馬噴水池。此外，羅馬街上很多供一般市民用的自來水，有的裝飾雕像、有的則無，那些水龍頭二十四小時供應的水也是這個引水道的水。

「浴場」的西側還造了一個「阿古力巴人工湖」。湖的周圍樹木林立，綠意調和這一帶的石造建築。

萬神殿的東北部建了「威普薩尼斯迴廊」。據說他的「世界大地圖」就鑲在這一角的牆壁上。不管做什麼事，行動之前一定要先了解對象。

這麼熱心公共建築的阿古力巴，他手上沒有一棟私人建築。他的私宅在哪裡也不清楚，有

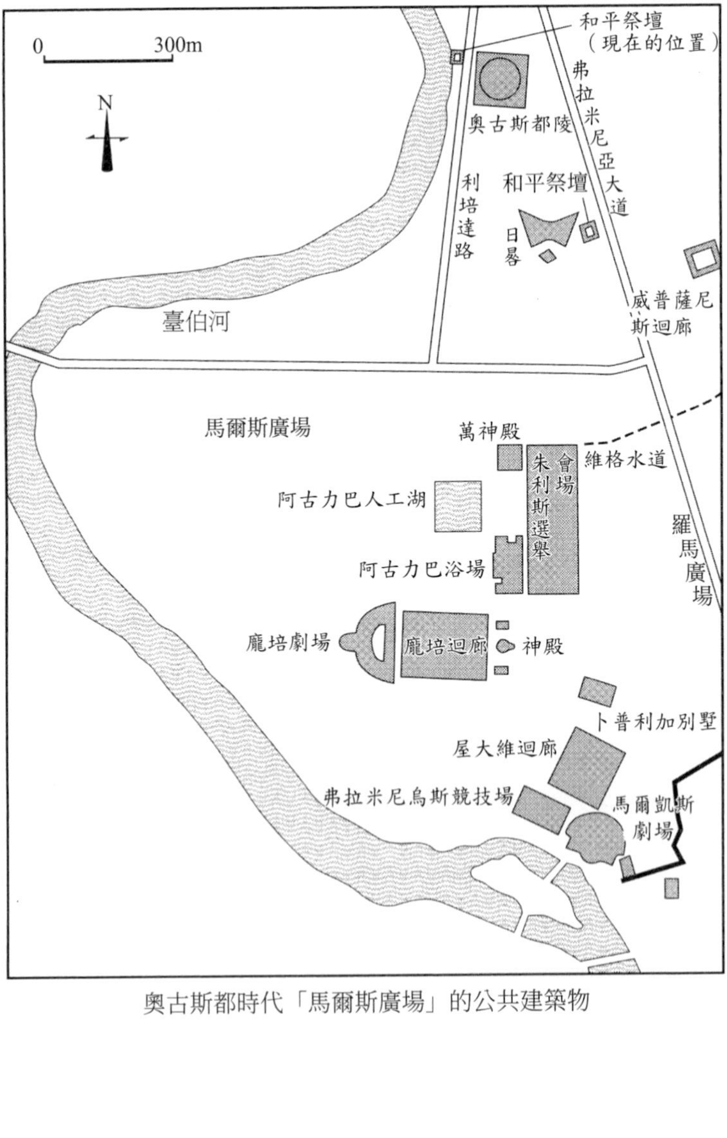

奧古斯都時代「馬爾斯廣場」的公共建築物

阿古力巴像

沒有別墅也不明。也許他對於積蓄財富沒有興趣。

阿古力巴建造的公共建築物並不止於本國義大利，而遍及帝國全境。光是要把這些全部列出來就要寫掉好幾頁，所以我只舉一個例子來看。

在現代南法的尼姆 (Nimes) 地方仍留有一座「卡爾橋」。這是一座全長三百七十公尺、高四十八公尺，附有步道的水道橋，為了供給尼姆居民用水而建。羅馬帝國滅亡後，中世紀的人忘了這是羅馬人留下來的東西，反而相信這種建設不是人類所能夠做到的，一定是惡魔所建的，於是「惡魔橋」的通稱就此產生。實際上建造的人才不是惡魔，正是西元前十九年阿古力巴所建的。

阿古力巴肯定沒有讀過什麼斯多葛 (Stoa) 學派的哲學書，但是他一生為公共事業奉獻的表現，正符合斯多葛學派哲學所宣揚的公共服務精神。而他的財產在他死後全部留給奧古斯都，似乎希望連財產也繼續用在公共事業上。

不過我認為阿古力巴這麼熱心於公共建築物的建設，並不只是因為奧古斯都要求協助，也不是因為生來就具有斯多葛學派的公共服務精神。是不是因為他本身就喜歡這種事業呢？是不是因為出身低賤而能夠被託付公共事業建設而感到這樣的自己很幸福呢？所以才集合了這方面的各種人才（即使是奴隸的身份），組織成優秀的技術團體吧！阿古力巴死後，奧古斯都也接收了這個技術團體，而且將這些人才由奴隸的身份解放，升到「騎士階級」，創設了羅馬的「公共事業部」。

阿古力巴在私事方面也是全力協助奧古斯都。奧古斯都的女婿兼外甥馬爾凱斯沒留下子嗣便死了，奧古斯都為了血緣的承繼，要求阿古力巴離婚和他女兒尤莉亞結婚，阿古力巴也照做了。阿古力巴和尤莉亞之間，包括阿古力巴死後才出生的孩子，共帶給奧古斯都三個孫子、兩個孫女。欣喜萬分的奧古斯都為兩個孫子分別取名為蓋烏斯·凱撒和盧基烏斯·凱撒，而且將他們收為自己的養子。奧古斯都連自己的家族名「凱撒」都贈給他們，等於表明要培養他們成為後繼者。父親阿古力巴死的時候，蓋烏斯是八歲，盧基烏斯是五歲。

但是西元前十二年，五十一歲的奧古斯都與他屬意的後繼者，一個八歲、一個五歲，年齡實在是差太多了。從阿古力巴為他帶來孫子時開始，奧古斯都似乎就考慮讓這位生涯至交兼女婿的阿古力巴來擔任中間的繼承者。在那個時期，經由奧古斯都的提案，元老院和公民大會都同意也賦予阿古力巴兩個奧古斯都所擁有的特權，一個是軍事的「絕對指揮權」，以及包含政策立案權和肉體不可侵害權的「護民官特權」。此外，等於當時內閣的「第一公民的輔佐機關」，阿古力巴也和奧古斯都共同出席。

奧古斯都認為要使後繼者順利地繼任，最好的辦法就是讓大家事先知道這個人就是後繼者。所以阿古力巴才會從協助者的身份一躍而為共同統治者。

別忘了，奧古斯都和阿古力巴是同年齡的，奧古斯都一向體質虛弱，四十歲時還曾患過讓義大利全民為他祈禱的大病。當時連他自己都認為活不下去了，怎知道一向身強體壯不知病痛為何物的阿古力巴會比他先走呢！奧古斯都一向都認為阿古力巴雖然和自己同齡，但是一定會活得很久，然後把皇帝的位子交給繼承了兩人血統的蓋烏斯或是盧基烏斯。阿古力巴的友情和忠誠心是無庸置疑的，對於他的健康狀況奧古斯都也從來不曾懷疑過。

全心信賴的好友突然死了。阿古力巴死在那不勒斯，不喜歡騎馬的奧古斯都在馬上奔馳到達時，只能面對阿古力巴的遺體。就這樣，奧古斯都失去了從十七歲開始，三十幾年的歲月中不管精神或肉體都一直陪伴身旁的人。

我不禁在想，為什麼？為什麼身體虛弱的奧古斯都會活得比阿古力巴久？

統治一個國家不管對精神或是肉體都是很重的負擔。尤其是奧古斯都，要在共和政體的掩護之下確立帝政，更是背負著莫大的壓力，而且他又有天生的消化系統衰弱。

雖然身體不好，但是奧古斯都並沒有特別注意維持健康。他對生大病時給他治療的希臘醫生雖然十分禮遇和感謝，但平常也沒有特別要醫生跟在身邊。吃飯是只要肚子餓了，不管何時何地就吃起來，所以常常是吃了一堆點心，正餐時一口也不吃。接受晚宴招待時，在席上也經常一下子就說飽了，可以說根本無視禮儀的存在。

史料上記載奧古斯都喜愛簡單質樸的食物，只要有家裡自己烤的麵包、小魚、乳酪、水果和蔬菜就足夠了。至於奧古斯都什麼時候、怎樣吃這些東西，從一些信件中可以得知。

「我在馬車上吃了麵包和幾個棗椰子。」

「從大會堂返家的途中，我在轎子中吃了一點麵包和葡萄。」

而且肚子不餓他就不吃。

「親愛的臺伯留：我想即使是休息日的猶太人大概也比我今天要吃得多。今天一天吃進肚子裡的，只有在傍晚入浴和按摩之間吃的二片麵包而已。」

奧古斯都肚子餓的時候差不多就是吃一片泡水的麵包和一片西瓜，再加上少許生菜的莖。從來不會有痛飲葡萄酒的情形，並不是因為考慮到健康，而是胃受不了的緣故。

疲倦的時候隨時隨地就躺下來睡了。古代的羅馬人並沒有睡午覺的習慣，但是奧古斯都常常衣服也不脫鞋子也穿著，只要找到可以躺下來的地方，就躺下來把一隻手放在眼睛上小憩一番。

而且奧古斯都喜歡坐轎子勝過騎馬，因為簾子拉下來就可以在轎子裡睡覺，不怕給人看到。

他的睡眠時間並不規則。想睡的時候就跑到轎子裡去躲起來，要是晚上睡不著，即使旭日高升了他也照樣睡著不起來，完全違反羅馬人日出而起的習慣。

他每天起床時可能也是很難起得來。身為最高神祇官，舉行犧牲式時必須早起主持的日子也不少，像這樣的早晨，只能說是憑著一份責任感才勉強從床上爬起來的。也許他是有低血壓的毛病也說不定。

奧古斯都既怕冷也怕熱。只要北風一吹，他就穿起厚重的毛長袍，底下再穿四件短袍，短袍下面再穿毛織的襯衣，毛襯衣下面再穿綿的襯衣。長袍下偶爾露出的腳上據說還纏著布綁腿。為什麼不乾脆像高盧人一樣穿褲子就好了？褲子是北方蠻族的服裝，文明的羅馬人穿褲子面子上掛不住。凱撒在和北方蠻族戰鬥時是穿著手臂和腳都露出來的羅馬軍裝，這一點奧古斯都也和凱撒完全不同。

到了夏天奧古斯都把門打開在房間睡覺，或是把臥椅拿到中庭去睡，因為通風太好怕感冒，陽光太強又怕頭痛。不過他還不至於像女生一樣撐傘。因為撐著美麗的傘在羅馬人心目中是東方君主的風俗。

但是，奧古斯都還比阿古力巴多活了二十六年。也許是一切「順其自然」的結果吧！

我想奧古斯都在戰鬥指揮方面的無能，會不會來自這方面的軟弱？說不定他每次一上戰場就一直想著敵人的箭會射向自己，所有的箭都是對著自己而放，所有的劍都向著自己砍來……老是這麼想的結果，根本就沒辦法指揮作戰了。恐懼又不是講道理就可以解決的問題，簡直無法可想。凱撒和阿古力巴應該都是感覺不到這種恐懼的人吧！

奧古斯都對暗殺的防範也是周密到了極點，據說到元老院出席的日子，一定要十位同派的強壯議員圍繞著他才行。因為從凱撒被暗殺的教訓，萬一被殺了，現在實行中的大事業就會中斷，所以才費盡心思保護自身的安全。不過，除了政治家的責任感之外，還有肉體的害怕吧！一旦想像短劍刺進自己身體的情形，肉體上的害怕以及心理上的嫌惡感都出來了。

凱撒也真會選，選上這麼一個和自己完全不同的人物來當後繼者。不過在和龐培的兒子戰鬥時，在危險的西班牙山野行軍，當時十七歲的奧古斯都雖然青著臉也一路跟從，由於他強烈的責任感和自我克制的意志力，因此才獲得凱撒的青睞吧！凱撒拔擢阿古力巴，命他跟隨奧古斯都也是為了彌補他這方面的弱點。

還有一個凱撒有而奧古斯都沒有的才能，而在這方面幫助奧古斯都的人，奧古斯都在失去阿古力巴四年之後又失去了這個人。

在第IV冊《凱撒時代——盧比孔之前》的開場白中，除了記述了後世對於凱撒的評論之外，我還引用了義大利普通高中所用的歷史教科書中的一段文字。

「一個領導者必須具備以下五項特質：知性、說服力、肉體方面的耐力、自制力以及堅強的意志力。具備以上各項特質的唯有凱撒。」

奧古斯都呢？

首先來看「堅強的意志力」，這點可以給滿分一百分。

第二點「自制力」，我想這點也是滿分的。

至於「肉體方面的耐力」，奧古斯都雖然體質虛弱，但是由於順其自然，也頗長壽的，如果把他肉體上的耐力等於壽命來看，這一點也是可以給滿分的。

接下來是領導者必備的第一項特質——「知性」。

知性不只是知識而已，我想應該是一種才能。當眾人只看到自己想看的現實部份時，還能夠看清他們不想看到的現實；而且不只是看清楚而已，看清之後，還能夠明白應該導向哪一個方向最好，才可以算是真正的知性。換句話說，缺乏創造性的現實認識力不能算是一百分的知性。

連認可共和主義的史學家塔西圖斯都讚賞凱撒的才能可和神相比。後代的史家毛姆森(Mommsen)也將凱撒比喻為羅馬唯一的創造天才。在立好指標的地方，奧古斯都確實完成了持久的帝國，這一點來說他算是天才，但是立下指標的是凱撒。如果說有創造性才是真的知性，那麼給奧古斯都八十分的評價應該是比較妥當的。

問題是「說服力」。不管是寫文章或演說，這是一種將自己的想法傳達給他人，使他人明瞭的能力。除了要傳達的內容之外，還要加上傳達的方法才能發揮效果。這方面要給奧古斯都多少分才恰當呢？

我簡稱為《業績錄》的《神君奧古斯都業績錄》是奧古斯都親筆留下的唯一史料。由於是羅馬帝國首位皇帝的遺作，應該算是一級史料中的一級；但是據我所知，研究羅馬史方面的著作，沒有一個介紹這個全文。最初對《業績錄》作學術性介紹的是毛姆森，專門研究羅馬史的學者可能都看過毛姆森的著作。但是一般讀者不太可能去接觸毛姆森那龐大的研究著作，而歐洲有很多學者都會寫品質很不錯的傳記，以一般讀者為對象的著作中也沒有介紹《業績錄》全文的。唯一的例外是岩波文庫版的蘇埃托尼烏斯 (Suetonius) 所著《羅馬皇帝傳》，在奧古斯都那一項中附錄了《業績錄》的全文翻譯。原書中並沒有這個附錄，應該是根據譯者國原吉之助先生的意思。

那麼，一級史料中的一級為什麼學者們都不介紹呢？

第一個理由是，《業績錄》並沒有實際記載奧古斯都的業績，奧古斯都只記下他想傳達給羅馬同胞的事項。換句話說，沒有比帝國建設更重要的業績了，而這幾乎都沒有提到，所以在史學上的價值才變得那麼低。像我這樣的人會被激起好奇心，想知道為什麼都沒有提到。也許這種好奇是身為作家所有的，不屬於學者的東西。

第二個理由是，奧古斯都不會寫文章。以目錄的方式來列記業績是可以理解，但是如果多少使用一點「技巧」不是更好嗎？這是我看完奧古斯都《業績錄》的想法。如果內容充實的話，讀者當然就會忍不住看下去，聽眾也會注意傾聽。奧古斯都就是缺乏使文章好看、使演說好聽的能力。內容無關，我想奧古斯都缺乏引人興致的能力。再加上奧古斯都根本就沒有想要傳達自己的想法使人了解的意願，使這個缺點益形嚴重。當然啦！因為他必須一面顯示共和政體給別人看，同時又要為帝政鋪路。不過，想表達自己使他人了解的強烈意圖有助於寫作能力的進步。

此外，同時代的人，尤其是有識之士，一定也拿「兩父子」的文章來做比較，因此奧古斯都也不是沒有可以同情的地方。凱撒的寫作能力好得連政治對手都認同，其中西塞羅在他關於演說法的著作中有以下一段話。

「從來沒有一個人的說話方式、寫作方式像凱撒一樣。悲劇的事情凱撒也要加上喜劇的調調來敘述，使人消沉的事他也要摻雜幽默的色彩來敘述。人類有頭腦可以了解事情的重要性，但是有沒有活力來應付重大事情則取決於該事件呈現的方式，是否讓讀者、聽者感到心情愉快。」

這個，就是「技巧」。奧古斯都顯然欠缺這種藝術力。但是宣傳工作對於重建羅馬這個大事業的進行是絕不可少的。奧古斯都的偉大之處在於將這份工作交由有「技巧」的人去做，負責這部份的就是企業贊助活動的始祖——馬西納斯。

馬西納斯

如果說阿古力巴是奧古斯都的「右手」，那麼馬西納斯就是他的「左手」了。馬西納斯和阿古力巴一樣都不是出身首都的上層階級，他來自現代托斯卡那 (Toscana) 地方，也就是古代伊特魯里亞 (Etruria) 地方的世族家庭，屬於「元老院階級」下面的「騎士階級」。年齡好像比奧古斯都大一、二歲，所以他們三個人可以說是同一世代的。

不過，馬西納斯和奧古斯都相識並不是經由凱撒介紹的。研究者說他們兩人最初相識是在腓利比戰役中。那個時候奧古斯都還叫屋大維，大約是二十一歲左右的年紀。

雖然兩人相遇是在戰場，而且都還年輕，但是奧古斯都已經有識人的眼光，而馬西納斯也有接受賞識的氣概。奧古斯都將戰場上的事交給阿古力巴，馬西納斯則幫他負責外交交涉的工作。

但是，羅馬是一個法治國家，所有的公職各司其職，如果要依權力者的意思縱橫活躍，不方便之處很多。於是馬西納斯便放棄了他的公職生涯。這是現代人無法想像的大犧牲。在羅馬人眼中，經歷各種公職是男性最棒的生存方式，所以才有「榮譽公職人員」這個稱呼的產生。能夠列名在羅馬的正式記錄《最高神祇官記錄》中，也是從事公職才有的榮譽。馬西納斯決定放棄這全部，包括成為元老院議員，晉升到元老院階級等全都放棄，所以特別值得大書特書一番。而當時奧古斯都手中所有的只是凱撒的養子身份，除此之外，包括是否會繼任凱撒的位子在內，全部都不確定。

從西元前四十二年在腓利比的原野大敗布魯圖斯，到西元前三十一年亞克興角海戰打敗安東尼的十年間，成為奧古斯都左右手的馬西納斯活躍異常、成果豐碩。為了幫助能力尚不足以獨立的奧古斯都，馬西納斯首先改善和安東尼的關係，另一方面為了牽制安東尼又和龐培的兒子妥協。奧古斯都一個接著一個將對手打倒，漸漸增強了勢力，直到打敗最後的對手安東尼的這十年間，負責祕密交涉的馬西納斯，他對奧古斯都的幫助實在是再怎麼形容也不為過。

西元前三〇年，奧古斯都成為唯一的最高權力者。他是靠實力成為凱撒的繼任者，而幫助最大的就是阿古力巴和馬西納斯兩人。

不過，西元前三〇年之後，奧古斯都讓阿古力巴也出任執政官，從此步上公職人員的路，但是馬西納斯卻沒有，也沒有將他派到他國擔任正式的使節，原因是時代變了。內亂終止之後的外交，不管是和同盟國、行省之間，或是如帕提亞王國一樣的假想敵國之間的外交活動都拿到檯面上進行了。

這種情況下，從正式外交到外政由奧古斯都或是阿古力巴來進行反而比較有效果，因為在外國人眼中打著「第一公民」的奧古斯都就像是皇帝（雖然事實上也是這樣），而阿古力巴在戰場上成績輝煌。相反的，馬西納斯什麼都不是。雖然奧古斯都只要願意一定做得到，但是他並不打算給馬西納斯正式的地位。他希望馬西納斯能夠以私人顧問的形式常常在他身邊供他諮詢。如果就任了公職，馬西納斯就不可能一直待在自己身邊了。而馬西納斯對於這種境遇也是心甘情願的接受了，所以馬西納斯沒有留下任何雕像。

奧古斯都身體不好的時候常常以休養的名義到馬西納斯位於艾斯奎里諾山丘（Esquilino）的宅邸去。喜歡閒言閒語的蘇埃托尼烏斯等人都說是因為奧古斯都和馬西納斯的妻子有染，但是比色欲重要的事還很多呢！況且奧古斯都自制力比常人強上一倍。我想應該是奧古斯都趁著比較空閒的日子去和馬西納斯談話，畢竟不管是教養的深度、判斷事情的正確性或是實際行動時的平衡感，馬西納斯都是絕佳的商量對象。

祕密外交的工作停止之後，奧古斯都讓馬西納斯擔任他最適合的文化、宣傳工作。這就是為什麼後來稱贊助文化為「從事馬西納斯」，法國式的講法則是「從事美西那（Mecenat）」的緣故。

原本就家境富裕，後來又應奧古斯都要求買了埃及的耕地之後變成大富翁的馬西納斯，十分慷慨的把錢花在贊助文化活動上。聚集在他周圍的很多都是詩人，其中有兩位是人稱拉丁詩歌的巨人，那就是維吉爾和霍雷斯。維吉爾後來在但丁的《神曲》中被寫成是地獄和煉獄的導引者。

依我的想法，拉丁文學的黃金時代，散文是以西塞羅和凱撒為代表的西元前一世紀；詩歌則是史上稱為「奧古斯都時代」的西元前進入西元後的那一世紀。西塞羅及凱撒和現實生活的政治一直脫不了關係，但是維吉爾和霍雷斯卻一生都是專業的詩人，不知道是散文和詩歌的不同所致？還是什麼事都分工的奧古斯都時代的氣氛所致？

有趣的是這些詩人的出生地。維吉爾出生在曼圖亞(Mantuva)，他出生時包括曼圖亞在內，盧比孔河以北的北義一帶還只是領地，到詩人二十歲時，凱撒才將它納入本國之內的。在這之前他有沒有羅馬公民權並不清楚。維吉爾這個姓並不是羅馬人的姓，也許他的祖先是定居北義已久的高盧部族也說不定。如果真是這樣，羅馬國民詩人身上流著的就不是羅馬人的血了。不過，二百年前即使是迦太基的奴隸，只要有文才都受歡迎，在這種羅馬社會大概誰也不會去追究這種問題的。維吉爾生於西元前七〇年，比馬西納斯大五、六歲。

霍雷斯比維吉爾小五歲，出生地是阿庇亞大道沿線的殖民都市韋諾札。這位詩人祖先也不是移民此地的羅馬市民，到父親那一代還是奴隸。

霍雷斯的父親得到自由成為解放奴隸之後，為了兒子的教育離開了韋諾札這個鄉下小鎮來到首都羅馬。在首都從事何種職業並不清楚，但是他讓兒子霍雷斯受最好的教育，並且送他到當時的最高學府雅典去留學，可說是十分熱心教育。我想這也證明了當時如果想學習、受教育，一般都一定先到羅馬去。

霍雷斯在雅典本來應該全心學習的，但是他的心思卻全部被政治奪走了。當時的希臘讓人覺得即將成為凱撒派和反凱撒派對決的戰場，有一觸即發之勢；大家談論的話題都是到底是安東尼和屋大維的凱撒派會贏，還是布魯圖斯和加西阿斯的反凱撒派會贏。

具有詩人熱情氣質的霍雷斯，可能因為二十三歲的年輕，完全被這種氣氛感染，因而投筆從戎去了。他志願幫助的對象當然是殺掉「暴君」的布魯圖斯陣營。由於他是以大隊長的身份在戰鬥，所以是真正的參戰了。

但是腓利比會戰是凱撒派勝利，布魯圖斯自殺。成為敗兵的霍雷斯經過不斷的逃亡，終於回到了故國。

由於這種個人體驗，再加上看到當時羅馬的現狀，詩人善感的心不禁感到絕望了。內戰狀態並不止於腓利比的山野，接著是龐培之子和屋大維，結束之後又開始屋大維和安東尼的抗爭，羅馬人自己對自己打個不停。這個時期的霍雷斯甚至寫了這樣一首詩：

「無止境的內亂，連下一代都被捲入。羅馬正把自己送上毀滅的道路。敵人呢？再也不是馬農西族或伊特魯里亞族，也不是強大的加普亞或者勇敢的斯巴達戰士。既不是不誠實的高盧民族，也不是藍眼睛、精悍的日耳曼民族，更不是令人憎惡的漢尼拔。羅馬人現在的敵人，就是羅馬人自己啊！羅馬終究要恢復成昔日只有野草生長的土地了。

對這個時代的人，最好的忠告是什麼呢？沒錯，就是捨棄你的國家。把國家拋棄，遠走他鄉吧！就像從前的（西元前五四〇年）弗契亞人民，在波斯的統治下絕望地集體出走一樣。」

不過，不到四年的時間，霍雷斯的心情就安定多了，因為他結交了馬西納斯。而再八年後，詩人的不安變成了希望，因為西元前三〇年時，長久以來的內戰終於結束了。即使贏了內戰的人是以前在腓利比對戰的敵人也已經無關緊要了。對內戰已經受夠了，不管誰勝利都一樣，能夠回復和平就太感謝神了。

我們不能指責霍雷斯心情的轉變等於是一個共和主義者的變節，他的想法也是所有羅馬詩人的想法。而這正是奧古斯都手上最棒的一張牌了。奧古斯都的一生也可以說表現在如何巧妙地運用這張王牌。而奧古斯都之所以能夠靈活運用，也是因為他自己比誰都相信建立和平的必要性。

奧古斯都成為唯一的贏家之後，強力實行軍備縮減，將軍隊削減了一半以上，以昭告天下從此羅馬要走的是和平的道路，這時候詩人的希望變成確實可期。不曉得是不是馬西納斯向詩人宣傳說明了建立和平的困難辛勞，以及奧古斯都堅決不變的努力；霍雷斯自從與馬西納斯交好之後，對奧古斯都的看法已經變成讚嘆了。

身為贊助人的馬西納斯計畫幫身為解放奴隸之子、沒有資產的霍雷斯在奧古斯都之下謀一個差事，但是霍雷斯的回答卻是「心領了」。於是馬西納斯就改為贈送他一棟有二十四間房間的大莊園。古代羅馬的莊園本身就是農業生產基地，一切生活必需品都可以自給自足，因此贈送莊園就等於住宅、工作場所之外，連生活食糧也都贈送了。

至於馬西納斯以哪一種形式贊助維吉爾並不清楚，不過以維吉爾和霍雷斯為首的馬西納斯沙龍的詩人和文人，等於是替奧古斯都想要建立的「羅馬和平」擔任宣傳工作。對奧古斯都漸漸完成的新生羅馬，這些詩人都帶著喜悅和自豪予以頌讚。維吉爾的詩高貴又剛健，霍雷斯的詩充滿躍動感和清新，正好反映出奧古斯都計畫建立的羅馬帝國形象。

我不贊成將這些詩人歸為御用詩人。不管他們得到多少援助，如果只是為了報答物質援助而寫，一定不會寫出好作品。二千年後仍然保有生命感的藝術絕對少不了作者自然的想像。馬西納斯很善於選擇贊助的對象。馬西納斯死後，霍雷斯表示死後要葬在馬西納斯的旁邊，後來也真的實現了。而且不曉得是不是效法馬西納斯把全部財產留給奧古斯都，霍雷斯死後也將受贈於馬西納斯的莊園遺贈給奧古斯都。

義大利文藝復興時期，藝術的花朵再度盛開，這時代也有像「馬西納斯」的人。那就是佛羅倫斯 (Firenze) 麥迪奇家族當時的主人柯西摩。柯西摩贈與雕刻家唐那太羅 (Donatello) 一棟托斯卡那地方的莊園。心懷感謝的雕刻家留下遺言說自己要葬在柯西摩墳墓的附近，現在這位代表義大利文藝復興時代雕刻家的墓就在聖洛倫佐教堂 (San Lorenzo) 地下、麥迪奇家族的墓室中。

從這二個例子可以了解從前的人是如何贊助文藝活動的。

長壽就表示面對親朋好友死亡的次數增加，尤其死的如果又多是和自己同年代的人，更是會深刻感受到生命的流逝並且想到自己的死亡。但是，即使歷經了阿古力巴的死、馬西納斯的死，奧古斯都「堅強的意志」仍然沒有絲毫動搖。而且「羅馬和平」已經在建立中，沒有人比奧古斯都自己更明白這件事。

但是，就在這個時期，奧古斯都開始著手進行違反凱撒所定指標的政策，那就是將羅馬帝國北邊的防線由萊茵河向北推到易北河（Elbe）。而這就表示要征服萊茵河和易北河之間廣大的日耳曼地方（現代德國的大部份）以及住在該地的日耳曼民族，將它納入羅馬帝國之下。

日耳曼民族

「地政學」好像是二十世紀之後才由希臘文的「大地」和「政治」組合而成的名詞。但是即使語言不存在並不代表這個概念就不存在。有可能是太過明白的道理所以才不需要以語言來表示。而且羅馬人不管對什麼事都很實際，這一點和擅長抽象概念的希臘人不同。也許在語言上輸給希臘人，但是羅馬帝國的防衛線還用不上「地政學」這個東西。

凱撒在訂定萊茵河為防衛線之前，曾經親率軍團和日耳曼民族戰鬥，雖然只是短期，但是他兩度越過萊茵河進攻，以自己的腳踩上日耳曼的土地，用自己的眼看到日耳曼民族。

奧古斯都決定將防衛線由萊茵河推到易北河之前，在視察行省的途中曾經順道前往奧古斯特．特雷維羅姆（現在德國的特里爾 Trier），這是史書有記載的；但是史書中並無他去看萊茵河的記載。原本奧古斯都的行省視察多半就是長期待在一個地方，他不是那種以一處為起點親自到周邊各地去探查的類型。他應該算是一個習慣紙上作業的人吧！

奧古斯都手邊有兩份地圖，一份是本來凱撒下令製作、凱撒被暗殺後安東尼接手推動完成的義大利本國地圖，這份地圖連羅馬式街道網都有標示出來；另一份則是由阿古力巴命人製作的帝國全境地圖。阿古力巴的大理石版大地圖展示在威普薩尼斯迴廊，幾乎占據一面牆，帝國各地的主要都市都鑲以各色的珍貴石材。據說同類的地圖在帕拉提諾山丘上奧古斯都的官邸也有。

為什麼奧古斯都會考慮將防線由萊茵河移到易北河呢？

在地圖上可以看到，如果易北河和多瑙河連結的防線能夠成功建立，那麼防衛線將比原先萊茵河連結多瑙河要縮短約五百公里。是不是這個原因呢？

還是他又想到如果能使體格高大、強壯，只裹著毛皮的勇猛日耳曼民族文明化，羅馬帝國的國境也可以保持安泰了。

總之，羅馬軍從西元前十二年開始進攻日耳曼，中間隔著許多中斷期，實際上是持續到西元九年，最後一次是西元十六年。如果以西元九年計算，等於有二十年餘的時間一直與日耳曼民族處在緊張狀態。

相反的，凱撒征服高盧是從西元前五十八年開始，集中在八年間完成。日耳曼進攻和高盧稱霸的不同，是後方參謀本部擬定的戰略與前線作戰本部完成的戰略的不同；也是幾乎沒有率軍作戰經驗的奧古斯都與始終親率兵馬作戰的凱撒的不同。而就在開始進攻日耳曼的西元前十二年，奧古斯都失去了即使不及凱撒仍屬優秀前線指揮官的阿古力巴。

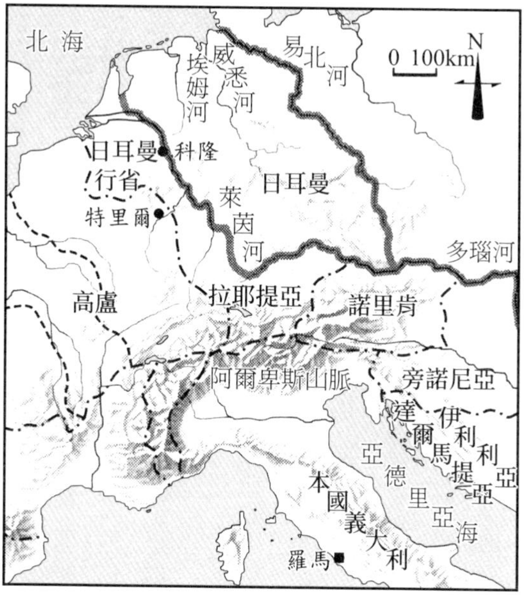

防衛線由萊茵河—多瑙河，改為易北河—多瑙河的情況

阿古力巴死後，奧古斯都的繼子臺伯留和杜魯斯成為奧古斯都的「右手」。母親與奧古斯都再婚時兩兄弟分別是三歲和即將出生，到西元前十二年已經長成，一個三十歲、一個二十六歲。雖然兩兄弟名義上是奧古斯都的兒子，和奧古斯都也相處得很好，但是執著於血緣的奧古斯都並沒有收兩人為「養子」。收「養子」等於是選擇後繼者，奧古斯都的養子是獨生女尤莉亞和阿古力巴所生的小孩——當時八歲的蓋烏斯和五歲的盧基烏斯。不過在「和平祭壇」南面的皇帝家族浮雕中也有他們的身影，可見奧古斯都是將他們

當作家族來看待。而且兩兄弟也不是只因為母親的緣故才能名列奧古斯都皇帝的「家族肖像」當中，阿古力巴還在的時候，兩兄弟就已經因為具有取代阿古力巴的才能而嶄露頭角。可以說這份厚愛也是以實力換來的。

兩兄弟中，哥哥臺伯留和阿提克斯的孫女結婚，婚姻幸福，西元前十二年時已經是一歲小男孩的父親了。阿提克斯因身為西塞羅的好友以及書信往來對象而聞名。阿提克斯的女兒是阿古力巴第一次結婚的對象，所以臺伯留是和阿古力巴的女兒結婚的。

弟弟杜魯斯的妻子是奧古斯都的姊姊歐古塔薇亞和安東尼所生的女兒小安東妮亞，也是婚姻幸福，而且當時已育有二男一女。奧古斯都之所以讓杜魯斯和以往的對手安東尼的女兒結婚，是因為小安東妮亞從她母親那邊承繼了和自己一樣的血液，這就是奧古斯都的血統觀。

正因為這種血統觀，使奧古斯都為再度成為寡婦的尤莉亞挑選第三任丈夫時，不選和自己外甥女結婚的杜魯斯，而選上了和自己無血緣關係的臺伯留。盡管臺伯留的婚姻幸福，盡管他已經有了一歲的兒子，這些事對執著於血統的奧古斯都都不是問題。他只想著三十歲的臺伯留和二十七歲的尤莉亞一定還可以生很多小孩。他的願望就是多生產一些承襲自己血統的男孩子。對最高權力者奧古斯都的強制和母親莉薇亞的勸說，臺伯留無法反抗，終於和愛妻薇普莎

臺伯留像

杜魯斯像

尼亞離婚，與尤莉亞再婚。臺伯留後來曾經有一次在街上看到薇普莎尼亞的背影，看著前妻的身影消失在人群中，據說臺伯留從此一直避開任何可能和前妻面對面的機會。凱撒是絕對不介入他人的私生活，這一點奧古斯都也不一樣。這兩人的生活方式大概就像英文說的"Style"不同吧！

奧古斯都雖然執著於血統的承繼，但是他的優點就是不會讓私人感情介入，妨礙國家大事的達成。因此他手下的將軍和行政官都相信奧古斯都評價的客觀性。相信就能好好工作。阿古力巴死後代之成為奧古斯都「右手」的臺伯留和杜魯斯兩兄弟，也都把全付心力專注於各自的任務上。哥哥負責建立多瑙河防線，弟弟負責把防線從萊茵河推移到易北河。一開始就可以預見這將是極困難的征服行動，因為對手是未開化的部族。

下面這句話乍看似乎說反了，但是一點也不，這是千真萬確的道理。文明度愈高的民族愈容易征服，文明度愈低的愈難征服。尤其像羅馬人這種不消滅對方的征服方式，其間差異就更明顯了。

文明程度高的人民可以理解羅馬人所謂「文明化」(羅馬化)的好處。例如:以羅馬道路網為代表的「公共建設」、各地得到承認的「自由都市」、以「殖民都市」為核心促進經濟發展等等的好處,他們比誰都早了解。而且在羅馬霸權下,國內紛爭平息,國外的敵人有羅馬軍隊會防守,被征服民族可以保存固有的文化、宗教、語言和貨幣,羅馬都不會硬將自己的東西塞給別人。還有,羅馬人最棒的道德就是不會凡事一手包,在羅馬霸權下生存的各民族都有機會和舞臺可以發揮自己的拿手絕技。

但是要讓從來不知道文明的人了解並接受文明的益處是非常困難的事。這就是征服未開化部族的第一個難處。

第二點,由於蠻族根本沒有都市化,攻擊據點以取得戰果的戰略很難奏效。各部族多半傾向獨立,但是他們也常會團結起來對抗羅馬,結果演變成專打游擊戰。羅馬軍最拿手的在平原布陣的會戰方式,根本沒什麼機會用得上。

而且羅馬軍本身和蠻族真正交手的經驗並不多。義大利半島統一後,羅馬戰鬥的對手都是像迦太基、希臘、敘利亞、埃及等具有高度文明的民族。

對剛進入帝政的羅馬人來說,唯一可供參考的例子就是凱撒出征高盧的經驗,但即使是凱撒也花了八年的時間才完成。而且,高盧戰役當時,身為司令官的凱撒除了才能出眾之外,手上還有一張王牌,是以日耳曼民族為對手的奧古斯都所沒有的。

那就是高盧人對日耳曼民族的恐懼感。當時凱撒把高盧各部族的族長叫到面前,問他們說：如果繼續讓高盧人統治高盧，遲早高盧都會被日耳曼併吞，你們認為呢？高盧人的族長們聽了只有點頭的份。

《高盧戰記》中也有敘述，住在萊茵河以東的日耳曼民族特色是，他們抗拒征服者與被征服者的融合。征服者與被征服者居住的土地間隔著一片荒野，除了每年徵收貢金時不得不接觸之外，平常不喜歡與被征服者接觸。而且，他們討厭定居在一處。

高盧面臨不得不選擇支配者的情況下，在羅馬和日耳曼之間選擇了羅馬；雖然是在被凱撒以軍事力壓制之後。

但是，對於日耳曼民族並沒有這種王牌可用。當時沒有什麼民族使日耳曼民族感到威脅。不，令他們感到威脅的民族只有一個，那就是在西邊萊茵河和南邊多瑙河沿岸拿著槍對著他們的羅馬人。

我想，當初決定進攻日耳曼時，奧古斯都會不會是沒有認清楚這種王牌的重要性？而且，由於一開始便戰果輝煌，不僅羅馬人民為之瘋狂，連奧古斯都也都以為失去阿古力巴所造成的缺口已經完全補起來了。這種情況下，更使人忘記了王牌的重要性。

東邊是專心致力於建立多瑙河防線的臺伯留和軍團，負責進攻日耳曼的弟弟杜魯斯則率領五個軍團前往北方戰線。

相對於臺伯留在多瑙河以南保守但紮實的征服方式，杜魯斯的日耳曼戰線就比較與眾不同了，因為他採取的是從北海往南進攻的作戰法。

首先在古代的特拉伊艾克屯（現在的烏特雷奇 Utrecht）附近挖鑿運河，將萊茵河與伊吉瑟灣 (Ijssel) 連結起來，然後搭乘萊茵河上準備好的船隊，航向北海。到達北海之後轉而向東，沿著海岸航行，從另一條也是注入北海的埃姆河 (Ems) 河口逆流而上，直搗日耳曼的心臟地帶。以現代戰來比喻，就好像用飛機把空降部隊載到敵營上方丟下一樣。如果同時派軍從西邊萊茵河東進，一定能夠得到更大的戰果，但是由於多瑙河南岸的制壓行動必須同時進行，在這種情況下已經沒有多餘的兵力了吧！

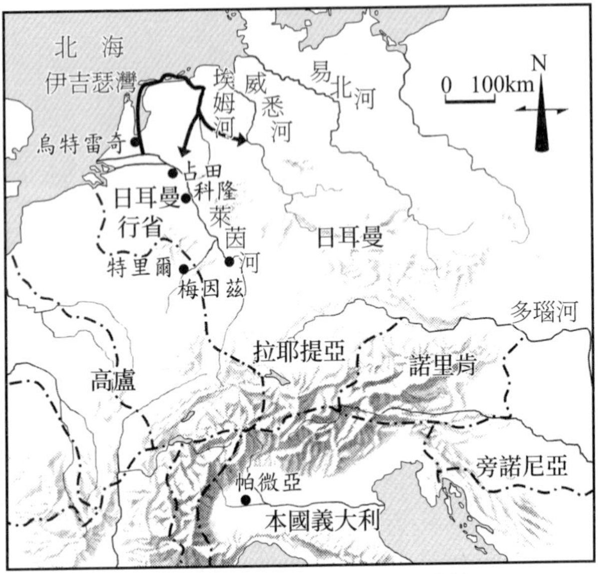

西元前 12 年，杜魯斯的行進路線

雖然沒有北、西夾攻，但是西元前十二年的進攻行動仍然是大成功。從埃姆河中游登陸的杜魯斯軍團，甚至到達了更東邊的威悉河 (Weser)，將日耳曼部族一個一個地制服。日耳曼人一定沒想到南方的羅馬人會採取這樣的作戰方式。和地中海比起來，北海即使在夏天也是波濤洶湧的。以現代來說，埃姆河就在荷蘭國境附近，但是威悉河就完全在德

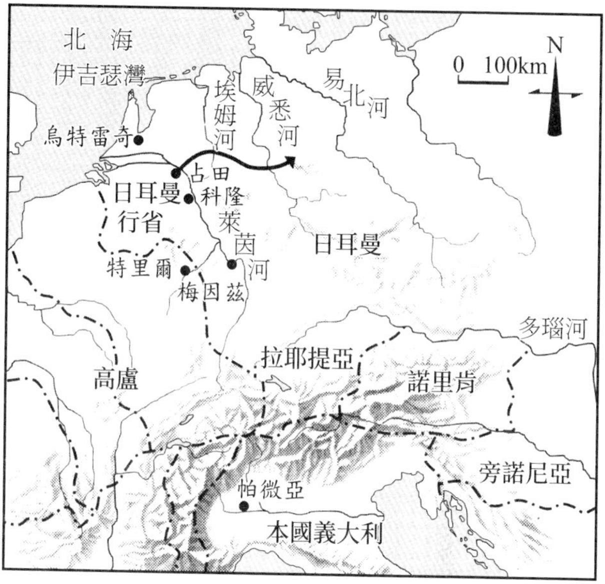

西元前 11 年，杜魯斯的行進路線

國的中部了。羅馬人接到這個捷報，自然認為繼高盧之後，日耳曼民族也將被征服。

隔年，西元前十一年，年輕的杜魯斯將軍改變了進攻日耳曼的路線，他採取從萊茵河沿岸基地占田越過萊茵河往東進攻的路線，這一年，羅馬軍也到達了日耳曼的心臟地帶。從威悉河中游返回萊茵河西岸基地過冬時，去和回來的路線又不同，是遠遠繞經北方的路線。羅馬軍的征服行動不只是遇見敵人就攻而已，還伴隨著在戰略要地建築城塞、各要塞間開築道路、河上架橋等等工兵的工作。這些都是穿過森林與森林之間進行的，而這些森林連白天也是黑漆漆的，所以，進攻未開化之地實在不是件容易的事。

隔年，西元前一〇年，杜魯斯判斷是向最終目標易北河前進的時刻了，他決定花二年的時間來進攻易北河，期間不返回萊茵河，就在日耳曼心臟地帶過冬。西元前一〇年，杜魯斯二十八歲，第一次被選為執政官。包括奧古斯都和羅馬人都對這位年輕的將軍抱著極大的期望。

另一方面，首都羅馬不斷接到三十二歲的臺伯留和二十八歲的杜魯斯兄弟傳回的捷報，而五十三歲的奧古斯都也正準備將本國義大利的行政組織規畫做個結束。

這次奧古斯都還是和往常一樣，他不是一次做好決定案，而是一點一點地修正不完全之處，同時又將之納入決定案中。元老院和公民大會面對既成事實，只能表示贊成。雖然，看起來好像被迫贊成，但是之所以沒有反對的聲音，也是因為奧古斯都做得很好，根本找不到反對的理由。在「重整」方面，奧古斯都可算是天才。

行政改革

奧古斯都實施重整的基本方針並不是要求同時提升整體，而是先建立幾個「核心」，中央政府只控制這些「核心」，剩下的，以現代的說法，就是全部交給「民間資源」去發揮了。

他這個想法並不是理念的產物，而是因應需要所生。因為五百萬羅馬公民（成年男子的人數）要應付全帝國五千萬人民的需要，所以才能長久維持下去。

但是這種想法並不是奧古斯都所獨創的。羅馬傳說中的開國祖羅慕路斯的作法已經隱含著這種想法，之後不斷地延續下來，早已經成為有血有肉的羅馬人「哲學」了。

《列傳》的作者——希臘人普魯塔克（Ploutarch）是奧古斯都之後一百多年的人，他明白指出：羅馬隆盛的原因就是——羅馬人「敗者同化」的生存方式。在古代，敗者為奴是當然的道理，羅馬人的這種作法有多吸引人，歷經十八世紀〈人權宣言〉的現代人也許無法想像。但是在古代，連那高度文明的雅典也從未對敗者為奴起過任何質疑，可見羅馬的生存方式有多特殊。羅馬人將這種方式擴展到帝國全境，使得特殊變成普遍。奧古斯都只是把這種羅馬傳統的哲學應用在帝國內所有的事情上使之制度化。

奧古斯都將北從阿爾卑斯山，南至墨西拿海峽的義大利半島，也就是羅馬帝國的本國，分成十一個「州」（Regio）。這並不是拿著尺畫出來的分割線，至於是否依照居民的族別，並且考慮傳統、風俗差異之後才決定的合理自然的劃分法，希望讀者參照並列的二千年後現代義大利的「州」來做個比較。義大利語的「州」是"Regione"，顯見只是將拉丁文的"Regio"加以義大利語化而已。現代義大利的「州」有十八個，因為二千年後人口增加了。

「第一州，拉丁姆・坎帕尼亞」——現在的拉翠歐、坎帕尼亞兩州

「第二州，阿普利亞」——現在的普利亞

「第三州，盧卡尼亞・布魯契姆」——現在的巴吉利卡他、加勒布利亞兩州

「第四州，薩謨奈」——現在的阿布盧左、毛利傑兩州
「第五州，比捷姆」——現在的馬耳凱
「第六州，溫布羅」——現在的溫布里亞
「第七州，伊特魯里亞」——現在的托斯卡那
「第八州，艾米利亞」——現在的艾米利亞．羅馬尼亞
「第九州，利格利亞」——現在的利格利亞
「第十州，威尼提亞」——現在的威尼特、胡利伍利．威尼斯（「胡利伍利」這句義大利文是從朱利斯．凱撒的"Julius"而來的）以及多連第諾．阿特亞吉傑，共計三州
「第十一州，特朗斯巴達納」——現在的朗巴第亞、皮耶蒙特、渥雷．達歐斯塔，共計三州

當時，凱撒將盧比孔河以北之地從行省納入本國，也就是現代的北義。北義的「州」數一直增加是因為二千年後，和盧比孔河以南相比，這邊力量大增的結果。

奧古斯都劃分各「州」，除了希望中央集權能夠更有效運作之外，同時也有意建立地方分權制度。這就是羅馬重視平衡的例子，為了追求高效率而衍生的集權和分權共存方式。

在奧古斯都的主導下，羅馬的國政漸漸從共和政體的元老院和公民大會移到了皇帝主導的

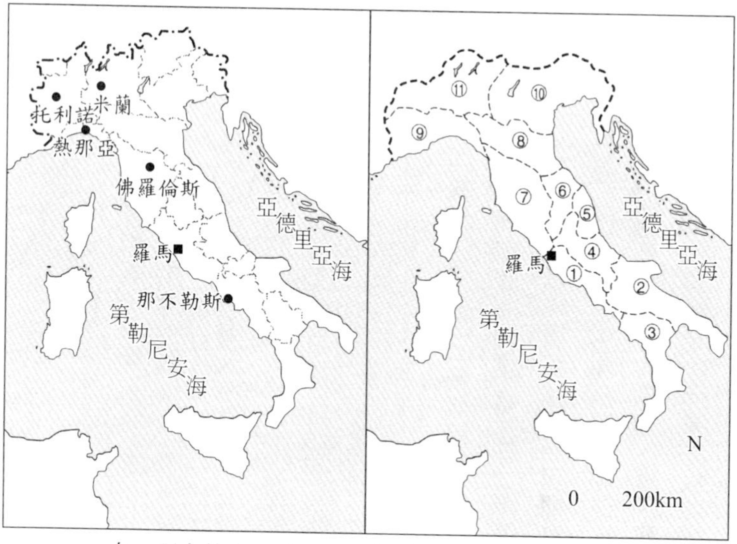

左：現在的十八州　右：奧古斯都所定的十一州

「內閣」手上，但是古代的公民是指有權以投票方式參與政治的人，如果無法讓他們參與政事的意願得到滿足，這份不滿可能隨時會藉機爆發出來。奧古斯都就是藉著州制度的建立，將州內部的自治交由當地居民，也就是有權公民來擔任。

而且，奧古斯都不只給予地方公民所屬自治體（州或區）的自治權，前面也曾敘述過，首都羅馬舉行的公民大會中選舉國政要職擔任者時，各州的表決結果也統計在內。這麼一來，有選舉權者的參政欲望也得到滿足。現代挖掘出來的龐貝古城遺蹟中，牆上還貼著很多當時的「選舉海報」，由此可知，連龐貝這種地方性的中型都市，選舉情況也是很熱鬧的。分割成十一「州」的本國義大利，等於是十一個具有自治權的州的聯合體——這在研究者之間已經成為

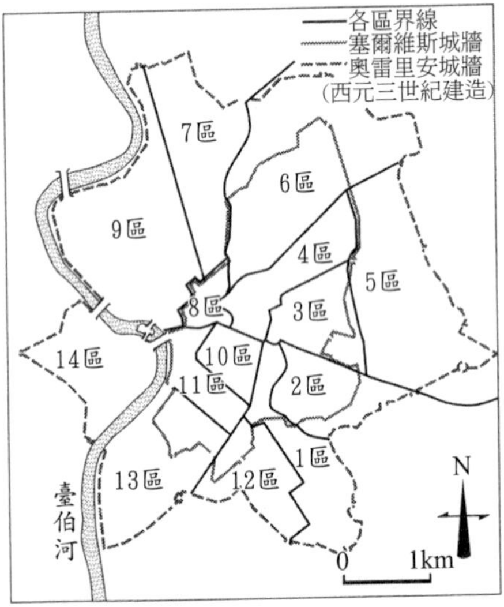

奧古斯都制定的首都羅馬十四個分區圖

定論了。如果做個大膽的比較，羅馬帝國比較像現代的美國，而不像歷史上任何其他的帝國。

不過，滿足公民參政欲望的問題，在首都還沒有解決呢！

奧古斯都把首都羅馬分成十四個「區」(Regio)。

有趣的是，在拉丁語中，首都羅馬的十四個「區」與本國義大利的十一個「州」，用的都是同一個字“Regio”。順便提一下，軍團的拉丁語名是“Legio”。

雖然奧古斯都用同一個字“Regio”來表示首都的「區」與本國義大利的「州」，但是後代的我們如果不區別「區」與「州」，可能意思會混淆。至於奧古斯都為何要以同一個字來代表「州」與「區」呢？這很容易猜想出來。

因為這些區也是選舉區的劃分。古代羅馬的選舉方式基本上和美國的總統選舉相似。不是以投票者的票數來計算決定，而是先以各州、各區中票數最多的當作該州、該區的意向，等於是該州、該區的「票」。共和時代首都羅馬的選舉區只有四個，由於人口增加，以及居民的居住地從市中心擴展到周邊地帶，所以選舉區才增加為十四個。各區的大小不一，一定也是因為考慮到各區公民人數才如此劃分的。

看了首都羅馬的分區地圖，第二個讓我注意到的是，奧古斯都在劃分「區」時，完全不受共和時代建築的「塞爾維斯城牆」所影響，可說根本無視於城牆的存在。

凱撒認為「和平」是新生羅馬要走的路，首都羅馬不需要防衛牆，看來後繼者奧古斯都是完全理解而且繼承這個想法。上圖也順便標示了「奧雷里安城牆」(Aurelianus)的位置，這個城牆是在西元三世紀末所建。因為當時「羅馬和平」已經搖搖欲墜，不能再堅持說首都不需要防衛牆了。也就是說，在「奧雷里安城牆」建造前的這三百年間，羅馬一直都是沒有防衛牆的都市。

即使在二千年後的現在，「塞爾維斯城牆」的遺蹟還有二、三處存在，可以想見奧古斯都時代一定還留有更多。只是，遵循遺留下來的東西和對遺留下來的東西視而不見是不一樣的。帝政時代的羅馬在關於首都的想法上已經超越共和時代了。最好的例子就是超出臺伯河西岸的「第十四區」的設置。臺伯河也因此從自然的防衛線變成了流過都市內部的河川。

奧古斯都之所以能夠無視於共和時代的城牆，將羅馬分成十四個區，其中一個原因就是各「區」內又再分為二百六十五個「市鎮」。如果單單只是分成十四個區，「區」的內部有可能被「塞爾維斯城牆」截斷而產生許多不便；但如果是「市鎮」，城牆的這邊是一個「市鎮」，城牆的那邊是另一個「市鎮」，就沒什麼問題了。由於附圖是略圖，所以各區的分隔看起來是直線的，實際上應該是更詳細的「區」隔才對。

各「區」、各「市鎮」的區長、市鎮長、助理也都決定由選舉選出。這些公務員，奧古斯都繼承凱撒的解放奴隸採用政策，有許多由原本的奴隸來擔任，包括元老院議員，還有皇帝奧古斯都也是居民的一份子。為什麼會肯讓從前當過奴隸的人來擔任「區」或「市鎮」的行政官呢？原因不只因為這是奧古斯都的錄用政策。因為區長或市鎮長的工作完全屬於行政官僚，包括區內、市鎮內的整修、清掃、管理十字路口所立的祭壇和小廟等等。管理三百人左右居民的「市鎮長」有一項重要的工作是要正確統計出轄區內的失業者，也就是有權接受免費小麥配給的貧民人數，可說也兼任社會福利局的工作。

奧古斯都本身沒什麼率兵作戰的經驗。由於自己沒有資格稱呼士兵們「戰友諸君」，也禁止阿古力巴、臺伯留和杜魯斯使用這個稱呼，而只稱士兵們「戰士諸君」。但是奧古斯都知道人在有責任感和自信心時是最會工作的生物，從指揮者這方來看就是最好驅使的時候。奧古斯都知道首都的居民也像其他義大利地方的居民一樣，甚至更強烈地想要自己來決定自己的事情。國家保證提供人民免於挨餓的糧食，但是到底誰需要這些糧食就由人民自己來決定了。

結果提報的人數總計是二十萬多一點，雖然已經超過「父親」凱撒所定的上限十五萬，但是奧古斯都仍然全部接受。不過，接受社會福利的公民數每年都要重新查定，因此每年人數都有變動。

無論如何，有的問題也許適合人民自己決定，但是還有最好不要人民自己決定的問題，以及人民自己決定了反而不好的問題。

前面已經敘述過，奧古斯都設立了一個「糧食局局長」，以確保首都居民的「食」沒有問題。還有「水」的問題也設置了「水道局局長」。

除此之外，由首代皇帝奧古斯都先著手，二代皇帝臺伯留予以常設的官職還有：負責臺伯河氾濫問題的「臺伯河治水官」、維護首都羅馬公共建設的「公共建築、神殿修護官」。這些官職都要元老院議員中具有執政官或法務官經驗者才能就任，可見其重要性，也同時表示這些都是榮譽公職。

與其說「條條大路通羅馬」，還不如說「條條大路發自羅馬」比較接近事實。對羅馬式道路的維護，奧古斯都也設了專門的擔任官。「道路擔任官」是本來就存在的公職，奧古斯都又將它改為常設了。我認為是否了解維護的重要性，以及有無財力實現，是評斷一個民族活力的基準。奧古斯都藉由設置專門負責的機關，以告訴後代羅馬人維護的重要性。

此外，還有一項國家不得不為人民提供的保障，那就是安全。不是國防的安全，是指公共的安全，因此警察制度的導入就有其必要。

成為「世界首都」的羅馬已經是百萬都市了，如果放任治安問題不管，人民只有各自使用自衛手段，到時候只有有財力使用自衛手段的人才能夠享受安全。而且這種私警制度以暴力解決事情的風氣，可能導致社會動盪不安。為了羅馬帝國的 "Pax"（和平），奧古斯都設置了常設軍事力，為了首都羅馬的 "Pax"，奧古斯都也考慮到常設警力的必要性。

共和時代，公共安全也不是放任不管的。執政官的任務中很重要的一個就是都市內的保安。執政官兩人不得不同時離開羅馬時，一定設一個「代理」。凱撒也沒有忽略這點，奧古斯都則多半請馬西納斯來擔任「代理」。但是這只是臨時的職務，並沒有常設。將許多臨時職予以常設化的奧古斯都也將警察常設了。

「警政總監」決定任命元老院議員中有執政官經驗者擔任，可見這是一個重要的官職。「警政總監」之下當然是設置警察官，由三大隊組成，一大隊有一千人，所以首都羅馬的保安是由三千位警察官負責執行。

此外，奧古斯都也沒有忘記設置「消防廳」。消防員分成七大隊，一大隊也是一千人，首都羅馬的十四區，每二區由一大隊負責。消防隊員採用很多解放奴隸，每一大隊的指揮官多半由羅馬軍團中的百人隊隊長退役後來擔任。消防廳長官由元老院議員來擔任的例子也不稀奇，這也證明了羅馬的為政者對消防工作的重視。在這百萬都市中火災出奇的少，是因為很早就完成了消防系統。

這些「總監」、「局長」、「擔任官」都不是選舉選出來的，而是由皇帝主導的「內閣」推舉，經過「元老院」同意之後任命的官職，屬於任命制。因此，其任期並不是一年，通常是長期性的，期間有發給薪水，等於是官僚。帝政時期，羅馬的政治負責人（政治家）和行政負責人（官僚）的不同，是以這些領導階級者是無給薪（不過有經費）的責任職，還是有給薪的職業來區分的。

杜魯斯之死

西元前九年，剛過完年，四年前開始動工的「和平祭壇」終於完成。一月的寒氣在南國羅馬的晴天下，只是讓人精神為之一振，並不覺得冷。在這股晴朗的冷氣中，由奧古斯都帶領著家族和元老院議員全體成員一起參加和平祭壇的完成儀式。排列的順序就像祭壇兩側浮雕（請參照頁一七五～頁一八〇的圖）所示，參加人員從羅馬廣場沿著弗拉米尼亞大道向北前進到達「和平祭壇」之後，便在祭壇內部殺牛烤牛。透過沒有牆壁的列柱迴廊，圍繞在周圍的民眾都可以看見排列祭祀的高官顯貴，以及因為燒烤祭品而從無天花板的祭壇中筆直上升天際的煙。這些群眾不只是旁觀者，他們也一起祈求著和平的確立，因為“**Pax**”已經成為羅馬上上下下、所有人的國家目標了。

在「和平祭壇」南側的壁面上描繪的皇帝家族中，未能參加這一天完成儀式的有兩個人，一個是三年前去世的阿古力巴。將一生奉獻給公共利益，協助奧古斯都成就大業的阿古力巴，「和平祭壇」等於是他的墓碑。另外一個缺席的是遠在日耳曼轉戰的杜魯斯。負責多瑙河南岸一帶制壓行動的臺伯留，利用冬季的休戰期間回到羅馬。但是預備等待春天時一鼓作氣攻到易北河的杜魯斯，則留在日耳曼的心臟地帶紮營過冬。雕刻家不知是否也考慮到這方面的事情，臺伯留的雕像是著平常的長袍，而將杜魯斯一個人描繪成軍裝之姿。

但是，沒想到「和平祭壇」慶祝完成不到一年的時間內，刻在上面的皇帝「家族肖像」又變成了其中另一位的墓碑了。這絕對是準備迎接五十四歲的奧古斯都所料想不到的吧！日耳曼戰線進行得很順利，而領軍的杜魯斯不過二十九歲而已。

羅馬人對生死的觀念既非宗教也非哲學，他們甚至覺得用生死觀這個字眼太過誇張其事了而不願意用，我認為他們的生死觀是非常健全的。他們對死一點也不避諱。在講到「人」的時候，甚至常常以「必死者」這種說法來表示。墳墓也不是集中在和生者隔離的地方。雖然有人就埋在郊外獨棟別墅的庭園一角，但是即使是有庭園別墅的人也喜歡特地將墳墓沿街而建。不管是阿庇亞大道或是弗拉米尼亞大道，只要是羅馬式的街道，一出都市就可以看到街道兩旁排列著各式各樣的墳墓，而且分屬於各階層的人。街道是生者來來往往之地，羅馬人死後也希望能盡量靠近生者。

尤其是人來人往最多的都市附近的道路是墳墓夾道，走在路上就好像從墓地之間穿過一般。這些墳墓像在競賽一樣，造型千變萬化，刻在墓碑上的碑文也是五花八門，為旅行者提供最好的休憩場所和時光。碑文中也不乏愉快的文章，充分展現出羅馬人健全的生死觀。

「喂！經過的人哪！要不要到這裡來休息一下？搖頭。什麼，不想休息！別忘了，你自己早晚也會住到這裡面來的！」

「幸運的女神對所有的人都做了承諾，可從來沒見祂遵守過約定。所以，好好過你的每一天，好好把握你的每一小時——在那個沒有什麼永遠的世界。」

「敬告讀此碑者：健健康康，好好愛人，在你進來之前的每一天。」

奧古斯都也是羅馬人，雖然身體不強健但也不會費盡心力來得到健康，是一個順其自然的人。刻在「和平祭壇」上包括自己在內的家族肖像，總有一天都將成為墓碑，這一點他一定也很明白。所以並沒有將死去的阿古力巴排除在外，仍然把他像活著一樣刻在家族肖像中。但是成就許多功業之後死去的五十一歲和一切正在進展中的二十九歲死亡是不一樣的。一樣是突如其來的死亡通知，得到消息的人感受卻是不同的。

西元前九年春天到夏天、然後再到秋天，從日耳曼前線不斷傳來好消息。尤其夏天那通「羅馬軍到達易北河」的捷報，更是奧古斯都日夜盼望的。這份戰果讓人覺得擋在羅馬軍前面的日耳曼民族已經一族都不剩了。這麼一來，取代萊茵河—多瑙河的易北河—多瑙河防線終於確立，奧古斯都不僅高興，同時心裡的大石頭也得以放下。

奧古斯都違反「父親」凱撒遺志的事還有：繞著梵蒂岡（Vatican）背後挖掘運河以解決臺伯河的洪水問題、把阿庇亞大道旁的沼澤地帶排乾變成耕地等，但是這些和北移防衛線比起來，不過是小小的背叛行為。但是征服日耳曼民族等於是不善戰鬥的自己違反了戰鬥高手凱撒決定的事，因此比起其他戰線，他特別擔心日耳曼戰線的結果。雖然說他已身擁最高權力，但是在羅馬的從政者階級中，認識凱撒的人還是很多，於是每一件事這「父子」倆就會被拿來比較。

年輕將軍杜魯斯在軍事方面果真不是泛泛之輩。

首先在四年間三度進攻，沒有一次用同樣的方式進攻。而且出發地點也是三次都不一樣。最後的遠征是從萊茵河沿岸的摩根提亞肯（現在德國的梅因茲 Mainz）出發。這樣做必定是為了躲開日耳曼人向出發地點的攻擊，以及顛覆日耳曼方面的迎擊準備。實際上，日耳曼方面連該在哪裡設置迎擊據點都沒法預估。

杜魯斯率領的大軍到達易北河之後，預定從別的路徑返回梅因茲。去和回來走不同的路，是因為羅馬軍進軍時不單單只是軍隊前進而已，一邊行軍還要一邊鋪路、架橋，在戰略要地建築城塞。因此只要羅馬軍通過一次，該地的「社會基礎」（公共建設）便能建設完成，雖然只是基本雛形，但是對於之後的統治十分有幫助。因為沿途要進行建設，從易北河返回的羅馬軍接近萊茵河時，北國的日耳曼已經迎接冬天的到來了。

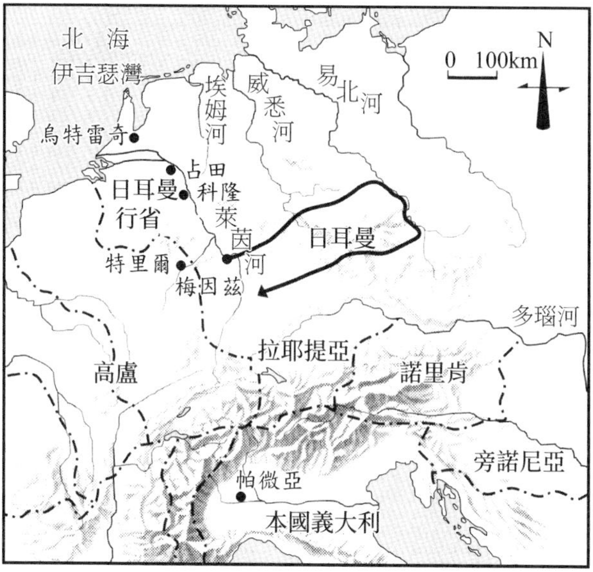

西元前 10 年～前 9 年杜魯斯的行進路線

意想不到的事故發生時羅馬軍正在雪地裡行軍，率領著凱旋軍團的杜魯斯不知什麼緣故從馬上摔下來，而且不是單純的摔傷。據說如果隨團的軍醫在判明病情之後能夠大膽的處置，事態就不至於加重。因為摔馬骨折的腿情況惡化，如果施行手術切斷，也許生命可以保住，但是結果並沒有切斷將軍的腿，是因為杜魯斯不願意，還是軍醫沒有勇氣就不曉得了。總之，總司令官的病情一直惡化，於是根據他的指示首先通知了在多瑙河戰線的哥哥臺伯留。

幸好臺伯留已經進入了冬營地。兩兄弟的感情一向很好，接到通知之後，哥哥只帶著一隊騎兵，飛奔過冬日的山野，到達了弟弟的紮營地。從來不曾怯敵的年輕武將就在大自己四歲的哥哥手中嚥下了最後一口氣。

敬愛杜魯斯的官兵希望將杜魯斯和那些在遠征中陣亡的士兵一樣葬在日耳曼的土地上，因為他們認為這塊地不久也會成為羅馬的國土。但是臺伯留仍然堅持將弟弟的遺體帶回羅馬。臺伯留是一位一級的武將，而且他的戰歷全都是在前線指揮得來的，也許因此他對於日耳曼地方的羅馬化，並不像奧古斯都或是那些官兵那麼肯定。

奧古斯都的想法雖然和臺伯留不同，但是他也同意將杜魯斯的遺體運回羅馬。官兵輪流扛著杜魯斯的棺木往南前進，臺伯留可能在旁徒步相伴；而皇帝也親自前往北義的帕維亞(Pavia)迎接。兩隊人馬在帕維亞會合之後，載著棺木的馬車在前，奧古斯都乘坐的馬車在後，一行人一同返回羅馬。

臺伯留到達帕維亞之後並沒有再伴隨著弟弟的遺體南行。不知是奧古斯都的命令或是臺伯留自己的建言，他立刻又返回萊茵河防線去了。日耳曼人一定也得知杜魯斯死亡的消息，嚴寒的冬天他們無法發動攻擊，但是入春之後可以想見一定會有攻擊行動。目前還算平靜的多瑙河前線暫時先撇下，守住萊茵河防線的重責大任又交到臺伯留手中。「和平祭壇」一完成，就成了兩位有功者的墓碑了。

臺伯留的引退

奧古斯都比較疼愛他兩個繼子中的弟弟杜魯斯，這是羅馬時代的史學家很喜歡提的話題。年紀輕輕就去世的人總是容易得到同情，所以儘管後來還發生了許多波折，但是這一點對繼奧古斯都之後，成為二代皇帝的臺伯留來說就很不利。即使是不十分了解內情的外人的判斷，也一定含有幾分的真實。如果站在奧古斯都的立場來看，這個判斷可能相當接近事實。

奧古斯都不是一個對誰都能敞開心胸的人，不管情況是苦是樂都無妨。性格開朗的凱撒，身旁總是笑聲不斷，周圍的人都會被這種樂觀的性格所感染；相反的，奧古斯都的身旁卻常是靜默的，人們都在一旁看著他，這就是他的人際關係。前者是帶動眾人的感情，後者則是令人心懷佩服。

雖然這樣，但並不能斷言奧古斯都的性格就是閉鎖的。我想擁有兩位能夠敞開心胸的摯友——阿古力巴和馬西納斯，是奧古斯都最大的幸福。奧古斯都不輕易讓人窺知他的內心，是為了政治理想的實現，並不是因為他不喜歡與人相處。

不過，非必要不輕易對他人展現內心的傾向，主要仍是受性格所左右。而人常常會比較喜歡和自己性格相反的人。性格閉塞的奧古斯都比較喜歡性格開放的杜魯斯，也可說是人心的自然傾向，不是理性所能控制的。這是在次男身上常見的例子，性格開放的杜魯斯非常受人喜愛。

但是別忘了，奧古斯都是不會讓私情妨害到公共利益的人，如果杜魯斯生性無能，奧古斯都就不可能喜歡他並重用他了。事實上，杜魯斯是很有才幹的人，而且不只在戰場上英勇有謀，奧古斯都重整之後，將高盧交給他治理，杜魯斯也是做得有聲有色。從奧古斯都之下，所有羅馬人民為他的死而傷心是當然的，但是連被他統治的高盧人都為年輕統治者的死亡而衷心哀悼。

說到才能，臺伯留也是才能出眾的人，只是杜魯斯對奧古斯都而言，除了是政治、軍事兩方面的得意助手之外，在另一件占據皇帝心思的事情上也是很好的助手。在執著於血統承續的奧古斯都眼中，恐怕杜魯斯在這方面的貢獻毫不遜於他在政治、軍事上的成就。二十九歲死去的杜魯斯和奧古斯都的外甥女之間生有兩男一女，最大的男孩六歲。而當時一歲的幼子克勞狄斯在五十年後成為羅馬的皇帝。

臺伯留在延續奧古斯都的血統上簡直一點忙都沒有幫上。奧古斯都令臺伯留和好友阿古力巴的女兒離婚，與自己的獨生女尤莉亞再婚，就是為了希望承續自己血統的人愈多愈好。在那個孩童死亡率高的時代，光是阿古力巴和尤莉亞所生的三男二女還不能讓他安心。寫到這裡，我忍不住感嘆：沒想到在這方面，阿古力巴也幫了奧古斯都十足的大忙。

被迫和愛妻離婚，與皇帝的獨生女再婚的臺伯留，一開始似乎也曾努力要使這段婚姻生活幸福，但是為了某個決定性的因素，夫妻無法合得來。根據史實記載，尤莉亞的品格並不好，據我推測，可能是重視品格的臺伯留，無法忍受尤莉亞低下的品格所致。即使不愛也可以假裝一下呀！但是臺伯留是連裝裝樣子都不會的男人。兩人之間雖然有生孩子，但是一生下來就死掉了，好像就是從此之後，夫婦就開始分房睡了。這種事情經由家中的奴隸傳出去，結果大家都知道了。大家都在議論紛紛，說臺伯留一直在前線專心於工作也是和皇帝之女關係惡化的原因。

對奧古斯都來說，特地把女兒嫁給他，但是臺伯留卻一點也沒幫上忙，這件事便成為奧古斯都對臺伯留不滿的主要原因。

奧古斯都這個人在政治心理學方面可說是專家，但是為什麼對於個人的心理卻一點也沒有知覺呢？以古代的審美標準來看，奧古斯都比起凱撒可以算是一等一的美男子，但是如果說到受女性歡迎與否，我想他大概不怎麼受歡迎。因為女人的感性可不能隨便看待，女人也不是以權力或美貌為餌就可以輕易上鉤的。

儘管臺伯留的才能充分受到肯定，但是使得奧古斯都和臺伯留之間產生隔閡的主因可能還有一個，而這件事上臺伯留一點責任都沒有，奧古斯都才是問題的關鍵。

奧古斯都雖然是凱撒外甥女的兒子，但是他的出身充其量不過是地方上的有力人士，在羅馬社會結構中屬於元老院階級之下的「騎士階級」。奧古斯都十七歲時受到凱撒賞識，拔擢為後繼者，同時留下遺言將「朱利斯·凱撒」這個名字贈與他。因為凱撒知道，雖然奧古斯都具有後繼者素質，但是在出身方面不太合宜，於是才將羅馬數一數二的名門貴族朱利斯一族現任主人的名字贈給他。

假如奧古斯都也和凱撒一樣，以實力來選擇後繼者，就不會有問題了。但是奧古斯都實力也重要，血緣也重要的想法，使得他在挑選後繼者時吃盡了苦頭。自己是因實力而被選中的人，結果卻重視起血緣來，沒有比這更矛盾的了。如果說有誰能看透奧古斯都的這份矛盾，那就是臺伯留了。

臺伯留出身自克勞狄斯一門，論起家族歷史，一點也不輸朱利斯家族，而且出自克勞狄斯家族的有功人士之多，更是朱利斯一族遠不能及。西元前四世紀最初鋪設羅馬式道路，也就是阿庇亞大道的阿庇尤斯就是臺伯留的祖先之一。後來臺伯留的言行證明，他強烈地意識到自己身上流著羅馬最優秀的名門——克勞狄斯家的血。

雖然杜魯斯也是克勞狄斯家族的後代，但是長男和次男就是不同。次男多半可以不拘泥於這種事情，因此杜魯斯也比較容易走進奧古斯都的心中。

但是心懷矛盾的不只是奧古斯都一個人，臺伯留也有他自己的矛盾。隨著年歲成長，臺伯留對繼父的政治愈來愈有同感，所以，假如奧古斯都不執著於什麼血統的傳承（實際上不過是地方上一介有力人士的血統），堂堂正正地貫徹尊重實力主義的原則，那麼臺伯留對這位從小將自己帶在身邊培育的繼父，就可以不感到任何矛盾地全心敬愛。但是，從臺伯留的立場來看，雖然對奧古斯都的統治才能非常心醉，但是奧古斯都卻為了延續自己並不怎麼高貴的血統費盡心力，而且使得臺伯留竟也成了這件事的犧牲者。

這兩人的關係在這個時期開始緊張，奧古斯都似乎認為臺伯留和尤莉亞的不睦是深藏的矛盾浮上表面的開端。但是弟弟杜魯斯的死在臺伯留心中留下多大的陰影，奧古斯都這個對別人心情毫無所感的人是想像不到的。而在隔年，也就是西元前八年，奧古斯都在這方面最好的商談對象馬西納斯也永遠離開了。

從西元前十二年到前八年，四年間接連失去阿古力巴、杜魯斯、馬西納斯，五十五歲的奧古斯都認為現在唯一能夠依靠的就只有三十四歲的臺伯留。因為阿古力巴和尤莉亞的孩子，也就是奧古斯都的孫子——蓋烏斯和盧基烏斯分別才十二歲和九歲而已。看看周圍，能夠率軍去確立帝國防線的，看來看去也只有臺伯留一人。

其實這只是奧古斯都由於缺乏前線經驗所產生的錯覺。只要累積前線戰鬥的經驗，不管是元老院議員的兒子、「騎士階級」出身者，或者像阿古力巴那樣的平民青年，都可以成為可用的人才。如果素質良好，多給機會磨練自然會成長。缺乏前線經驗的奧古斯都根本不了解什麼「機會」。結果，確立帝國北方防線的任務，也是帝國全境最困難的戰線就全部交到臺伯留一個人的肩上。

在這種情況下，臺伯留別無選擇，只能好好的幹。多瑙河以南一帶，軍團制壓行動過後的戰後處理也朝著羅馬化的方向進行中。而日耳曼方面也沒有如當初預想的因杜魯斯之死而發生日耳曼民族的大反擊，因此在首都的奧古斯都，就判斷防線北移易北河的行動已經成功。

但是，這只是第一階段的成功而已。連善戰的凱撒都要花上八年的時間才得以完全制服高盧。四年的時間不管由誰來執行都不可能完成日耳曼民族的征服工作，因為要收服未開化的民族是非常困難的事。而且日耳曼民族不同於高盧人，他們大多數都喜歡定居在一處。杜魯斯和旗下士兵在萊茵河和易北河之間的日耳曼地區所開築的道路，並不像萊茵河以西的路面鋪有石板，只是在原野中開出一條路，把土弄平而已。如果就這麼放著不管，不久就會被原野所淹沒。軍團的征服行動也是，如果就這麼中斷，不會停留在中斷時的狀態，而是回到征服行動開始以前的狀態。這些都是缺少前線經驗的奧古斯都所無法理解的。

奧古斯都和臺伯留意見不同，就是因為一個認為日耳曼征服行動已經完成，另一個則認為尚未完成。奧古斯都推舉利用冬季休戰期回到首都的臺伯留為西元前七年的執政官，臺伯留也當選了。但是到了春天，臺伯留又再度回到日耳曼戰線去了。隔年的西元前六年，奧古斯都對元老院提出賦予臺伯留五年期限的「護民官特權」，元老院也同意了。

曾經擁有「護民官特權」這項包括政策立案權和否決權兩項大權的，除了奧古斯都之外，只有和尤莉亞再婚成為奧古斯都女婿的阿古力巴一個人。因為當時健康情形不穩的奧古斯都考慮到，萬一孫子蓋烏斯和盧基烏斯未達法定統治年齡（羅馬為三十歲）前，自己便先死了，希望由阿古力巴來繼任統治者。西元前六年時，各相關者的年齡分別是：奧古斯都五十七歲；孫子蓋烏斯．凱撒十四歲；盧基烏斯．凱撒十一歲；臺伯留三十六歲。

「護民官特權」可說是非常大的榮譽和權力，但是阿古力巴與臺伯留在接受此項權力時的心境並不相同。

阿古力巴如果未受到凱撒的拔擢，或是如果只能在一個平庸的指揮官下工作，憑他的出身絕對無法爬上百人隊長以上的地位。百人隊長雖然是羅馬軍團的脊柱，但是在軍團中的地位只是下士官而已。對阿古力巴而言，自從得到凱撒的重用，成為年輕奧古斯都的左右手之後的人生，全部都令他感到高興和感激。不管是接受奧古斯都之託負責執行首都羅馬的都市計畫，或者是和奧古斯都的獨生女結婚，擔任好比種馬的任務，在阿古力巴眼中都只是協助奧古斯都的工作。而且，雖然奧古斯都屬意他來繼任統治的工作，但那也是為了將皇帝的位子傳到自己兒子手上，所以在阿古力巴的心中根本不會產生任何糾葛。

但是臺伯留就不同了。奧古斯都和臺伯留之間並沒有像奧古斯都和阿古力巴之間那種從十七歲開始苦樂與共而建立起的關係。而且臺伯留是羅馬名門中的名門克勞狄斯一族的後代，他被指定為繼承者又是為了他一點也不愛的尤莉亞的兒子。奧古斯都給了臺伯留「護民官特權」，但是並沒有收他為養子。有後繼者意味的養子是奧古斯都十四歲和十一歲的孫子，因此臺伯留的立場很明顯的只不過是過渡時期的統治者而已。

奧古斯都好像以為將這項只給過阿古力巴的榮譽贈與臺伯留，臺伯留應該會很高興才對。而臺伯留似乎只是默默地接受下來而已。

在這段期間，兩人對日耳曼戰線的應對方式，看法依然分歧。奧古斯都不認為日耳曼還需要決定性的軍事行動，因此沒有撥給臺伯留足夠的軍事力。反而趁機命臺伯留到東方去處理亞美尼亞王國再度興起的不安局勢。這項命令使得死了弟弟而深感孤立無援的臺伯留，下了有生以來不曾有過的決心。

三十六歲的臺伯留拒絕執行五十七歲的奧古斯都所下的命令，同時提出希望恢復獨身的要求。

由於事出突然，奧古斯都不禁勃然大怒。他宣告不准臺伯留丟下公職不管，但是臺伯留並不屈從，即使母親說乾了口水，他也未曾改變他的決心。臺伯留可說像是逃出來一樣，離開了首都，就這樣自己引退到羅德斯了。當然，他是一個人去的。和妻子尤莉亞在實質上已經算是離婚了。

那些喜歡閒言閒語的史學家認為，剛剛進入壯年期的臺伯留之所以突然引退，有以下幾點原因：

第一，嫉妒奧古斯都對兩個孫子的寵愛。

第二，眾所周知的，由於和妻子尤莉亞不和。

但是，三十六歲的人了還會嫉妒十四歲和十一歲的小孩嗎？

而且和妻子的不和是從六年前就開始了，不需要到這個時候才做出什麼決定性的行動。但是因為這涉及個人的情感，所以實際情形到底如何並不清楚。臺伯留自己對這件事一句話也沒有。

奧古斯都和臺伯留都是器量卓越的人，他們的共通點就是「連不想看到的現實也看得清清楚楚」，兩人都是真正的現實主義者。他們之間的糾葛應該不會是來自一些無聊的問題。可能正因為兩人都擁有卓越的才能，所以意見相左時便無法相讓。如果阿古力巴和馬西納斯、杜魯斯都還在，不管什麼政策上的意見衝突，都可以經過羅馬政界這五位重要人物的討論來解決。不幸的是，當時只有他們兩人可以互相討論。

總之，臺伯留開始在羅德斯過著專心治學的生活。身為母親的莉薇亞擔心過著平民生活的兒子，特地向奧古斯都為兒子謀得一個奧古斯都「代理」的資格。據說莉薇亞為了這件事辛苦萬分，因為奧古斯都真的從心底感到氣憤。在責任感超強的奧古斯都眼中，臺伯留的引退就等於是脫離戰線，實際上也是這樣。因此五十七歲的奧古斯都只好一個人去推動大羅馬帝國的統治工作了。

第三章

統治後期

西元前五年～西元十四年

奧古斯都（五十八歲～七十七歲）

祖父奧古斯都

西元前五年，五十八歲的奧古斯都可能真的有點急了。這一年他的長孫蓋烏斯．凱撒十五歲，已經是舉行成年式的年齡了。

由於原先預定的「繼任者」跑掉了，於是奧古斯都向元老院請求認可一件事，而這件事明顯地揭露奧古斯都世襲的意圖，那就是請求元老院承認剛剛舉行過成年式的蓋烏斯為預定執政官，以確保他五年後能夠就任執政官之職。

「預定執政官」這個官職對元老院議員來說是初次聽見，因為在共和時代根本就沒有這種官職。而且當初重實力甚於血緣的凱撒，連在大權獨握自任為終身獨裁官之後也沒有賦予後繼者——當時十七歲的奧古斯都一官半職，更不用說將三十歲資格年限的元老院議席給一個十七歲的少年了。但是，奧古斯都不但為了十五歲亦孫亦子（養子）的蓋烏斯新設了預定執政官的官職，而且還賦予元老院的議席，並且任命他為輔佐「最高神祇官」的「神官」之一。

到這個地步，任誰都看得出來——奧古斯都決定改行世襲制了。

在這段西元前後交接的時期，帝政並不一定帶有世襲的意思。由於元老院的議員多數只希望看到自己想看的現實，所以他們可能還一直相信西元前二十七年時奧古斯都所發表的回歸共和宣言。雖然有少數看穿現實的人，他們看到奧古斯都嘴上說要恢復共和政體，腦袋和手卻一心一意在建立帝政，但是這些人對於奧古斯都以實力達成帝政一事卻是認可的，因為他們並不認為凱撒指定的後繼者奧古斯都是沒有實力的世襲者。可是十五歲的蓋烏斯並不具有令這些人認同的資質，說明白點就是一個平庸的少年。

但是奧古斯都一心只想讓承接自己血緣的蓋烏斯和蓋烏斯的弟弟盧基烏斯兩人繼位，因此當繼任者跑掉之後，有必要儘早確立兩兄弟的地位。盧基烏斯一滿十五歲之後，奧古斯都也是讓他就任「預定執政官」，並且賦予元老院議席，成為神祇官之一。但是這兩個少年還必須得到一般公民的認同，於是奧古斯都考慮成立少年團(Juventus)，讓這兩人就任為「少年團」的「總裁」。不過，奧古斯都偉大之處就在於——即使是由私心發起的事，他也一定會以滿足公共需求的形式來予以制度化。

聽到「少年團」可能會先想到現代義大利的足球隊，不過這裡講的是古代羅馬的「少年團」，拉丁語也是直接借過去用的。奧古斯都所加以制度化的「少年團」並非運動隊伍的名稱，而是以鍛鍊身體、學習團隊精神為目標，由九歲到十七歲的少年所組成的團體。

其實「少年團」也不是奧古斯都所獨創的，蘇格拉底時代的雅典以及共和時代的羅馬就已經有同類型的組織了，只不過是個別存在而已。奧古斯都所做的，一如往例，就是將它變成常設組織並且予以普及化。

「少年團」分成九歲到十三歲組以及十四歲到十七歲組，不只設在首都羅馬，本國義大利的所有地方自治體都有成立；而且只要是擁有羅馬公民權者的子弟就可以加入，因此解放奴隸的孩子也可以參加。

這些「少年團」都配有一到二人的教官以及擔任會計工作的「審計官」來指導團員。「少年團」本身也分成一個個的小團體，每個小團體再自成員當中選出一個領袖。

「少年團」的活動是在團員們各自結束上午私塾或是家教的課業學習之後才開始。少年們用完午餐後到附屬於各「少年團」設備完善的體育館或是競技場集合，學習鍛鍊身體和團隊精神。

有意思的是，這些「少年團」的組織並不是公營的；奧古斯都自己就是首都一個「少年團」的贊助人。由於必須提供所有的體育設備，因此贊助金額絕不是一筆小數目，但是奧古斯都仍然貫徹他的民間贊助制度。對地方上的有力人士而言，贊助「少年團」就好像修復管理街道、神殿等公共建設一樣，對羅馬人來說是一種榮譽服務，換成現代方式來講就是回饋社會。「少年團」的名稱很多都是冠上所在地的名字，但是也有不少是以贊助者的名字來稱呼的。

每年一度的全國體育競賽，各地的「少年團」都會集合在一起比賽平日鍛鍊的成果，啦啦隊也會跟著來，十分熱鬧。有時候也會發生一時失控，演變成選手、啦啦隊全都打成一團的情形，這一點和現代的足球比賽倒是滿像的。

奧古斯都所創設的「少年團」和他所建立的其他許多制度一樣，持續了整個帝政時代，壽命極長。當初只是為住在本國義大利的少年所設的組織，不久擴展到羅馬公民所住的殖民都市，最後連行省居民之間也廣為普及。這時候已經不限制擁有羅馬公民權者的子弟才能加入了。

到了現代，首先是墨索里尼的法西斯政權拿來模仿；然後，很多事都模仿墨索里尼的希特勒也跟進。而且，不只是右派的極權主義者模仿，左派的共產主義國家也照本宣科。現代人不管是左或右，不學古代羅馬同化敗者的精神，就只會模仿那些敬禮和行進的方式，或是像這種「少年團」的事，真是讓人感嘆。納粹的青年團 (Hitler Jugend) 連猶太裔的德國子弟都可以參加，可以說已經不算是納粹主義了。

二年過去了，兩兄弟分別是十七歲和十四歲的年紀。為了提升知名度，祖父皇帝讓蓋烏斯和盧基烏斯分別擔任全國「少年團」的總裁和副總裁，雖然沒有特別嶄露頭角的表現，至少也沒出什麼大錯。只是，「少年團」的制度如此普及，更顯示了奧古斯都過人的組織能力。

此外，值得稱幸的是，臺伯留引退羅德斯後，日耳曼民族偃旗息鼓，並未趁機發動攻擊，而多瑙河防線也堪稱平穩。和這兩防線比較起來問題較少的其他行省，在奧古斯都重新整頓實施的各項制度下，順利地逐步羅馬化。這也就是說，羅馬帝國未曾發生屬地人民叛亂的例子。

別以為這個時期羅馬帝國全境所享受的「和平」，是因為奧古斯都所建立的多項制度從一開始就很完美，其實是因為全年無休的奧古斯都一直在監視著各項制度是否運作順利。統治工作和街道相似，除了要有永續維護的清楚認知之外，不厭其煩、即知即行的行動力，以及充分支援的經濟力都是缺一不可的。奧古斯都已經步入六十之齡，阿古力巴和馬西納斯都走了；杜魯斯年紀輕輕也走了；臺伯留則在羅德斯專心治學，過著優雅的生活。這段期間奧古斯都憑著責任感和堅強的意志背負起一切治國的工作，實在令人感佩。可以確信奧古斯都這個人絕對不會做出「我不管了！」之類半途而廢的事。

像這樣的人物本來應該可以擁有平穩的老年生活，但是大家都知道，幸運女神也是很會嫉妒的。而且，沒想到六十歲之後，奧古斯都所煩惱的問題就來自他的身邊，也就是他的親人。只是，仔細想一想，奧古斯都也可以說是「自作自受」。

女兒的醜聞

即使親如父女，如果不去干涉他人的私生活就不會產生煩惱了。凱撒雖然將女兒當作政策婚姻的一顆棋子來用，但是並沒有要女兒尤莉亞背負傳遞父親血緣的任務，因為凱撒對於這方面的事並不執著。但是奧古斯都的女兒尤莉亞，雖然和凱撒的女兒同名，境遇卻大不相同。為了生孩子傳遞父親奧古斯都的血緣，尤莉亞可以說一生都被「送來送去」。

尤莉亞是西元前三十九年，當時還是屋大維的奧古斯都和詩古莉寶尼亞所生的女兒。詩古莉寶尼亞是龐培兒子的岳父的妹妹，對於當時身處權力鬥爭中心的屋大維來說，為了改善和龐培派之間的關係，和她結婚是必須的。

不過，這個政策婚姻在尤莉亞出生之前就已經不行了。由於是對方破壞了協定，奧古斯都很幸運地離了婚，也沒有愛情的問題。但是奧古斯都第二次的婚姻倒是因為愛情而結的。出生才沒多久的尤莉亞似乎根本就被父親遺忘了，她是跟著母親長大的。因為奧古斯都相信自己既然已得到一女，妻子莉薇亞又生過兩個兒子，所以自己和妻子一定也會有孩子。直到奧古斯都明白無法期待莉薇亞為自己生子時，他才開始對女兒表示關心。

尤莉亞十四歲的時候，奧古斯都就讓她嫁給了姊姊歐古塔薇亞第一次婚姻所生的兒子馬爾凱斯。奧古斯都促成這項婚事的目的，與其說是考慮讓外甥馬爾凱斯成為自己的後繼者，不如說是期待經由獨生女尤莉亞的婚姻，為自己帶來傳承血統的孫子。不過，不知道是不是因為十四歲和十八歲的婚姻生活還像在扮家家酒，二年後還沒有得到一兒半女，馬爾凱斯就死了。雖然馬爾凱斯的死讓身為舅舅和岳父的奧古斯都以及母親歐古塔薇亞深感悲痛，但是對奧古斯都來說，獲得傳遞血緣的後繼者這個目標尚未達成。十六歲成為寡婦的尤莉亞在二年後，等阿古力巴從東方歸國，又被安排和這位父親的「左右手」再婚了。這次是四十二歲和十八歲的婚姻生活。

雖然年齡差了一大截，但是這次的婚姻卻為尤莉亞帶來了幸福。尤莉亞以往夾在贏得奧古斯都愛情和敬意的美麗繼母莉薇亞，以及溫柔，但是自己女兒的事都忙不過來，無暇顧及姪女的姑姑歐古塔薇亞之間，每天必定戰戰兢兢的生活，也許成熟的阿古力巴正好可以給予尤莉亞溫柔和包容。九年的婚姻生活中他們生了三男二女，令奧古斯都欣喜若狂。

不過，這個婚姻因為阿古力巴的突然去世而結束。而奧古斯都雖然已經得到了三個孫子和兩個孫女，卻仍然沒有放棄由女兒尤莉亞身上得到孫子的想法。他為女兒所選的第三任丈夫是妻子莉薇亞帶過來的兒子臺伯留。

為什麼選上臺伯留呢？許多羅馬時代的史學家都認為，是希望兒子成為丈夫後繼者的莉薇亞強烈要求的結果。但是奧古斯都這個人雖然對妻子不乏愛情和敬意，他卻不是一個對妻子言聽計從的人。我想選擇臺伯留為女兒第三度婚姻的對象，是奧古斯都冷靜判斷的結果。除了得到更多的孫子之外，萬一自己有什麼意外時，奧古斯都相信臺伯留的能力也足以勝任「繼任者」的工作。

雖然年齡上看起來，三十一歲的丈夫和二十八歲的妻子好像很合，但是尤莉亞第三次的婚姻一開始就不順利。一方面是因為臺伯留雖然被迫和前妻薇普莎尼亞離了婚，卻無法將她忘懷；而女人即使明知不被愛，只要對方稍微做做樣子也不是不能忍耐，但是臺伯留連這一點也做不到。而且貴族出身的臺伯留對於品性欠佳的尤莉亞大概也無法忍受。再加上臺伯留對於妻子的不滿既不說出來，也不以行動表示，他只是冷冷地理都不理。

尤莉亞和臺伯留分房睡的事立刻傳遍全羅馬，從前是繼母、現在是婆婆的莉薇亞態度一定變得更加冷淡了。和奧古斯都在戰略上的意見衝突成為關鍵性的決定因素，臺伯留終於跑到羅德斯去了。臺伯留和奧古斯都之間關於戰略上的衝突，市井小民並不曉得，對於那些認定臺伯留離開是因為和妻子尤莉亞不和的人而言，尤莉亞成了被丈夫拋棄的女人。而且臺伯留並未要求離婚，只是以分居的方式拋棄了她。

對於兒子放棄公職生活的原因，身為婆婆的莉薇亞一定也和市井小民一樣認定是妻子尤莉亞的緣故。從不少史實中推測，莉薇亞並不是一個懂得政治的女人，而這一點對於身為丈夫的奧古斯都來說剛好。不過由此可以想像，莉薇亞對尤莉亞的態度除了從前的冷淡之外，可能又增添了憎恨。而對尤莉亞來說，也許是唯一傾吐對象的姑姑歐古塔薇亞，在失去前夫阿古力巴那年也死了。身為一個沒有離婚而被拋棄的妻子，尤莉亞不管在她全權掌握的家中，或是聚集了好奇眼光的外面，都只能活在難以忍受的氣氛中。如果能夠專心扶養孩子長大，可能別人的眼光也會改變，但是尤莉亞卻欠缺這種自我控制的能力。

皇帝獨生女的行止不知何時開始成了大家特別喜愛的話題，總之，到了西元前二年，尤莉亞三十七歲時，已經演變到身為父親的奧古斯都不出來做個明確的處理都不行的地步。

如果尤莉亞是處於離婚狀態，充其量只不過是在羅馬上流社會得到一個放蕩女的惡名而已。但是在法律上，尤莉亞還是臺伯留的妻子；即使臺伯留想離婚，奧古斯都也一定不會答應的。奧古斯都為了使羅馬帝國的領導階層成為健全的家庭人，在十六年前，西元前十八年時立了「朱利斯正式婚姻法」。這項法律在前面已經敘述過，是獎勵正式結婚的，而離婚雖然不算違法，但卻視為是違反善良社會風俗的行為。從這個法冠上朱利斯的族名可知，是奧古斯都提出並且期待積極實行的法律。因此他本人是不可能認可女兒離婚的。

除了「朱利斯正式婚姻法」之外，同時奧古斯都也提出了「朱利斯通姦罪．婚外關係罪法」，光看名稱就明白是責罰通姦行為的法律。根據這項法律，男女關係放蕩的尤莉亞由於在法律上仍是人妻，於是她等於觸犯了通姦罪。

「朱利斯通姦罪．婚外關係罪法」中規定，如果發生婚外關係的女性是有夫之婦，不但資產的三分之一要被沒收，而且還要處以終身放逐孤島之刑；此外，也禁止與生來即自由之身的羅馬公民再婚。除了當事者之外，這項法律中還規定，如果丈夫或父親知道自己妻子或女兒的婚外姦情，卻加以隱瞞或是知道了未採取任何行動者，便犯了「幫助賣春罪」。

在法治國家雖然許多事情是重公正甚於平等，但是唯獨法的實施是萬人平等的。而羅馬人正是這種法治國家的創造者。身為法治國家羅馬的最高領導人，奧古斯都對女兒的行為非得採取一些行動不可。

奧古斯都沒有把女兒送上法庭，但是法律所規定的罰責全部都嚴格地實施了；他並不是依照國法，而是經由行使羅馬法律所承認的「家長父權」來實踐法律之前人人平等的原則。

尤莉亞個人資產的三分之一被收繳國庫，父親的遺產繼承權也被剝奪。

最後被判終身放逐到那不勒斯西方七十公里的海上孤島旁德塔利亞（現在的芬多帖拿），這項刑責也確實嚴格執行了。

尤莉亞的通姦對象，奧古斯都則以自己握有最終裁判權的國法來處理，除了一人之外，其餘全都被處以流放之刑。這一個例外是令奧古斯都怒氣集中的人物，他是安東尼和芙薇亞結婚所生的兒子，母親芙薇亞死後，由安東尼再婚的對象歐古塔薇亞扶養長大。奧古斯都對於這個名義上的外甥為何如此惱怒也是可以理解的；因為儘管他是從前對手安東尼的兒子，奧古斯都仍然像對親外甥一樣厚待他。

他在西元前十三年當上法務官，前一〇年就任執政官，前七年和前六年還出任亞細亞行省的總督。而西元前二十一年時，迎娶奧古斯都的姊姊，也就是他的繼母歐古塔薇亞第一次結婚所生的女兒瑪爾雀拉為妻。

這種禮遇足以證明奧古斯都確實把以往仇敵的兒子當成家族一員來看待，也可以說是奧古斯都「寬容」品德的最好例證。結果，女兒尤莉亞的通姦對象他竟然也有份！對奧古斯都來說也許就像是被自己所養的狗咬到手一樣的感覺吧！

只有這個人被奧古斯都宣判死刑。不過這個人，也就是尤爾斯．安東尼還沒被逮捕前就先自我了斷了。

這個人和尤莉亞之間應該不只是單純的偷情關係。第一，兩個人年紀都不小了，尤爾斯．

安東尼很明顯地已經超過五十歲，尤莉亞則是三十七歲。第二，兩個人身上都流著被奧古斯都打敗的敵人的血。雖然現在他們算是勝利者奧古斯都身邊的人，但是對他們來說，關係較深切的還是安東尼和龐培，而不是奧古斯都。如果說這兩個人之間可能產生一種互憐的愛情關係，不曉得大家會不會笑我想像力太豐富了。

旁德塔利亞經過了二千年，到現在仍然是一座孤島。面積只有一．三平方公里的這個小島全都是荒地，不曉得是不是因為無法耕種的緣故，時間的流逝並沒有為它帶來任何改變。只有在小船才能靠岸的碼頭附近看得到樹影，那邊也只建了一棟監看國有地的公務員一家所住的宿舍。

由於奧古斯都將這個小島變成私有地，成為帝政時代皇帝一族的流放地，因此這個小島幾乎完全維持著原來的面貌沒有改變。一定是因為這個島根本就不曾有人整頓過，因此後代的人也沒有把小島的建築拆下來當作建築材料用。看著海邊的遺蹟可以想像在古代這裡應該是建了優雅的小屋。我造訪小島時正是夏天，那時甚至覺得住在這裡專心寫作似乎也不錯。

不過，從這座小島的現代名「芬多帖拿」——意思是「強風」，可以知道，冬天由北方吹來的風必定非常驚人。在搖撼著全島的強風中，皇帝的女兒是如何度過每一天的呢？身為父親的奧古斯都甚至嚴禁女兒的流放生活中有任何的男性奴隸，彷彿對付放蕩女人的方法只有使她無法靠近男色。除了自願跟隨女兒同行的詩古莉寶尼亞之外，尤莉亞的日常生活中就只有照料她的使女而已。對沒什麼教養的尤莉亞來說，大概沒有多少可以忘憂的時光。

數年後（正確的時間史實中查不出來）尤莉亞的流放地從旁德塔利亞移到了雷其歐(Reggio Di Calabria)。雷其歐這個都市位在長靴形的義大利半島的趾尖位置，據說這個古老城市是因為希臘人移民來才興起的，不過皇帝的女兒並沒有從此過起都市生活，因為對國法忠誠到底的奧古斯都只允許女兒在遠離雷其歐的深山山莊中過著有如囚犯的生活。

西元十四年，奧古斯都死後幾個月，尤莉亞也死了。從旁德塔利亞到雷其歐，經過了十六年的流放生活，尤莉亞死時五十三歲。

「國父」

西元前二年，奧古斯都行使父權處理了女兒的問題之後，以書信的方式向元老院報告了事情始末，不久便停止出席元老院會議，也不再出現在大眾面前。據說是因為女兒的行為讓他感到十分羞恥，無法再面對人群。

不過全國人民都曉得皇帝是硬撐著那不太健康的身體，在缺乏協助者的情況下，一個人致力於國家的統治工作。而這個皇帝現在卻因女兒的事無顏面對大眾，一時之間，同情之聲從全國響起。

迫於人民沸騰的聲音，元老院不得不請求奧古斯都出席元老院會議，而久未露面的奧古斯都也應邀出席，會中一位議員華雷利烏斯·梅薩拉代表元老院以及全體羅馬公民發言。

「凱撒·奧古斯都：謹代表我們全體獻上最深的祝福，願你和你的家族得蒙幸運之神眷顧，因為這樣我們的國家以及首都羅馬的和平才能獲得保障。今天依照元老院和全體公民之意，在這裡為你奉上『國父』的稱號。」

這時，元老院全體議員都起立齊唱「國父凱撒·奧古斯都！」六十一歲的皇帝並沒有隱藏他的感動，任由淚水直流，奧古斯都回了一段感謝的話。

「元老院議員諸君：到今天我所有的願望都陸續達成，除了祈求各位以及國民們在我的有生之年繼續給我支持之外，我對那些不死的神祇們已經別無所祈求了。」

「國父」這項榮譽是凱撒所得過的榮譽當中，奧古斯都唯一還沒有得到的。

在奧古斯都的答謝辭中，使用了「我所有的願望」這句話，值得注意。奧古斯都只說了「我所有的願望」，並沒有提到他的願望到底是什麼，因此每個人都可以依照自己的想法去解釋。共和主義者可以解讀為奧古斯都三十五歲時所宣布的恢復共和政體一事；贊成帝政的人也可以想成是奧古斯都巧妙地改行帝政一事；至於那些不關心政治體系的人則為奧古斯都確立「羅馬和平」而感到高興。

「一篇文章的好壞取決於所選擇的用語」——說這句話的是凱撒，但是根本不善文章的奧古斯都即使因感動而哽咽，仍然記得「選擇用語」；因為政治家是絕對不能有任何失言的情形發生的。

可惜奧古斯都並沒有因為羅馬人民的祈禱而從家庭的不幸當中解放出來。對一件事情執著的同時，必定也得付出一些代價。

根據小林秀雄的話，政治「既不是一種職業也不是一種技術，但是需要高度緊張的生活。」即使消化器官生來並不虛弱，政治持續的壓力也足以使它耗弱。要在這種狀態生存下去，我認為必須具備下列特質：

第一，透徹的認識力。包括自己能力的限度在內，即使不想看的現實情況也要看清楚。

第二，抱持著「日積月累的辛勞是影響成功的最大因素」這個信念，擁有絕不厭倦的持續力。

第三，適度的樂觀性。

第四，不管什麼事都不走極端，具有平衡感。

即使邁入六十歲之後，奧古斯都仍然保有全部這些特質，只是缺少能夠體察他的心意來行動的協助者。不幸的是，在這之前平靜了二十年的東方領土，到了這個時期突然間風雲變色。

西元前四年，以強制手段確保社會安定的猶太國王希律死了。他死後，猶太王國再度陷入兩派對立的內亂狀態，一派反對希律大王和他的三位後繼者，主張脫離羅馬完全獨立；另一派則希望藉由成為羅馬的行省以確保猶太民族的延續。

羅馬的東方外交政策是聯絡各友好國形成一張網，以達到各勢力的均衡。這些同盟國的獨裁統治或是暴政很容易發展成反對羅馬帝國的聲浪，就好像拉丁美洲各國的反政府運動常常演變成反美活動一樣。

猶太王國位於敘利亞行省以南，不只是敘利亞和巴勒斯坦兩地安定的關鍵，也牽制著東邊的帕提亞王國；因此對羅馬而言，猶太問題必須趁尚未擴大之前加以解決。

同一個時期，牽制帕提亞的另一個關鍵國——亞美尼亞王國也陷入了不安狀態。親羅馬派的國王在與東方蠻族的戰鬥中陣亡，東方專制國家的慣例戲碼——家族內訌再度上演，而每當這種情形發生，鄰國帕提亞就跑來干預內政。由於亞美尼亞是羅馬的同盟國，所以才能對大國帕提亞產生嚇阻作用，一旦亞美尼亞改投到帕提亞懷抱，那麼羅馬的東方政策就岌岌可危了。

奧古斯都將解決這個東方問題的任務交到已經十九歲的養子蓋烏斯手中。這是一件光靠軍事力解決不了，只憑外交手段也無法完成，既困難且微妙的任務。雖說沒有別的適合人選可以託付，但是我想六十來歲的奧古斯都會不會是無法擺脫祖父對孫兒的情感，因而對這個年輕人寄予了太多的期待。不過，他倒是派了一位老練的執政官馬可斯・勞利斯為顧問同行。西元前一年，代理皇帝的十九歲年輕人浩浩蕩蕩地向東方出發了。

羅馬帝國東半部的各行省、各個自由都市，以及各同盟國都以連日的慶典和連夜的宴饗來迎接這位年輕的皇帝繼承人；而十九歲的蓋烏斯也完全沉醉其中，本來是負有重大外交任務的公務旅行，卻變成了好像「威爾斯王子」的視察之行。一行人途中經過薩摩斯的時候，隱居中的臺伯留還特地從羅德斯跑來迎接，這對尊重年長者的羅馬人來說可說是非常的禮遇，而臺伯留的行動更使人們對皇位繼承者的威勢留下深刻的印象。然而對貴族出身的臺伯留而言，他只不過是不願失禮而已。

之後，年輕的皇子不知為什麼，沒有直接前往目的地，反而繞到埃及去了。由於埃及國情特殊，屬於皇帝專管之地，他可能是想視察一下自己的領地也說不定；但是在那裡也是沒日沒夜的歡迎活動，等到蓋烏斯終於到達目的地之一的敘利亞行省時，已經白白浪費了二年的時間。

不過，奧古斯都派給孫子擔任顧問的勞利斯似乎並沒有忘記自己的任務。也許羅馬經過判斷之後，覺得不要介入正處於紛亂狀態的猶太王國比較好，因此一直採取靜觀其變的態度，至於阻止大國帕提亞干涉羅馬勢力範圍方面，則選擇了以外交途徑解決。

西元二年，為了再度確認羅馬和帕提亞兩國間的友好關係，在兩國勢力範圍交界處的幼發拉底河中一個小島舉行簽字儀式。帕提亞方面派出王子為代表，羅馬方面也是由「王子」蓋烏斯擔任主席。根據現場證人帕提可斯的話，幼發拉底河的東岸有帕提亞的軍隊，西岸則是羅馬軍團整齊的軍容，是一次符合兩大國地位的壯麗儀式。簽字儀式之後，蓋烏斯便啟程前往最終目的地亞美尼亞。

在首都接到報告的奧古斯都應該是可以撫胸鬆一口氣了。這是年滿二十一歲，可以擔任執政官的蓋烏斯身為統治者的第一次成功任務。

以編年體的方式來回顧歷史，在我們繼續前進之前，有一件事不得不先停下來想一想。

那就是，既然這段時期位於西元前、後的分界上，那麼耶穌應該誕生了才對，只是傳說中耶穌的父親約瑟和母親瑪利亞是為了趕回戶籍地接受羅馬皇帝奧古斯都的國勢調查，而在旅途中生下了耶穌，但是事實上，這段時間前後並未實施國勢調查。

正確把握現狀是統治的基本——非常明白這個道理的奧古斯都在他統治期間曾經舉行過三次正式的、全帝國規模的國勢調查。當時猶太王國還是羅馬的同盟國，不曉得調查範圍是否有擴及到同盟國去？而根據奧古斯都自己在《業績錄》的記載，三次國勢調查的時間分別是：

第一次，他和阿古力巴擔任執政官那年，也就是西元前二十八年。

第二次，蓋烏斯．肯索里斯和蓋烏斯．阿西尼斯擔任執政官那年，也就是西元前八年。

第三次，瑟古斯吐斯．龐培和瑟古斯吐斯．阿卜雷斯任執政官那年，也就是西元十四年。

由此可知，羅馬幾乎不用「建國×年」的推算法，而是採取「誰和誰擔任執政官那年」的說法。至於西元×年，則是基督教興盛之後，後世才出現的算法。

總之，如果以耶穌基督的誕辰為基準的「西元」編年體來記述，耶穌誕生前後羅馬帝國並沒有舉行國勢調查。如果說因為是遠方的屬國，所以時間上和羅馬本國可能有一些差距，但是八年的差距也太多了；那麼會不會是猶太王國自己舉辦的調查呢？事實上，當時的猶太王國正因為大王希律之死而陷入內亂狀態，根本不可能舉行什麼國勢調查。

那麼，耶穌確實是在這個時期出生的嗎？如果真是這樣，耶穌基督就是在羅馬進入全盛時期之際出生、生活、死亡的人，為什麼還要等三百年之後基督教才普及到羅馬呢？這點實在令人不解。

再回到羅馬首位皇帝身上。耶穌出生那年，奧古斯都正值六十三歲，後一年的西元二年對他來說是悲喜交加的一年。

最初的通知是從馬賽傳來盧基烏斯的死訊。十八歲的盧基烏斯和哥哥一樣被祖父收為養子，是奧古斯都的第二號繼承人。前一年，為了累積軍事經驗，十七歲的盧基烏斯被派到西班牙去，在前往西班牙的途中於馬賽長期逗留而染病不治，十八年的短暫生涯就這樣結束。對準備迎接六十四歲的奧古斯都來說，這一定是非常重大的打擊；也正因為如此，後來蓋烏斯和帕提亞達成互不干涉協定的消息傳回，使得奧古斯都又找回了希望。他想起還有一個繼承人，而且這個年輕的繼承人目前的表現還稱得上令人滿意。

同年，在羅德斯引退中的臺伯留捎了一封信給奧古斯都，請求奧古斯都允許他返回羅馬，理由是和前妻生的獨生子即將舉行成年式，他希望能夠以父親的身份出席觀禮。奧古斯都將臺伯留引退羅德斯視為棄守戰線，因此對於臺伯留的請求反應十分冷淡，要求他必須遵守嚴守私人立場，連元老院都不得出入的條件，才允許他在七年之後再度返國。

但是隔年，剛剛進入西元三年，唯一的繼承者蓋烏斯傳回的報告，使得奧古斯都擔心的程度大增。

事情的徵候在前一年的年底就已經出現了。開始是帕提亞投訴說奧古斯都派給孫子的顧問勞利斯接受了帕提亞的錢財，因此採行對帕提亞有利的策略。蓋烏斯似乎不疑有他，完全聽信帕提亞的證言。更糟的是奧古斯都對這件事的態度並不明快，被冠上收賄罪名的勞利斯不願意遭到返回羅馬出庭受審的命運，便在異國自殺了。

西元三年起遠征亞美尼亞之行，大家都看得出來，少了監督者的蓋烏斯言行完全不符，所率領的士兵處於無法掌控的狀態，因此還沒有開始解決亞美尼亞問題之前就已經有不安的陰影了。此外，亞美尼亞傾向於改善與鄰國帕提亞的關係甚於繼續在遠方羅馬霸權下生存，在這種情況下，和亞美尼亞交涉對二十二歲的蓋烏斯來說，實在太過困難了。

到達位於底格里斯河上游的一個亞美尼亞城塞進行交涉時，一切都還好，但是蓋烏斯高傲的舉動卻惹怒了當地居民，結果發展成暴動，連一直主張和羅馬恢復友好關係的亞美尼亞王族都受到威脅。雖然後來暴動被隨行的羅馬軍團兵鎮壓下來，但是這麼一來，亞美尼亞對於「保護者羅馬」的信賴也全部蕩然無存。用來牽制帕提亞的這張亞美尼亞牌似乎與羅馬漸行漸遠，轉向帕提亞懷抱了。對這種情形，奧古斯都在羅馬也只能靜觀其變。

但是，經過這個事件之後，羅馬對亞美尼亞王國的影響力就消失了。相對於蘇拉、龐培和凱撒先攻下再和談的方式，奧古斯都的和平外交方式本身是很值得稱許的作法，但是對付中、近東諸國的人民，只有力量強大才能發揮影響力。對亞美尼亞外交的失敗，並不單是蓋烏斯的無能所造成。

不過，這個失敗必定對年輕的蓋烏斯有所影響，而且鎮壓暴動時所受的傷也使得年輕皇子的氣勢加速衰減。

連軍團都棄之不顧的蓋烏斯修書給羅馬的祖父，請求讓他以私人身份引退。而奧古斯都費盡心力勸阻的回信，絕不是以嚴正的上位者姿態所寫，而只是一個疼愛孫兒的祖父罷了。

從亞美尼亞逃離之後，蓋烏斯在小亞細亞各地漫無目的地遊蕩，西元四年二月二十二日死於小亞細亞西南部的利奇亞，據說死因是刀傷所引起的病症，死時未滿二十三歲。

死了兩個孫子兼繼承人的奧古斯都，他的絕望程度不難想像。在公事文書中從來不夾帶私人情感的他，也忍不住在《業績錄》中留下了下面一段話。

「年紀輕輕便被命運之神從我身邊奪走的兒子——蓋烏斯．凱撒和盧基烏斯．凱撒兩人，由於元老院和羅馬國民對我的敬意，在他們十五歲時便被任命為預定執政官，以保證五年後得以就任執政官。雖然如此年輕，但是從兩人正式被介紹給國民那天起，元老院就同意讓他們參與元老院的國事會議。」

正如奧古斯都自己所記，《業績錄》是在奧古斯都死的那年，也就是西元十四年所寫的。由此可知，即使過了十年，垂垂老矣的皇帝心中那道傷口仍然沒有癒合。在奧古斯都六十六歲那年，他失去了所有與他流著相同血液的繼承人。

臺伯留復歸

西元四年，辦完蓋烏斯．凱撒的葬禮之後，奧古斯都便將臺伯留收為養子。在發表這項消息之前，六十六歲的奧古斯都和四十五歲的臺伯留之間到底有過什麼樣的會談內容，史料上並沒有記載；不過，大致情形應該不脫我們的想像。兩個能夠透徹地認清現實的人物，在經過私下長談之後，達成一致的共識，所以一定是不涉私情全繞著政治打轉的談話。但是在世人眼中，奥古斯都將臺伯留升格為養子的舉動，只不過是因為血緣繼承人全都死了，才不得不下的人事決定。

因為六十六歲的老皇帝在收四十五歲的臺伯留為養子的同時，也將女兒尤莉亞所生，唯一還在的十六歲孫子阿古力巴·波斯唐姆斯收作養子。可見奥古斯都仍然未放棄對自己血統的執著。

元老院對臺伯留升格為養子的決定理所當然地接受。而奥古斯都在發表和臺伯留的養父子關係時，也對元老院提出要求，希望給予臺伯留十年期限而且可以更新的「護民官特權」，這點也得到元老院的同意。雖然臺伯留和尤莉亞再婚後曾經被授與五年期限的「護民官特權」，但是由於他的引退，這項特權早已自然解除了。

經由收為養子以及給予除了奥古斯都之外無人擁有的「護民官特權」，雖然臺伯留實際上已經不是奥古斯都的女婿，也沒有帶給奥古斯都任何傳承血統的孫兒，但是他就在這麼明快的方式下成了奥古斯都的繼承人。

奥古斯都還讓臺伯留和自己一樣擔任形同「內閣」的「第一公民的輔佐機關」的常任委員，而這樣的地位以前只有阿古力巴有過。「內閣」的成員包括第一公民奥古斯都，還有該年的執政官兩人，以及法務官、按察官等好比現代各廳院的長官代表各一人，再加上任期六個月的元老院代表二十人；其中除了奥古斯都之外，其他都是任期短暫的非常任委員。臺伯留成為「內閣」的常任委員之後，萬一奧古斯都有什麼不幸，統治實務和所需權力的繼承都可以順利地完成。

元老院雖說是共和主義者最後的堡壘，但是對奧古斯都的這些策略，也沒有發出任何的反對聲。我想原因有以下幾點：

第一，雖然臺伯留引退羅德斯達七年之久，但是他在軍事方面的才能仍然無人能比。

元老院議員也都了解，建立「羅馬和平」是非常艱難的事業，尤其是確立邊境防線的工作；要擔負這個任務的人選除了地位之外，能力更是不可缺少，蓋烏斯失敗的例子使得他們看得更清楚。

第二，臺伯留出身克勞狄斯家族這個羅馬名門中的名門，與奧古斯都或是奧古斯都的血親比起來更是不折不扣的貴族階級，因此元老院的有力人士會認定他為自己這邊的人。

羅馬的共和政治別名叫做「貴族政治」，是歷史上稱作「寡頭政治」的少數領導政體，並不是現代我們所認為的民主政體。家世顯赫、社會地位崇高之士匯集的元老院曾經掌管了五百年羅馬的國政，首先挑戰「元老院體制」想將它打倒的是凱撒，不過繼續凱撒的革命而將它實行的卻是奧古斯都。

臺伯留的親生父親年輕時是凱撒麾下的士官，打過高盧戰役的最後幾年仗，但是當凱撒渡過盧比孔河之後他便離開凱撒改投龐培門下。因為當凱撒渡過盧比孔河時，他想要打倒「元老院體制」的意圖已經昭然若揭，再也瞞不過別人的眼睛了。臺伯留的父親在這段時期離開凱撒，投效龐培，顯示他是元老院派的人士。在凱撒打敗龐培之後，臺伯留的父親還繼續跟隨著龐培的孤子，由此可見他一定是打從心底支持「元老院體制」；不過他並沒有參與布魯圖斯和加西阿斯等暗殺凱撒的實行部隊。可是後來，還是屋大維的奧古斯都和安東尼為了清除反凱撒派所做的處罰者名冊當中，卻登上了他的名字，臺伯留的父親因此被迫過了很長時間的流放生活。臺伯留出生那年，父親還是奧古斯都的「敵人」之一。之後不久，由於米塞諾協定成立，父親終於得以返回羅馬，但是，母親莉薇亞卻成了奧古斯都的妻子。年幼的臺伯留和弟弟杜魯斯雖然都是在奧古斯都的家中長大，但是對無法忘懷「元老院體制」的名門貴族來說，臺伯留無論如何身上都流著高貴的克勞狄斯家族的血液，因此絕對算是自己這邊的人。連奧古斯都都不能避免這種想法，所以重視血緣的名門出身者會這樣想也不是沒有道理的。不管是品格高尚的行為舉止，還是身為有教養者不可欠缺的完美希臘語能力，臺伯留都具備了，而這些也使得他永遠無法完全融入奧古斯都和阿古力巴的平民世界。

不過，臺伯留本人並不是頑強的階級主義者，這點從他前妻薇普莎尼亞的家世就可以看出來。薇普莎尼亞的父親阿古力巴就不用說了，即使追溯到祖父阿提克斯那一代也根本找不出一點名門關係，但是臺伯留一生最愛的女人就是薇普莎尼亞。所以，只注意血緣的人根本就猜不透臺伯留腦袋裡到底在想什麼，能夠看透他的，終究只有奧古斯都——雖然有點太遲了。

六十六歲的奧古斯都應該是很安心地讓臺伯留成為他的繼承人的。因為如果他還有一點不安，就不會幾乎同時把臺伯留收為養子，又給予「護民官特權」，並且使他成為「內閣」的常任委員，而是應該採取先給一項看看，過一陣子再給另一項的作法。沒想到奧古斯都會這麼明快決斷地指名臺伯留為繼承人，他的果斷不讓人有任何臆測的機會。

一生執著於確立同血緣繼承人的奧古斯都，最後卻指名一個和自己並無血緣關係的人物為後繼者，再沒有比這個更諷刺的事了。不過奧古斯都能夠忘記臺伯留脫離戰線，引退羅德斯時的憤怒，做出超越私情，以公事為重的決斷，我很想給予讚賞，只是這份讚賞只能保留一半；因為奧古斯都不只指定臺伯留為自己的後繼者，連臺伯留死後的繼承人，他都決定了。

臺伯留在成為奧古斯都養子的同時，也收了弟弟杜魯斯的孤子日耳曼尼可斯為養子。當然這是因為奧古斯都的要求。十八歲的日耳曼尼可斯是臺伯留的姪子，他的母親就是奧古斯都的姊姊歐古塔薇亞和安東尼結婚所生的女兒小安東妮亞，所以日耳曼尼可斯也是奧古斯都外甥女的兒子。由此可見奧古斯都對血緣的執著並未隨著兩個孫子的死而消失。臺伯留也有一個十六歲的兒子，只是這個兒子身上流的血沒有一滴和奧古斯都相同而已。

不管事情有多少內幕，臺伯留的復歸確實受到上至元老院下至一般人民的好評和歡迎。而臺伯留也全力以赴，用事實來回應大家的期望。日耳曼戰線需要一個帶頭指揮的人，一刻也等不了。

住在安全舒適的首都羅馬，在劇場和競技場可以享受前十四排的特別席，或者有時候到舒適度差一點，但是安全度和本國差不多，不需要軍團駐紮的「元老院行省」去擔任任期一年、工作平穩的總督——這是元老院議員平常的生活寫照，相較之下，在前線服勤的士兵們時時刻刻都必須提高警覺，以防敵人來襲。而聽到臺伯留回歸戰線的消息，比誰都高興的就是這群在前線服勤的軍團兵了。

當時二十四歲的華雷利烏斯．帕提可斯正好擔任一隊騎兵的指揮，在他二十年後所寫的《羅馬史》中描述了士兵們歡迎臺伯留回到前線的情形。

「我明白憑我拙劣的寫作能力無法讓不在場的人了解當時的情形，但是我相信總有幾個人會明白的。

那時，士兵們看到他出現在自己眼前都高興得哭了起來，沒有人再去管什麼隊伍整齊不整齊，大家都走到臺伯留身旁，口中訴說著心裡的喜悅，甚至想去撫摸他的手，那情景在以紀律嚴謹著稱的羅馬軍團是從來沒有的。

『我不是在作夢吧？總司令官，我們又能在你的指揮下戰鬥了。』
『我曾經在你麾下打仗喔！總司令官，在亞美尼亞的時候。』
『我在拉耶提亞戰線曾經當過你的部下。』
『在多瑙河戰線，你曾經頒授勳章給我。』
『在旁諾尼亞戰線的時候，你稱讚的那個人就是我。』
『我也在日耳曼戰場跟過你。』」

實際上臺伯留和這些士兵們已經十年沒見了。四十五歲之後再回到戰場的臺伯留，不知將如何在日耳曼戰役中展現他的成熟。

十八歲的日耳曼尼可斯也加入了臺伯留陣營，他可說是奧古斯都所指定，預備接臺伯留位子的繼承人。這個年輕人也是臺伯留的姪子，他的本名是朱利斯．凱撒，但是大家都叫他「日耳曼尼可斯」。日耳曼尼可斯的意思是征服日耳曼民族的人，本來是他父親杜魯斯死後得到的稱號，因為杜魯斯是最初負責日耳曼戰役的人，後來兒子繼承了父親的這個稱呼。對十八歲的日耳曼尼可

日耳曼尼可斯像

斯來說，這次跟在伯父兼養父臺伯留身邊參戰是他首次的前線經驗。

臺伯留並沒有在一開始就賦予日耳曼尼可斯重要的任務。十八歲的他先在「參謀本部」跑了二年的勤務，這也可以說是一種帝王養成教育，因為將來日耳曼尼可斯勢必也要就任總司令官。

率領第二軍協助臺伯留進攻的副將是該年的執政官薩圖紐斯。日耳曼戰線事實上已經停擺十年以上的時間，因此不得不回到萊茵河這個起點重新再開始新的征服行動。這次戰役的最終目標當然是奧古斯都所希望的——征服萊茵河到易北河之間的民族，將帝國防線從萊茵河移到易北河去。奧古斯都在這方面的一貫政策是要學習凱撒促使高盧羅馬化，讓羅馬人擺脫了長久以來的威脅；奧古斯都也想達成日耳曼民族的羅馬化，以解決羅馬人的另一個威脅。不過，在以政治力施行羅馬化之前，非得以軍事力量完成征服行動不可，而之前的杜魯斯和如今的臺伯留所背負的就是這個使命。

在日耳曼有四條大河，由西向東分別是萊茵河、埃姆河、威悉河和易北河，而這四條河都流入北海。日耳曼戰役再度開打的第一年，也就是西元四年，臺伯留將羅馬軍隊分成二軍；副將薩圖紐斯雖然年過六十，但是很能抓住士兵們的心，臺伯留要他走的是從萊茵河上游渡過萊茵河向東方進攻的路線，任務是占領四大河的上游地區。至於臺伯留自己率領的第一軍則計畫從下游渡過萊茵河之後，往北大繞一圈，一邊作戰一邊向東方前進。

臺伯留的戰略是從四條河的上、下游一起進攻，不但確保由北海逆流而上的海軍航線，

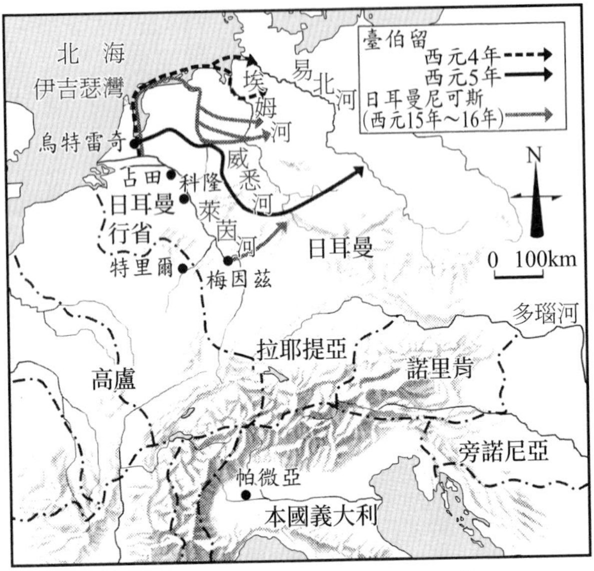

臺伯留和日耳曼尼可斯的行進路線

而且利用陸海聯合作戰，分別從南、北方夾擊，以達到征服日耳曼全境的目標。從第一年戰役所預定的戰略來看，臺伯留率領的第一軍行軍路線格外困難。因為四大河的下游地帶可能是因為比較利於生存，所以比森林密集的上游地區聚集了更多的部族。

西元四年的戰役雖然拖到十二月，但是終究成功地達成了預定目標。除了易北河之外，日耳曼地區的重要河流全都重回羅馬軍團的手中了。帶著這項捷報，臺伯留返回首都。有如蜻蜓點水般稍做停留，向奧古斯都報告完戰果之後，臺伯留就為了隔年春天的戰役，再度越過阿爾卑斯山回到萊茵河附近的冬營基地去了。

第二年，也就是西元五年的戰役，比

第一年得到更多、更輝煌的戰果。羅馬軍睽違了十四年之後又來到了易北河。經由從軍中的帕提可斯筆下，我們可以了解當時的景況。

「日耳曼全境已經沒有一塊地是羅馬軍的足跡不曾到達的，許多只知其名的部族都降服於我們旗下。……投降的日耳曼青年人數之多、這些金髮青年體格之高大壯碩，以及包圍他們的羅馬兵手中受陽光照射而閃閃發光的槍；還有，不管勝者或敗者，所有人的視線都集中於站在中央的最高司令官身上。

投降的部族當中甚至包括從來不曾和羅馬軍打過仗，居住在易北河東方的隆哥巴爾得族。

羅馬軍團和銀鷹旗征服了萊茵河以東四百哩（羅馬哩，大約等於六百公里），包括易北河在內的日耳曼全境。」

由易北河溯流而上的海軍和由西向東前進的陸軍，依照臺伯留的戰略，共同達成了預定目標。奧古斯都將日耳曼民族納入羅馬帝國的夢想，看似已經達成了。

不過，並不是所有的日耳曼民族都被羅馬軍打敗而投降，也有一度被打敗之後就另謀生路的部族。馬爾柯曼尼族的領導人馬洛勃杜努斯在少年時代曾經以人質身份在奧古斯都的親戚家住過，因此他可以說是少數了解羅馬人的日耳曼人之一。解除人質身份回到自己部族的馬洛勃杜努斯認為與其與羅馬戰鬥，不如遷往他處居住以求本族的生存。於是他帶領全族從日耳曼地方遷到了多瑙河從南邊流過的波希米亞地區。據說馬洛勃杜努斯帶著全族遷出日耳曼的時期，正是臺伯留的弟弟杜魯斯到達易北河的西元前九年前後。等到西元五年臺伯留再度攻到易北河時，這個日耳曼的部族已經在波希米亞生活了十四年了。

這十四年間馬洛勃杜努斯所達成的成績十分驚人。七萬名步兵和四千名騎兵都依照羅馬軍團的方式組織起來，並且習得了羅馬式的戰鬥法。這個手握大兵的日耳曼人不但自己稱王，甚至和羅馬中央政府之間締結外交關係。

雖然手上握有這麼大的戰力，但是馬洛勃杜努斯似乎仍然採行盡量避免與羅馬發生正面衝突的原則。但是不可避免的，他那裡也成了不滿羅馬霸權的斯拉夫民族和日耳曼民族領導者逃亡之地。不管馬洛勃杜努斯的意圖是什麼，馬爾柯曼尼族生根之後的波希米亞地區對羅馬人來說，就好像高盧戰役中映在凱撒眼中的不列顛一樣。羅馬早晚會發覺如果對這個地區放任不管有多危險，而且這個民族的勢力範圍和義大利之間只隔了三百五十公里，步兵需十二天、騎兵則需四天就可以越過這個距離了。

西元六年，奧古斯都認為日耳曼征服行動已經完成，決定攻打馬爾柯曼尼族。被指定為攻擊行動最高司令官的臺伯留為了趕在春天立刻進攻，便在多瑙河的旁邊設營過冬。攻擊計畫是由南而北的臺伯留軍以及由西向東的薩圖紐斯軍一起夾擊這個唯一沒有降服在羅馬旗下的日耳曼民族。預計兩軍出發到與敵人的前衛交鋒，需要五天的行軍時間，可說已經完成等雪一融立刻進攻作戰的態勢了。

然而，根據臺伯留麾下帕提可斯的話，發生了「命運之神有時候會把人計畫好的事完全破壞無遺」的情況。等待西元六年春天往北進攻的臺伯留，沒想到在他身後的旁諾尼亞和達爾馬提亞竟然發生了大規模的叛亂。

叛亂

旁諾尼亞和達爾馬提亞是臺伯留在引退羅德斯之前所征服的地方，被征服之後，羅馬化工作一直在確實進行著；修築羅馬式的道路網、在要地建設退役士兵入住的殖民都市以促進當地繁榮。羅馬對建設這個隔著亞德里亞海相望的地區，非常熱心。

不過，這個以地勢複雜聞名的地方從來不曾享受過文明的好處。以住在他們南邊的希臘人為例，由於屬於海洋民族和通商民族，因此對於內陸的關心比不上出海活動。而希臘人的文明度高，也比較容易了解羅馬所做的「基礎建設」能夠帶來什麼利益，並且加以活用。經濟掌握在希臘裔居民手中的希臘本土以及小亞細亞通常比較順從羅馬霸權，並不是他們缺乏獨立意識，而是因為他們能夠了解「羅馬化」所帶來的好處，就好像只有知道汽車跑得快的人才能夠理解高速公路的方便。一直在山野中騎著馬、以馬載貨的人，要使他明白高速公路網的效率可不是一朝一夕能夠做到的。

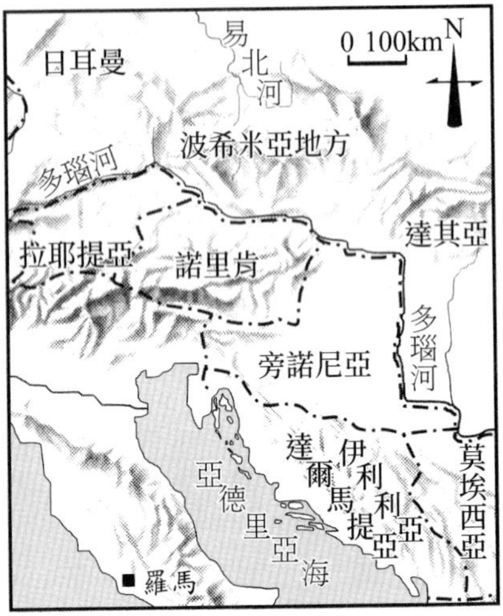

多瑙河中游流域圖

此外，奧古斯都進行軍制改革之後，羅馬的主要戰力——由羅馬公民所構成的軍團，也增加了當地人的常備軍力，叫做「補助兵」，數量和「軍團兵」大約相同。這也等於昨天為止還是敵人的，今天就把武器交到他們手上，多少有點冒險。而且，服勤期間衣、食、住和薪水都有保證，退役之後可以得到羅馬公民權，舉極端一點的例子來說，這種優遇對於那些以山賊為業的人到底具不具有魅力呢？文明並不是丟過去，對方就能立刻明白它的有效性的。

雖然如此，羅馬仍然一直貫徹先以軍事力量征服，之後再經由整頓基礎建設來進行羅馬化，也就是羅馬人所說的「文明化」的政策，而這種方式在軍事力的影響殘存期間還可以確保局勢平穩。叛亂發生都不是在剛以軍事力征服之後，通常都會間隔一段時間。旁諾尼亞和達爾馬提亞就是在被羅馬征服十二年之後才發生叛亂。而且這兩地的領導者都認定可以和多瑙河以北、波希米亞地區的一大勢力組成聯合陣線來對抗羅馬；也許從以前他們就一直悄悄地在打探馬爾柯曼尼族的情形了。

旁諾尼亞和達爾馬提亞兩地叛亂的人數據說總共超過了八十萬，其中攜有武器可以戰鬥的人數是步兵二十萬、騎兵九千，而且這些士兵多數都曾在羅馬軍中服過兵役，率領他們的指揮官也多半具有「補助部隊」隊長的經歷。在奧古斯都的軍制改革中，實行當地人指揮當地人的制度，因此「補助部隊」的指揮也都交由當地人負責；實際上，一般都是由部族族長來指揮自己部族的男丁。

而且，奧古斯都軍制改革之後，帝國的防衛系統要靠羅馬人組成的軍團和當地人組成的補助部隊緊密保持聯絡才能發揮功能。

「補助部隊」的指揮官和「軍團」的指揮官接觸機會也很多。而且在羅馬軍中，只要是指揮官階級的人員，即使是當地人也可以出席由軍團長所召集的作戰會議。在這十多年間，當地人學會羅馬人的語言——拉丁文也是理所當然的。

在旁諾尼亞和達爾馬提亞暴發的叛亂，依照一般的情形通常都是先將住在當地的羅馬人血祭，然後襲擊羅馬軍的駐紮地來揭開序幕。這次叛亂中，習得羅馬式戰略的當地指揮官還將叛軍分為三部，一軍用來確保自己的旁諾尼亞和達爾馬提亞，二軍往南侵略馬其頓，三軍入侵義大利的東北部，藉著擴大戰線使得迎擊的羅馬軍也不得不將軍勢三分。

以往不管面臨什麼都絕不失平靜、沉著的奧古斯都，這時候也隱藏不了他內心的動搖了。六十八歲的老皇帝跑到元老院，告訴議員們敵人離首都只有十天的距離，希望採行緊急對策。元老院也明白事態緊急，一旦叛軍之地全部陷入敵手，只隔一個亞德里亞海的義大利半島難免直接受敵。在風平浪靜的夏季，一、二天就可以渡過亞德里亞海了。

羅馬人有一個特色，也是後世政治思想家馬基維利所注意到的，那就是羅馬人在危機當前之際，連平日的敵對者都會立刻團結一致，全權委託公認的實力者來處理。元老院經過討論，除了決議緊急召募士兵以及籌措資金之外，還要求奧古斯都任命臺伯留為羅馬鎮壓叛軍的最高負責人。

雖然臺伯留已經是奧古斯都正式的養子，也擁有「護民官特權」並且成為「內閣」的常任委員，但是他並沒有被賦予羅馬全軍的最高指揮權。擁有這項指揮權的只有奧古斯都一個人，因此要任命誰來擔任總司令官只有奧古斯都能夠決定。對元老院的這項請求奧古斯都也沒有異議。雖然在叛亂暴發的西元六年間，憑著各個軍團基地的努力奮鬥，叛軍並未進入義大利東北部，達爾馬提亞的海岸地帶也還在羅馬的手中，但是隔年，西元七年春天即將展開的羅馬軍反攻行動，仍然交由臺伯留來擔任總指揮。到這裡又有一項馬基維利所稱許的特點不得不介紹，那就是在羅馬，一旦前線總指揮權託付出去之後，本國政府絕對不插手。凡事前線總司令官都可以自己決定，擁有「絕對指揮權」。

四十八歲的臺伯留活用他手中的「絕對指揮權」，緊急派遣密使到本來的攻打對手馬爾柯曼尼族大王馬洛勃杜努斯那裡去，有另一種說法是臺伯留親自和馬洛勃杜努斯密談，總之，最後和這個大王之間締結了友好條約。這麼一來，本來預定往北進攻的臺伯留便可以率領旗下的全部軍力，投入南邊的叛軍鎮壓行動。同時，旁諾尼亞和達爾馬提亞一直期待與日耳曼大部族馬爾柯曼尼族組成聯合陣線的希望也隨之破滅了。

臺伯留和馬洛勃杜努斯年紀相當，說不定這個日耳曼人住在奧古斯都親戚家當人質期間曾和臺伯留同學過。羅馬方面對於人質的寄宿家庭選擇都很用心，而且也讓人質接受和自己子女一樣的教育，因為這些人質長大之後必將成為領導人。這也是為什麼我常常把人質比喻為「交換學生」的緣故。不過比這種私事更重要的是，這個日耳曼的族長熟知羅馬人。對於臺伯留建立友好關係的提議，馬洛勃杜努斯沒有任何要求就接受了。

解決北方的危機之後，臺伯留麾下的五個軍團全都可以用來鎮壓叛軍了，而且，這時還出現了強有力的援軍。位於多瑙河下游一帶的色雷斯 (Thrace)，大王親自率領騎兵前來參戰。色雷斯的騎兵從亞歷山大大帝時代就很有名，這對騎兵力一向較弱的羅馬軍來說，真是求之不得的救兵。

不過，古代的旁諾尼亞和達爾馬提亞地區有很多部分和現代的前南斯拉夫重疊。前南斯拉夫的地勢特別複雜，二次大戰時狄托 (Tito) 指揮的對德軍游擊作戰之所以奏效，也是因為這個地勢的緣故。現今波斯尼亞．赫澤哥維納 (Bosnia-Herzegovina) 的紛爭難以解決，複雜的地勢也是主要原因之一。這個地方的地勢自古以來就對游擊戰有利，臺伯留似乎也不認為可以輕易鎮壓這次的叛亂。

於是，西元七年的戰役是因應敵軍的規模和狀態，分別採行短期的決戰型態以及與敵軍耗下去的長期戰型態。

因為在那種複雜的地形中，不可能把戰鬥集中於一處，如此一來，羅馬軍所擅長的、兩軍在平原擺好陣勢正面相對的會戰方式便無法上場了。臺伯留也不得不展開大大小小為數眾多的局部戰。

羅馬人並不認為挑起戰爭本身有罪，因此對於敗者都予以寬容，並且還能積極地對他們進行同化。但是，對一旦納入羅馬霸權之後，卻又破壞協定、搖起反旗者，他們絕不留情。叛軍也明白這點。尤其是指揮官們都曉得，只要被捕就只有死路一條了。

在旁諾尼亞和達爾馬提亞各地展開的戰鬥，由於叛軍只有拼命一途，使得淒慘殘虐的情況越演越烈，羅馬兵也只能謹記著一旦被捕就會遭到虐殺。

在這期間，應奧古斯都之請而緊急召募的援軍開始陸續到達。臺伯留本營的周邊擠滿了數量驚人的士兵。根據現場證人帕提可斯的話，包括了十個軍團的羅馬兵、七十個大隊以上的補助兵、十四個騎兵部隊、已經退伍又志願加入的老兵一萬人以上、各同盟國派來的援軍，以及第一次上戰場的新兵們，總計人數約達十五萬吧！這樣總算可以和超過二十萬的叛軍進行勢均力敵的對決了。但是在這裡，四十八歲的臺伯留顯示了他無與倫比的實戰指揮才能。

凡是有實戰指揮經驗的人都明白，只要軍力超過五萬，軍令就無法完全下達。也就是說，即使有五萬人以上的軍力，如果缺乏完整的指揮官組織來輔助總司令官，那麼就不可能徹底執行指令。這種組織一般是經過長年的戰役才能夠完整。

此外，後勤兵站方面也有困難。所謂「兵站」（英文“Logistic”、義大利文“Logistica”、羅馬文“Logista”）是指在戰場後方負責軍需品的補給、輸送，以及確保聯絡線的工作，羅馬軍在這方面的成果優越，是古代僅見。甚至有現代的軍史學家認為羅馬軍是靠兵站打勝仗的。不過，即使有再優秀的兵站組織，要滿足十五萬的軍力實在太困難了。

而且，志願參戰的新兵不經過訓練無法成為戰力，這個時節根本沒有多餘的時間可以訓練他們。至於老兵，退伍後的時間一久，相對的要恢復他們的戰力也要一段時間。而由行省人民組成的補助兵也未必就可以增加戰力，因為「補助兵」制度的基本方針是要訓練他們防衛自己的祖國。

一言以蔽之，人數雖然增加，但是可能成為包袱的士兵太多了，如果讓他們全部投入戰爭，只是增加犧牲者的數目而已。羅馬軍重視後勤兵站，就表示他們不贊同無謂的犧牲。在羅馬軍中，能否將犧牲者數盡量壓低，是衡量總司令官能力的第一條件。

臺伯留將大半陸續到達的援兵遣回，這個作法正符合他重視實質甚於外表以及討厭虛華的個性。在遣返之前，為了使志願兵從行軍到此的疲勞中恢復體力，先讓他們休息數日，然後派騎兵團護送他們到本國的邊境，以保障歸途平安。雖然為了安全遣返志願兵花了很大的功夫，但是比起將兵站無法負擔的大軍擺在手邊算是上策了。

史實上並沒有明確記載，但是我想臺伯留手上可能還剩下十個軍團再加上騎兵，大約六萬左右的兵力。和二十萬以上的敵軍比起來，三分之一還不到。不過這些可都是不需要訓練，也不用再花時間熟悉敵人的精銳部隊。

臺伯留對在難以發揮的地形中還要迎戰狂敵的部下們，實在是非常厚待。戰死者沒有一個被棄置不管。不論他們的社會地位如何，都為他們舉行羅馬式的葬禮。負傷者由最高司令官專屬醫師領導的醫師團負責治療。最高司令官專用的馬車和轎子都用來載運負傷者。臺伯留自己在戰役中一直是以馬代步，也就是說他連自己的休息機會也犧牲了。

最高司令官的入浴設備也提供給傷兵使用，為臺伯留準備食物的廚師也要包辦那些因傷無法自行煮食者的三餐。羅馬軍中規定，士兵必須自己煮飯給自己吃。自己也因負傷而乘坐了臺伯留轎子的帕提可斯認為，當時的前線除了家和家族之外，什麼也不缺了。而且他還說：

「這場戰役的最高司令官和屬下的司令官吃飯時，常常都是坐在椅子上吃一吃就算了。」

羅馬人吃飯時習慣躺在寢臺上，以一隻手撐著。帕提可斯說臺伯留坐在椅子上吃飯就等於現代人站著吃飯一樣的感覺。在旁諾尼亞．達爾馬提亞戰線，身為最高司令官的臺伯留率先捨棄了羅馬式的舒適。

一般說來，對自己嚴厲的人也容易對他人嚴厲，但是根據帕提可斯的話，在戰場上的臺伯留並沒有這樣。即使是違反軍規的士兵，只要沒有連累到其他的士兵通常都會得到原諒。給與警告的情形比較多，處罰比較少。由於只要最高司令官沒有發覺就不處罰，因此部下都選擇不再犯相同的過錯。在臺伯留麾下，從來沒有一個大隊長、百人隊長或是士兵，只因為敗給敵人就受到處罰的。

就這樣，西元七年和八年，也就是鎮壓叛亂的第一、二年即將結束；在旁諾尼亞和達爾馬提亞全境，二十萬叛軍和六萬羅馬軍展開激戰，戰線分散。但是很明顯的，戰事延續越久，後勤兵站的優劣就成為決定勝負的關鍵了。

已經不需要擔心旁諾尼亞和達爾馬提亞戰事的奧古斯都，這個時期又開始為家庭的不幸而煩惱了。

家族的不幸

即將迎接七十歲的奧古斯都還有一個獨生女尤莉亞所生的直系孫子，叫做阿古力巴．波斯唐姆斯。奧古斯都收臺伯留為養子時也同時收了這個孫子為養子，這表示奧古斯都將他列為自己的繼承人之一。西元四年奧古斯都收他為養子的時候，他的繼承人順位如下：

臺伯留——四十五歲
阿古力巴．波斯唐姆斯——十五歲
日耳曼尼可斯——十八歲

日耳曼尼可斯的年齡雖然是第二位，但是繼承順位卻是第三，因為阿古力巴．波斯唐姆斯是奧古斯都的養子，也就是奧古斯都的繼承人；而日耳曼尼可斯是臺伯留的養子，因此是臺伯留的繼承人。

羅馬在西元前二世紀末經過蓋烏斯．格拉古(Gaius Gracchus)的改革之後規定，不管社會地位如何，上至執政官的兒子下至無產階級的兒子，凡是未滿十七歲者不可以服兵役。因為不管國家遭遇什麼生死存亡的危機，國家未來主人翁接受必要教育的時間絕對不能被剝奪，這是羅馬國的方針。即使被漢尼拔攻破，困坐國內十六年的期間，也沒有一個十七歲以下的羅馬人受到徵召。

不過年滿十七歲之後，誰都可以去體驗軍旅生活。尤其對出身上層階級的人來說，為了步上擔任國家要職，成為「榮譽公職人員」，為「共同體」奉獻的出世之路，十七歲之後的軍隊經驗是不可欠缺的條件。

臺伯留的首戰經驗是阿古力巴指揮下的西班牙戰役，而對日耳曼尼可斯來說，在臺伯留麾下的日耳曼戰役是他的第一次戰場經驗。不過，到了旁諾尼亞・達爾馬提亞戰役時，二十一歲的日耳曼尼可斯已經獨當一面，負責一個戰線了。

西元七年，十八歲的阿古力巴・波斯唐姆斯當然也應該參加在前南斯拉夫全境展開的鎮壓行動。而且就當時羅馬對這個戰役的重視程度，以及他當時的地位來看，對祖父奧古斯都來說，這無疑是送唯一直系孫子初次體驗戰場經驗的大好機會。結果，身為祖父的奧古斯都並沒有將孫子送上戰場。不，應該說是沒能送他上戰場。

西元七年，皇帝孫子凶暴的作為已經到了無人可以收拾的地步，既是祖父也是養父的奧古斯都送孫子去的地方不是旁諾尼亞的戰場，而是後來以拿破崙最初的流放地聞名的埃爾巴(Elba)南邊十四公里的小島卜拉尼西亞（現在的皮阿諾札）。

這個皮阿諾札並不像阿古力巴・波斯唐姆斯的母親尤莉亞被放逐的芬多帖拿那麼荒蕪，面積有十一平方公里，地下湧泉豐富，可以栽培葡萄和橄欖。進入二十世紀之後，義大利政府立刻在這個島上設置了國營的結核病患者隔離療養所。雖然現在這個療養所已經廢止了，但是島上還是有農民和漁民聚居的村落。不過，和有「世界首都」之譽的羅馬比起來，這個皮阿諾札可以算是流放地了。因為被放逐到這個島的阿古力巴・波斯唐姆斯，不但不能回到義大利本土，連埃爾巴都禁止前往。

可是令奧古斯都煩惱的家庭醜聞並未就此結束。隔年，西元八年，這次是孫女尤莉亞被處以孤島流放之刑，罪行和她母親尤莉亞相同——太過放蕩的男女關係。然而，到底放蕩的程度如何，以及放逐的地點都不清楚。不過，奧古斯都這麼熱心於健全家庭的再興，甚至訂定法律將通姦行為定罪，因此他絕對不會放任血親的違法行為不管，而強烈的責任感一定更令他感到羞愧難當吧！對於女兒尤莉亞、孫子阿古力巴·波斯唐姆斯、孫女尤莉亞的處罰，奧古斯都全都是行使羅馬自古以來的「家長父權」，而不是他全力促成的「國法」。奧古斯都是以作為一個父親和祖父的身份來處罰女兒和孫兒的。

奧古斯都的孫女尤莉亞遭到放逐時未滿三十歲，已經和羅馬名門貴族之一的艾米里斯·帕伍斯結婚，育有一男一女。雖說行止不良，但是居然嚴重到要把母親從孩子身邊帶走處以流刑，可見七十多歲的老皇帝感到多大的憤怒和羞辱。一生執著血緣傳承而對血親照顧有加的人，卻因為這些血親而受到比別人更多的屈辱，實在是很諷刺的事。

可是奧古斯都好像還是不願放棄。他將剩下唯一一個沒有問題的直系孫女阿古力琵娜嫁給了外甥女的兒子，也就是臺伯留的養子日耳曼尼可斯。彼此母親是表姊妹的這對夫妻生下了三男三女，其中一人就是第三代皇帝卡利古拉 (Caligula)，而卡利古拉的妹妹又生下了第五代皇帝尼祿 (Nero)。

堅定不移的意志本身是很值得稱讚的，但是看到奧古斯都對於血緣的承續執著到這種地步，根本就是「執迷不悟」了，而執迷不悟正是悲劇的開始。因為古代的人以為命運可以任自己擺布，忘了保持謙虛的態度，因此才會遭受天神的報復。

詩人奧維德

西元八年，奧古斯都孫女尤莉亞的流刑造成詩人奧維德 (Ovid) 的流放罪，是拉丁文學史上的一大事件。

對將近五十歲的詩人來說，這一定是件出乎意料的怪事。因為他突然接到奧古斯都的命令，將他流放到多瑙河注入黑海的入海口附近城市多密（現在的康斯坦沙 Constanta）。正式罪名是因為他寫了名為《愛的技術》的詩集。但是這套總共三卷的詩集早在十年前就已經發行了，為什麼到現在才被判罪；恐怕誰的心裡都有這麼一個疑問吧！而且在羅馬並沒有言論的限制，連奧古斯都之「父」凱撒的政敵——西塞羅的作品還和暗殺凱撒的布魯圖斯的書信合在一起，堂堂推出全集。羅馬帝國中遭到放逐的文字工作者，奧維德是第一個。

詩人自己並未披露被放逐的理由，但是他作了如下的一首詩：

「因為我看到了？是我的眼睛使我成為罪人的嗎？我的不小心就是罪嗎？
阿提歐納斯無意間看到了狩獵女神黛安娜的裸體，就因為這個無心之罪遭到獵犬啃食。
是的，對眾神而言，凡是侵害其聖潔者，即使是無意識之下所為，也要為這個罪付出代價。無可饒恕是唯一的命運。」

根據這首詩，拉丁文學的研究者作了大膽的推論，那就是皇帝孫女尤莉亞的婚外情可能和奧維德有關。詩人被罰也許不是因為他寫了《愛的技術》，而是因為他是尤莉亞通姦的「仲介者」。

至於事情的真相，由於兩位當事者既沒說也沒寫下來，又沒有人留下確實的史料，所以永遠也無法明朗。奧古斯都不遺餘力提升羅馬領導層道德水準的舉動，要是凱撒知道的話一定會哈哈大笑。不過，如果站在奧古斯都的立場來看，《愛的技術》這三卷詩集簡直令人「火冒三丈」。

《愛的技術》第一、第二卷是對男性講授追求女性的方法，第三卷則是教導女性如何贏得男性的心，而且全部內容都附有具體例證。

不過，請別誤會。這三卷詩集可不是黃色刊物。古典的"How To"讀物通常都包含對人性深刻敏銳的觀察，因此往往充滿了黑色機智和幽默，而奧維德的這套《愛的技術》更是這類作品中的傑作，讀了一定讓你又好氣又好笑。

對古希臘人來說，性愛就是裸體，對古羅馬人來說也是一樣。而奧維德的詩正是讚頌性愛的作品，他高唱性愛就是性愛，性愛由於排除了一切像衣服這樣的多餘東西而熾烈燃燒。有一位奧維德的研究者將這個拉丁詩人和一千五百年後義大利文藝復興時代的政治思想家馬基維利相提並論，這點我也贊同。馬基維利的《君王論》如果依據內容來命名便是《政治的技術》。馬基維利主張人類不過是如此如此的東西，所以冷澈地看透人性的現實之後，政治也只有這般這般地施行才有效。奧維德則認為不管是男性或女性，實際上都是如此如此，所以想要在異性關係方面成功，應該利用這般這般的技術。馬基維利因為缺乏道德而受到彈劾，奧維德所受的非難不也是類似的原因嗎?!

自己想要忘記的事偏偏被別人挑出來講，這時候我們都會特別生氣。奧古斯都算是感覺相當平衡的人，如果不是因為兩個親人行為不檢，我想奧古斯都可能也不會因奧維德寫出諷刺幽默、點出人性的《愛的技術》而對他處以流刑了。但是，奧古斯都對女兒和孫女的醜聞根本無法釋懷，也許可說就是這位老衛道人士的怒火吞噬了奧維德。我所持的理由是，從發行之初就大為暢銷的問題書——《愛的技術》並沒有因作者遭到放逐而被查禁。只有作者受到處罰，一點也不合道理吧!從來就比別人慎重一倍的奧古斯都肯定是氣到了極點，而且是不是因為年紀大了，肝火也比較旺了呢?

和奧古斯都身旁的風波比起來，旁諾尼亞·達爾馬提亞戰線的結果在時序還沒進入西元九年之前，就已經清楚可見了。

羅馬軍果然是強在「兵站」上。主因是補給和補給線得以確保，即使人數較少也能有效發揮機能；說白一點就是以頭腦取勝的戰鬥方式。根據當時在前線參戰的帕提可斯所述，從西元八年到九年的那個冬天，羅馬軍已經取得了優勢，到了西元九年的夏天，旁諾尼亞全境都已經屈服在羅馬軍旗下。餓著肚子、一身破爛的叛軍在兩個主謀者的率領之下一起投降，而剩下的達爾馬提亞地方直到那年冬天才來求和。

一度降服在霸權之下的旁諾尼亞和達爾馬提亞發生叛亂，臺伯留和日耳曼尼可斯這兩位皇位繼承人都投入鎮壓行動，三年之後終於塵埃落定。在當初令羅馬人膽寒的叛亂結束之後，反而發現經過這次戰役，更強化了羅馬帝國在本國和多瑙河之間全境的霸權。成為帝國防線的多瑙河也是從這個時代開始才為一般人所熟知。

完全制服旁諾尼亞和達爾馬提亞的消息立刻傳回首都。羅馬對於重新恢復和平深表歡迎，七十一歲的奧古斯都看到自己決定的兩位繼承人達成如此成績，高興得幾乎忘記這一、二年來自己家族所發生的醜聞。可是，這只是日耳曼地方的惡耗尚未到達前，短暫的天晴而已。

「森林是日耳曼之母」

我想這項惡耗應該是同時傳給在旁諾尼亞冬營地的臺伯留以及在首都羅馬的奧古斯都。臺伯留接到消息後，火速趕回首都羅馬研議善後對策。

發布緊急情況通知是絕對必要的，因為由昆托斯·維爾斯所指揮的三個精銳軍團、三個騎兵部隊以及補助兵的六個大隊全部被殲滅。其中光是戰鬥人員就有三萬人，如果包括隨從和其他非戰鬥人員，總共是三萬五千名的羅馬軍，全部在日耳曼中部的森林中遭到敵人埋伏而陣亡了。

這麼慘重的損失是六十多年前克拉蘇在帕提亞敗北以來首見。對違背凱撒以萊茵河為防線的決定，將羅馬軍送入日耳曼地方的奧古斯都來說，實在是慘痛的打擊。現在在萊茵河防線防守的只剩下兩個軍團，無論如何必須在冬季這段期間先確立迎戰的態勢，而能夠託付這項任務的也只有臺伯留。於是剛剛結束旁諾尼亞和達爾馬提亞戰役的臺伯留在嚴冬中越過阿爾卑斯山，往萊茵河前進。

西元六年，臺伯留征服易北河以南的日耳曼地方之後，奧古斯都認為靠軍事力稱霸的時期已經結束，應該是以政治力推行羅馬化的時候了，於是便任命統治行省經驗豐富的昆托斯·維爾斯來擔任這個任務。

出身羅馬名門的維爾斯生於西元前五〇年，西元前十三年擔任執政官，之後經歷過亞非利加和敘利亞等行省的總督工作，是一位經驗豐富的老手。

我認為這個悲劇的發生，問題應該是來自維爾斯所擔任的戰後處理工作，而不是之前的軍事力征服行動；只要與凱撒征服高盧之後的戰後處理方式比較一下，就可以明白其間的差異。

即使以軍事力完成征服工作之後，凱撒對高盧境內的所有部族都予以保留，而且不以羅馬人來直接擔任高盧的統治工作。各部族的族長仍舊和以前一樣負責部族內的事務，整個高盧也還是由從前就存在的高盧部族族長會議來治理，一切都維持原樣。

凱撒為什麼要這麼做？因為如果只是各個人民對征服者感到不滿，並不會有什麼事；只有當感到不滿的群眾得到領導者的時候才會爆發出來。在未開化的蠻族中能夠成為領導者的是族長階級，他們是所謂領導階層的人；而被征服民族的領導層只有在感到自己從前所擁有的權力受到征服者侵害時，才會心生不滿。換句話說，如果想要被征服的民族永遠維持臣服狀態，只要使被征服民族的領導階層保有他們原先的權力，不加以侵害就可以了。

凱撒就是這麼做的。連要繳給征服者羅馬的行省稅都交由各族族長來徵收，之後再由族長交到凱撒手中。共和時代的羅馬，是以競標方式來決定由哪一家私營的稅賦徵收員負責收稅；但是在高盧全境唯一能夠採行這種徵稅制度的，也只有自古就是羅馬行省的南法行省而已。凱撒所征服的高盧中部和北部則是由高盧人自己的族長來代行羅馬的徵稅任務。光是盡量避免介入征服地的統治這件事，就顯示出凱撒身為政治家的深刻洞察力。高盧戰役之後的羅馬雖然內戰頻頻，但是高盧境內在一個羅馬兵都沒有的情況下，也不見任何部族起來叛亂，這也是因為凱撒在高盧所實施的統治方式對高盧人來說，尤其是對領導階層並沒有任何不合意的地方。

由於奧古斯都的整頓，高盧從西元前二十六年起改行與其他行省相同的統治方式，距離凱撒從高盧渡過盧比孔河已經過了二十四年的時間；也就是說這二十四年之間，高盧雖然承認羅馬的霸權，但是實質上卻是一直維持自治。二十四年間，高盧的領導棒子應該已經交到下一代手中了。而這些在凱撒式的羅馬化環境之下出生、成長的高盧領導層，對奧古斯都式的羅馬化並未覺得很不能適應，而得以順利轉移。我想這也是高盧能夠成功達成羅馬化的原因。

那麼，日耳曼又是怎樣的情形呢？

前面已經提過，奧古斯都認為西元六年臺伯留已經完成以軍事力征服日耳曼的行動，便任命曾任亞非利加、敘利亞行省總督的維爾斯去執行日耳曼的羅馬化任務。問題是，這個維爾斯並不是像凱撒那樣，在實行羅馬式統治之前先間隔一段期間；而是從軍事征服完成的第二年起，立刻就實施起奧古斯都式的統治。連身為武將，政治感不怎麼樣的帕提可斯都寫下了這段話：

「維爾斯的表現不像是個派到未開化地區的軍團司令官，倒像是到文明都市執行統治工作的官派首長。」

希望大家回想一下維爾斯的前兩個派駐地——分別是亞非利加和敘利亞行省。羅馬人所稱的「亞非利加行省」原是以前大國迦太基的領土，這個地方早在一百五十年前便成為羅馬的行省。「敘利亞行省」是在亞歷山大大帝的遺產之一塞流卡斯王朝 (Seleukos) 崩壞之後，龐培才將它納入羅馬領地之內，而那也已經是七十年前的事了。而且這兩個行省的文明程度一點也不輸給羅馬本國，敘利亞行省的首都安提阿和凱撒重建過的亞非利加行省首都迦太基在羅馬化之前，也一直都是地中海世界的大都市。文明度高的人民對於征服者熱心進行的「基礎建設」有何益處，以及對羅馬稅制的公正性都比較能夠理解。和大國帕提亞接壤的「敘利亞行省」中常駐有四個軍團，但是在「亞非利加行省」中正規軍團一個也沒有，保護行省人民免受沙漠之民掠奪侵擾的工作，靠當地人所組成的「補助部隊」就足夠了。簡單來說，維爾斯雖然是總督經歷豐富的老手，但是充其量只能說在統治問題較少的行省方面是個老手。古代的史學家一致認為他缺乏臨機應變的才能；撇開個人性格不談，他之前所任職的行省其實也不太需要做什麼臨機應變。

使日耳曼民族羅馬化是奧古斯都個人強烈的心願，除了將防衛線由萊茵河移到易北河可以縮短防線之外，奧古斯都也希望藉著將日耳曼民族納入本國之下，可以除去一個羅馬自古以來的威脅。

包括中斷的時間在內，羅馬征服日耳曼總共花了二十年的時間，在這種情況下，維持霸權應該和樹立霸權一樣重要。在日耳曼所實施的統治方式應該不是全憑總督維爾斯來決定，依據奧古斯都的指令來統治的可能性比較大；至少如果沒有得到奧古斯都的認可，維爾斯應該不可能採行那種和其他行省相同的方式來統治日耳曼。

那麼，奧古斯都難道沒有察覺高盧羅馬化成功的第一要因就在於隔了二十餘年的緩衝期嗎？

從前奧古斯都有阿古力巴，阿古力巴死後還有臺伯留，所以奧古斯都幾乎沒有什麼前線指揮的經驗。這本來不算是缺點，但是在某方面卻不可避免的成了缺點。第一就是，雖然奧古斯都可以從地圖上去了解，但是沒有到過現場畢竟有差。第二，只是紙上作業的戰略，不容易看出如何移動可以有效地發揮軍勢。像奧古斯都這樣的人，如果在霸權樹立階段就去視察日耳曼，他一定可以了解該如何維持當地霸權。結果他沒有親眼看過就派個官僚型的人去負責治理工作。

在羅馬共和時代，以軍事力征服一地之後通常就由樹立霸權的那個人去擔任戰後處理的工作。以敘利亞為中心的中、近東地區是由龐培負責戰後處理，高盧則是凱撒來擔任。他們都是熟悉該地的人，由他們來擔任維持霸權不可少的戰後處理工作再適合不過了。像龐培整頓後的東方世界，連奧古斯都都沒什麼插手的餘地；而凱撒成功的霸權維持政策，可說是使高盧成為羅馬化優等生的主因。

未開化民族之所以未開化，就是因為他們只屈服於顯然可見的力量之下，也就是說，如果他們被武力征服，對那位執行征服行動者是不會拒絕給予敬意的。而維爾斯從西元七年開始擔任日耳曼總督的三年間，連一個輝煌的戰績都沒有達成。

在這種人物直接統治之下的日耳曼各部族領導人，除了要忍受敗給羅馬軍的屈辱之外，奧古斯都方式的統治法又奪去了他們之前所享有的權力，再加上還要接受戰鬥能力比不上自己的官僚管理，這些憤怒終於在他們胸中愈積愈多；而被視為是點火引爆這些不滿的人物，這時候也在日耳曼出現了。

阿爾密尼斯是日耳曼民族之一凱爾斯基族族長的兒子，生於西元前十六年，所以西元九年時他正是二十五歲前後。西元四年，在臺伯留開始的日耳曼進攻行動中，凱爾斯基一族也屈服於羅馬之下，當時二十歲的阿爾密尼斯和其他納入羅馬霸權的部族領導層一樣，開始進入羅馬軍的「補助部隊」去體驗兵役經驗。他好像立刻就嶄露頭角，甚至當上了「補助部隊」的騎兵隊指揮。由當地人擔任的「補助部隊」士兵在期滿除役之後依規定可以得到羅馬公民權，但是只要到達指揮官階級，即使還在服役就可以拿到公民權，於是阿爾密尼斯在二十歲就成為擁有羅馬公民權者，而且不久又被升格到「騎士階級」。羅馬社會分為元老院階級、騎士階級、平民、解放奴隸、奴隸，階層之間有流動性。大家都知道，相對於凱撒大方地把元老院的議席和騎士階級賦予各行省的有力人士，奧古斯都在這方面的作法實在非常保守。連這麼小氣的奧古斯都都予以認可了，可以想見阿爾密尼斯的功績有多輝煌。對從西元七年起就擔任日耳曼總督的維爾斯來說，這個年輕的日耳曼人就好比外派的分公司經理在當地所找到的最佳副理一樣。維爾斯非常信任阿爾密尼斯，對其他部族族長的忠告——說阿爾密尼斯私底下在準備謀反，維爾斯根本就不相信。

西元九年的冬天將近時，維爾斯和軍隊結束了日耳曼中央地區的巡察工作向西前進，準備到萊茵河沿岸的軍團基地去過冬。除了正規的三個軍團、補助部隊的六個大隊、騎兵的三個中隊等戰鬥要員之外，還包含了婦女和小孩，這也顯示從萊茵河到易北河之間的日耳曼地方確實是從依賴軍事力的霸權樹立期，轉移到行使政治力的霸權維持期。因為如果是樹立期，絕不會帶著那些礙手礙腳的人一起行軍。無論是率隊的維爾斯或是跟隨他的士兵可能都沒什麼戰地的緊張感，而且還聽信阿爾密尼斯的話，以為加諦族情勢不穩，於是犯下最大的錯誤——捨棄安全的道路，走進了森林地帶。

「森林是日耳曼之母」——這是日耳曼人所發的豪語。從現代的德國很難想像，在二千年前日耳曼地方全部都是森林。而且日耳曼的森林和高盧的森林不同，即使在白天也是又暗又深。維爾斯所帶領的三萬五千名羅馬軍民走入了其中，而在林中深處，阿爾密尼斯所指揮的日耳曼士兵就埋伏在那裡。

對習慣正規攻擊方式的士兵而言，游擊戰最可怕的就是看不到敵人在哪裡。進入森林的羅馬軍面對敵人的襲擊，支撐了三天，但是能夠逃出森林回到萊茵河岸基地的只有幾個士兵而已，其他人全都死了。像維爾斯和多數的指揮官到這種地步都選擇了自我了結。阿爾密尼斯也根本不留俘虜，不管是投降的羅馬兵也好，連補助部隊的士兵都以協助羅馬的罪名全部處死。和阿爾密尼斯熟識的高級將領在經過殘酷的拷問之後也是死路一條。

據說這個慘劇是發生在歐斯納布魯克(Osnabruck)以北的條頓布魯格森林，但是經過學者們的研究，至今還是無法了解正確的地點所在。不過，在那些對於戰敗經驗比打勝仗印象更深刻的羅馬人還健在的時代，慘劇發生地點是為人所知的。事情發生六年後，也就是西元十五年，轉戰日耳曼各地的日耳曼尼可斯和麾下的羅馬軍造訪了悲劇地點，而歷史學家塔西圖斯描述了當時的情形。

「那個地方足以喚醒現場所有人胸中所埋藏的悲慘記憶。最先映入眼簾的是明顯可以看出在倉促中建起的營地，營地四周圍繞著柵欄。包括總司令官維爾斯所用的帳幕在內，可以看到各個帳幕留下的痕跡，但是大小連三個軍團都容納不下。通過這些再往前走一會兒，可以看到部份遭到破壞的柵欄和淺淺的壕溝。顯示那是受到敵人襲擊，死了許多人之後，無法再固守營地的羅馬兵嘗試做最後抵抗的地方。在這兩個營地之間到處散布著已經化為白骨的遺體，或是一堆重疊在一起，令人想到當時絕望的士兵有的試著逃走，有的聯合起來對抗敵人的情形。白骨旁邊有斷掉的槍和馬的骸骨，樹幹上釘著很多頭蓋骨，表示當時很多人活活被處死。森林中遺留著很多祭壇，根據同行的維爾斯軍團生還者表示，當時日耳曼人在祭壇上把大隊長和百人隊長當作獻祭的動物般殺了。由於故意只選第一大隊所屬的百人隊長來當犧牲品，明顯可見是熟悉羅馬軍團組織的人所為。生還的士兵們你一言我一語地告訴那些初次來到這裡的同袍——軍團長在那裡戰死、軍團的銀鷹旗在那裡被敵人奪走、維爾斯最初在那裡受傷、又在那裡把自己刺死。同時也指出阿爾密尼斯在那裡發表勝利演說、為了殺死虜獲的羅馬兵敵人又設立了多少個行刑臺、阿爾密尼斯是怎樣傲慢地侮辱羅馬的軍旗。在悲劇發生六年後來到傷心地的羅馬軍開始為散置的屍骸進行埋葬作業。當時早已分不清楚哪些是羅馬兵，哪些是行省兵，不過在集中遺骸給他們安息之地的羅馬士兵心中早就沒有這種分別心了。不管哪一具遺體都是和自己流著一樣血液的同胞，對於殘忍虐殺自己同胞的敵人，心中燃燒著熊熊的怒火。身為總司令官的日耳曼尼可斯首先在埋葬好的遺骸堆上放置一把泥土，接下來各個士兵也照做。就這樣，為死者的悲哀和生者的痛苦做了一個了結。」

故事再回到六年前吧！羅馬得知維爾斯率領的三萬五千人遭到殲滅，即刻把剛剛平定旁諾尼亞和達爾馬提亞叛亂的臺伯留派往萊茵河畔，因為大家以為阿爾密尼斯的勝利會成為導火線，日耳曼民族可能大舉進攻萊茵河沿岸的羅馬軍團基地。結果，預想中的情形並沒有發生。

沒有發生的第一個理由是，並不是所有的日耳曼民族都響應阿爾密尼斯。只有少數部族起來回應。阿爾密尼斯還將維爾斯的腦袋割下來送給馬爾柯曼尼族的族長馬洛勃杜努斯，請他一起對抗羅馬霸權。不過，這個日耳曼的族長選擇了遵守和臺伯留之間的協定，維爾斯的首級則被送到奧古斯都手中。奧古斯都不僅為這個也是遠親的敗將舉行了羅馬式葬禮，而且還把他葬在為自己家族、親族所建的陵寢之內。不處罰敗將是羅馬的傳統。

第二個理由是，阿爾密尼斯所倡導的全日耳曼結成反羅馬共同戰線計畫終告失敗。阿爾密尼斯是一個勇敢、大膽又狡猾的男人，但是他缺少成為領袖所必需的一些特質。比較起來，高盧的維爾欽傑托斯雖然敗給凱撒，但是反而更像一個領導人。日耳曼的阿爾密尼斯不但缺乏戰略性思考，而且也沒有整合其他部族的領導能力。

損失維爾斯的三個軍團雖然是很嚴重的打擊，但是對羅馬來說，日耳曼的情況還沒有到不可挽回的絕望地步。換句話說，只要羅馬方面抱定決心要將易北河以南的日耳曼地方納入帝國版圖，絕對有能力從條頓布魯格森林的打擊中恢復過來，繼續進行。憑當時羅馬的軍力，補充三個軍團是足足有餘的。

結果奧古斯都並沒有這麼做。

羅馬軍並不是沒有嚐過敗績，「無敵的羅馬軍團」這個評價是由於他們即使吃了敗仗也會立刻挽回頹勢。凱撒在高盧戰役中失去了一．五個軍團，也就是九千名士兵之後，寫了下面這封信向龐培討救兵。

「讓高盧人知道——即使我方暫時吃了敗仗，但是羅馬不僅有餘力補充損失，而且還能以更強大的兵力扳回頹勢；這麼一來，我相信不只是現在，一直到將來都會在高盧人心中留下深刻的印象。」

龐培因此派了兩個軍團到高盧去，想必他也是深有同感吧！

這是發生在西元前五十三年的事，當時擁有羅馬公民權的成年男子，也就是有兵役義務者的人數還在百萬以下。六十年後，羅馬公民已經增加到五百萬人，要再重組三個軍團不會做不到；但是擔任帝國防衛任務的二十八個軍團減少成二十五個之後，為什麼就一直保持二十五個軍團？為什麼不再補充三個軍團呢？

據說夜裡在帕拉提諾山丘上的宅邸，可以聽到七十一歲的奧古斯都發出嘆息的呼喊：

「維爾斯，還我三個軍團來！」

根據我的想像，奧古斯都一定正在迷惘當中。二十年來經過大小戰役好不容易才征服的日耳曼，如今是不是要放棄一切，重新退回萊茵河畔呢？或者再組成三個、甚至五個軍團，以加起來總共十個軍團的戰力在短期內一舉將日耳曼完全制服呢？不管哪個決定都很難下。

為什麼？

這又是史料中所沒有，全憑我自己想像的。我想這個時期奧古斯都的猶豫不決正是由於他欠缺軍事方面的才能。如果阿古力巴還活著，像這種時候也許可以給奧古斯都一些有益的忠告，因為這兩個從十七歲開始苦樂與共的夥伴之間，一向是有話直說。

臺伯留在軍事方面的才能雖然在阿古力巴之上，但是想到收他為養子之前的事，奧古斯都總是有所顧慮，再加上代表羅馬全軍統率權的「最高司令權」仍舊在奧古斯都一個人手上，因此決定戰略的還是奧古斯都，臺伯留只能決定戰術而已。

即使難以下決定解決日耳曼問題，但是奧古斯都充分了解臺伯留一個人背負著日耳曼戰線的辛苦。要把吃過敗仗的軍隊整頓起來，叫他們面對曾經勝過自己同胞的敵人來執行防衛任務，實在是非常困難的工作。讀了這個時期奧古斯都寫給臺伯留的信，可以發現奧古斯都心境的改變；老年的奧古斯都終於對臺伯留敞開了心胸，能夠直率地感謝臺伯留的辛苦，甚至真心喜愛臺伯留。

之前，奧古斯都認同這個和自己相似、性格閉塞的臺伯留才能，但是並不喜愛他。當臺伯留的弟弟杜魯斯還活著的時候，奧古斯都就是比較喜歡個性開放親切的次男杜魯斯。也許是因為相像的人之間比較不容易親近吧！

不過，這個時期使七十四歲的奧古斯都和五十三歲的臺伯留緊密連結的，應該是在上位者的責任感。我想奧古斯都喜歡的也是臺伯留的責任感。

「我心愛的臺伯留：為了我和士兵們，請將現在的成功延續下去。每當我聽到人家稱讚你是士兵之中最有勇氣，司令官當中才能最優異的一位時，從我胸中湧出的喜悅可能還在你自己的喜悅之上。」

「當我知道你在夏季所施行的陣法後大為感嘆。親愛的臺伯留：在這麼困難的狀況下，要使吃了敗仗的士兵們再度奮起，我相信除了你以外沒有人能夠這麼賢明地對應。因為在你指揮下的所有官兵都不吝惜對你的讚賞。那句有名的話『我們的國土全憑一個人的辛勞復興了』，好像專門為你而有的。」

有名的這句話是詩人蘇埃托尼烏斯寫來讚美羅馬對抗漢尼拔時代的領導人法比烏斯(Quitus Fabius Maximus)的。

「我親愛的臺伯留：當我遇到不得不充分、慎重考慮的問題時，當我提出的政策遭遇明顯的反對時，我對天神發誓，我深切地盼望你能夠在我身旁和我討論。我想起詩人荷馬(Homeros)的那句詩『只要和那個人一起，即使熊熊大火之中也必定能夠脫身，因為那個人理解力之深無人能比』。」

這是荷馬的敘事詩《伊利亞德》(*Ilias*)中的一句，是攻入特洛伊陣營的狄奧梅迪對同伴奧德修斯的一句評論。

「每次聽到別人講述或是從報告書中讀到你所面對的連串辛勞如何消耗你的身心，我就擔心得好像要生病一樣。也許我說得有點誇張，但是那種不安讓我全身發抖。無論如何，請你一定要注意身體健康。如果再接到你病倒的消息，你的母親和我都會像接到死訊一樣受到嚴重打擊；更要緊的是對羅馬全國國民來說，你的病倒就等於重大的危機，請你千萬謹記。」

「只要你健健康康、能夠順利執行任務就好，我的身體好不好不是什麼大不了的事。」

「我衷心向天神祈禱，希望你不管現在、將來都能保持健康。如果天神們不願意羅馬滅亡，我相信祂們一定會接受我的祈求的。」

奧古斯都對臺伯留的辛勞雖然深表感謝，但是對於日耳曼問題他並沒有做出最後的決斷。羅馬全軍最高司令官奧古斯都的猶豫使在前線的臺伯留無法採取決定性的行動。西元一〇年、十一年、十二年，臺伯留都一直待在前線，但是這段期間所做的事除了完成萊茵河沿岸的防衛設施外，就只是對日耳曼反覆進行如同「示威」一般的攻擊行動。

西元十三年，奧古斯都終於把「最高司令權」也給了臺伯留，這麼一來五十四歲的臺伯留便成了奧古斯都名副其實的共同統治者。

只是日耳曼問題並未因此稍有進展。

從西元十三年起，臺伯留返回羅馬，改由二十七歲的日耳曼尼可斯來負責日耳曼戰線。日耳曼尼可斯擔任這項任務總共四年，到慘劇現場去憑弔也是這段期間的事。不過這個時期羅馬軍對日耳曼仍然沒有任何集中火力、大舉進攻的行動。

到了西元十六年，也就是奧古斯都死後二年，繼任皇位的臺伯留終於決定從日耳曼地方完全撤離，不過這項撤退決定並未公開發表。身為羅馬全軍最高司令官以及皇帝的臺伯留，將日耳曼戰線司令官日耳曼尼可斯調到東方去任職，以這種如果不注意根本察覺不出的方式，悄悄地達成了撤離日耳曼的決定。因為對羅馬人而言，從正在進攻之地撤退是從來沒發生過的丟臉行為。

不過，這項決定使得羅馬正式的防衛線由易北河—多瑙河移回到萊茵河—多瑙河，一切終於塵埃落定。以現代都市來舉例，就好像是沿著漢堡、萊比錫、布拉格、維也納一線下來，和從鹿特丹到科隆、法蘭克福、維也納一線不同。正如英國學者故意為日耳曼民族所取的外號，住在萊茵河以東、多瑙河以北的日耳曼民族最後還是「帝國之外的野蠻民族」。不過對於不是歐洲人的我來說，我只關心如果羅馬帝國擴大到易北河，華格納的音樂還會誕生嗎？

說起來，企圖把領土擴張到易北河幾乎是奧古斯都唯一的失策。在我看來他的失策還有一個，不過那是下一冊的主題，所以詳情就留到一年後再說了。我們先回到日耳曼問題上，根據現代軍事專家的意見：

「作為國境線，萊茵河地勢比易北河明確，因此在防衛上也應該是比較容易的。如果羅馬帝國真的成功擴張到易北河，那麼防衛工作將會變得更加困難，軍事費用也會因此大增，而且對於大後方高盧的控制也必定會變得比較鬆散。」

可是，最終決定從日耳曼撤離的卻是臺伯留而不是奧古斯都。除了有時執行政治所需之外，奧古斯都並沒有什麼虛榮心。但是，由於「父親」凱撒征服了北方兩大傳統敵族——克爾特族（羅馬人稱為高盧）和日耳曼民族，奧古斯都是不是因此產生了想要征服日耳曼，和「父親」相抗衡的虛榮心？相對於凱撒將高盧民族納入霸權之下解除掉一個自古以來的威脅，奧古斯都是不是也抱著這樣的夢想，希望自己也能收服日耳曼民族，將羅馬人從日耳曼民族的威脅中解放出來？

此外，奧古斯都應該也和當時多數的羅馬領導階層人士一樣，讀過凱撒所寫的《高盧戰記》；不過無論作者寫得多麼精確，讀者的資質終究還是會左右對內容的理解程度。

缺少軍隊指揮經驗的奧古斯都不曉得是不是對下面這段《高盧戰記》的內容不甚了解？然後又由於不甚了解該段內容，所以無法明白凱撒將防衛線定在萊茵河的真意，以為可以將防衛線擴張到易北河？凱撒在《高盧戰記》中寫道：

「他們日耳曼民族既沒有我們視為理所當然的軍隊組織，也沒有堅固的堡壘，更加沒有手持精心發展的武器躲在要塞中備戰的概念。日耳曼民族是受到我們攻擊後，絕望之餘，在所有地方偶然群集的群眾，他們所群集的地方並不是我們所想的都市或城鎮。凡是可以保護自己的地方，像是隱藏在樹林間的谷地、白天也黑漆漆的森林深處空地、難以跟蹤的沼澤地等等都好。他們一旦進入那種地方就不用再逃了，那些地方只有他們當地人才了解。

即使他們從那些隱蔽的地方出來攻擊，那種因害怕而前進的戰鬥方式，還不至於對大規模的軍勢造成傷害。但是，小部隊個別行動時一定要特別注意。重視各個士兵的安全就是重視全軍的安全。

士兵常常會受到戰利品的誘惑而發生脫隊的情形，即使沒有這種動機，在通過森林深處又小又彎曲的道路時，要維持整齊的隊伍繼續前進也是很困難。

想要完全征服住在這種地方的蠻族，只有將全軍分成許多的小部隊，從山坡、谷間、任何地方都毫無間隙地設下埋伏，然後將敵人一網打盡。如果還繼續羅馬軍傳統的軍團旗在前頭堂堂帶隊的行軍方式，那麼日耳曼的地勢將一直是他們蠻族最好的夥伴。以地勢為友的日耳曼民族即使只是一小群，也敢埋伏偷襲，而且一旦發現脫離大隊的小部隊，立刻予以包圍攻擊，這對他們來說是易如反掌的事。

由於預期我軍遭遇這種種困難的可能性很大，凡是必要的警戒當然絕不敢懈怠。但是，凱撒（凱撒常常以第三人稱來寫自己）還是認為與其讓士兵們遭受死亡的威脅，不如讓士兵們心中留下復仇的念頭才是上上之策。」

以現代的方式來說，凱撒了解到除了徹底實行「地毯式狙擊」之外，絕無可能征服該地，所以他打消深入日耳曼地方的念頭。因為他熟知當地情況，又一直和士兵們生活在一起，才能夠毫無猶豫地作出決斷。相反的，奧古斯都的日耳曼征服行只是文官在桌子上靠地圖擬出來的戰略。

說起來，人類真是奇妙的生物。輸的時候互相推卸責任而分裂；贏就贏了，又因為嫉妒而分裂。結果不管勝負如何，有沒有因為分裂而無謂地消耗實力才是最後決定勝敗的關鍵吧！

如果由這個觀點來看，西元九年維爾斯悲劇發生後，羅馬民族和日耳曼民族之間，勝的絕對是羅馬方面，輸的則是日耳曼。

對於把敗將維爾斯的首級埋在陵寢的奧古斯都，平常批評皇帝毫不留情的元老院一句責難都沒有，全國的羅馬人也都服了一年的喪。

而在日耳曼方面，部份因為勝利者阿爾密尼斯欠缺組織能力，使得反攻羅馬的大好機會全都沒有掌握住，部族之間的抗爭再度點燃。阿爾密尼斯不僅遭到馬洛勃杜努斯的拒絕，連親弟弟也轉而投向羅馬。

雖然羅馬軍已經撤離，但是日耳曼民族卻因為部族間的爭鬥開始互相殘殺，而羅馬人則在萊茵河畔靜觀其變。

西元十七年，馬洛勃杜努斯和阿爾密尼斯戰鬥失敗，向成為皇帝的臺伯留求救。可是這時候臺伯留已經從日耳曼實施最終撤退了，因此在軍事上無法援助，但是臺伯留皇帝為了報答這位一直信守承諾的日耳曼族長，保證負責他在拉韋納的居住和生活費。拉韋納位於義大利北部，絕對不是邊陲地帶，共和時代北義行省總督的官邸就設在這裡。當時帝政初期，拉韋納和南義的米塞諾並列為羅馬海軍基地。馬洛勃杜努斯在拉韋納死的時候是西元三十五年，在過了十八年的亡命生活之後。

阿爾密尼斯和日耳曼尼可斯率領的羅馬軍，以及同為日耳曼民族的其他部族爭戰，度過波瀾萬丈的八年之後，在與其中一族的戰鬥中負傷，死於西元二十一年，死時才剛滿三十七歲。阿爾密尼斯知道他的妻子和幼兒被羅馬方面收容，和馬洛勃杜努斯一樣在拉韋納生活。但是他死時並不曉得他那到達學齡期的兒子為了到首都羅馬接受教育，離開了母親身邊，寄宿在皇帝親族的家。這個阿爾密尼斯後來在十九世紀時，被民族主義高漲的德國人視為守護日耳曼民族自由獨立的英雄。

古羅馬人對於勝過自己或是一直與羅馬敵對的人不會採取矮化或是視若無睹的態度。我們這些後世的人能夠對那些人和國家有相當程度的了解，全都是因為羅馬人自己的記錄。維妙維肖的人像雕刻可說是羅馬人唯一的獨創，羅馬人展現在人像雕刻上的徹底寫實主義，是否也用在記錄歷史上面了？阿爾密尼斯雖然沒到漢尼拔和潘特斯國王米斯里達茲的程度，但是他也享受了遺留在羅馬記錄中的榮譽。尤其在知識份子中常見，屬於愛好評論本國之非一型的塔西圖斯筆下，甚至還讀得出讚賞的感覺。順帶一提，阿爾密尼斯是拉丁語式的讀法，在日耳曼語中應該是黑爾曼 (Herrman)，也就是「戰士」的意思。

不過羅馬人是一個無法忍受象徵羅馬軍事力的銀鷹旗一直落在敵人手中的民族。維爾斯悲劇發生時被阿爾密尼斯奪去的三面軍旗，在六年後也就是西元十五年時由日耳曼尼可斯成功搶回二面，最後一面回到羅馬手中是在又過了二十七年之後的西元四十二年。這表示，奧古斯都雖然經由外交方式，成功地拿回克拉蘇敗北時被帕提亞王國奪走的銀鷹旗，但是他死時還有三面軍旗落在日耳曼民族手中。以古羅馬人的心情來說，等於是帶著恥辱而死。

西元十四年，奧古斯都和共同統治者聯名舉行遍及帝國全境的國勢調查，這在奧古斯都統治期間是第三次了。根據該年的調查，擁有羅馬公民權者（成年男子數）是四百九十三萬七千人，比起四十二年前的調查增加了八十七萬四千人，比二十二年前第二次的調查則是增加了七十萬四千人。雖然在德國的森林中失去了二萬人，但是奧古斯都高揭「羅馬和平」(Pax Romana) 的目標，希望由共和政體轉移到帝政的心願，換句話說，也就是由高度成長期轉移到穩定成長期的心願確實一步步實現了。

死亡

那一年夏天，奧古斯都離開首都羅馬，坐著轎子沿著阿庇亞大道慢慢地向南去。他的目的是要到那不勒斯出席體育競賽大會，前後的時間則預定在海邊度過。即將七十七歲的老皇帝放暑假，七十一歲的妻子莉薇亞也同行。這段前往那不勒斯的旅程中，奧古斯都只有前面三分之一走陸路經由阿庇亞大道南下，從海港亞斯杜拉起他便選擇了海路。即使進入那不勒斯灣之後，他還到卡布里停留，並且在沿岸各地靠港，享受了數日愉快的海上之旅。

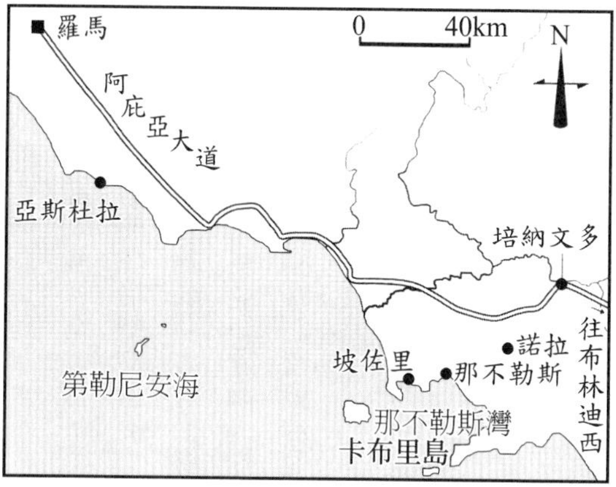

奧古斯都最後之旅

在這段期間，奧古斯都虛弱的身體並未好轉，但是連日的體育競賽大會他都在場觀看少年們的競賽，而且是從頭看到結束，沒有發生中途離席休息的情況。

不管他個人喜不喜歡，奧古斯都身體好的時候也是一位很用心觀賞劇場表演和競技的人。據說凱撒雖然到場出席，但是在自己席上不是寫信就是接受報告，一點也不認真；而奧古斯都則希望自己能善盡觀眾之職，同時他也徹底實行了。

奧古斯都如同往常一樣，認真地完成了他在那不勒斯體育競賽大會的任務，然後就從那不勒斯經由陸路前往培納文多。

培納文多是阿庇亞大道沿線上的城鎮之一，奧古斯都打算到那裡去送別臺伯留，因為臺伯留要去執行旁諾尼亞和達爾馬提亞的重整工作，正好經由阿庇亞大道前往布林迪西。

在培納文多和臺伯留會合並且送走他之後，奧古斯都又再出發前往那不勒斯；因為時節還是八月，暑假再度展開。

沒想到途中到達諾拉的時候，奧古斯都情況突然惡化，於是緊急召回由阿庇亞大道南下的臺伯留。

只有臺伯留一個人獲准進入房間探視奧古斯都，兩人談了很久，但是到底談些什麼沒有人知道。

不過，奧古斯都早在一年前就已經預期自己的死亡了。

西元十四年才開始，奧古斯都就立刻著手完成《業績錄》的編寫，雖然他只記下了他自己希望後世知道的事。移交皇位的準備也在賦予臺伯留所有與自己相同的特權之後完成。他甚至連自己的葬禮要如何舉行都寫好了指示，包括繼承人姓名在內的遺書也寫好了。迎接死亡的準備全部都已完成。

和臺伯留談過之後不久，奧古斯都就在妻子莉薇亞的手中斷了氣，正是他終生強烈期盼的平靜死亡。奧古斯都死於西元十四年八月十九日，再過一個月就要七十七歲了。

奧古斯都的遺體在臺伯留的陪伴之下，沿著阿庇亞大道北上往羅馬前進。不過由於是夏天，運送工作只在夜裡進行，白天氣溫升高就在沿途各城鎮的大會堂暫避。

進入首都那一夜，遺體先送到奧古斯都位於帕拉提諾山丘的宅邸。

隔天早晨，遺體從帕拉提諾山丘運下來，首先安置在羅馬廣場內獻給神君凱撒的神殿臺階上，由臺伯留發表一場讚頌故人功績的演說。之後，遺體在羅馬廣場內往西移動，然後安置在公民大會時所用的講壇上。在那邊發表哀悼演說的是臺伯留二十六歲的兒子杜魯斯。本來，如果日耳曼尼可斯在場，應該是由他擔任的，不過當時二十八歲的日耳曼尼可斯還在日耳曼各地征戰當中。

弔唁之辭結束後，遺體便由元老院議員們扛在肩上穿過馬爾斯廣場到達「奧古斯都陵」之前。遺體的火葬就在這前面的廣場舉行，然後骨灰立刻葬在陵寢的中央。葬禮上既沒有威武的士兵列隊，也沒有同盟國或是行省送來的禮物，全部都是按照奧古斯都的遺言，在簡單、嚴肅的氣氛中進行。

數日之後，奧古斯都存放在女祭司長那裡的遺書在元老院的議場內開封，文中要求將《業績錄》全文刻在銅版上，然後掛在陵寢的正面牆上。

此外，也詳細記載了帝國全體的現況，包括現有軍力的總數、軍團駐紮地一覽、「元老院行省」所納稅金總數、「皇帝行省」所納稅金總數、各種間接稅尚未繳納的金額等等，連這些事務的詳情該問哪一個解放奴隸或是奴隸，都清楚地列了出來。真是一位嚴謹的人。

頭號繼承人是臺伯留，他獲贈三分之二的遺產，妻子莉薇亞則得到三分之一。繼承人第二位並列了臺伯留的兒子杜魯斯、日耳曼尼可斯以及日耳曼尼可斯的兒子三人。我想應該不用再說明了，凱撒的情形也是這樣；所謂奧古斯都的繼承人，繼承地位和權力的意義更甚於財產的繼承，就好比指名後繼者一樣。

凱撒死時將財產遺贈給首都居民，和凱撒一樣獲贈「國父」稱號的奧古斯都也沒有忘記身為「父親」的義務。

他不但留贈給全首都的居民四千萬塞斯泰契斯銅幣，而且還另外遺贈三百五十萬塞斯泰契斯銅幣給自己的兩個選舉區。由於他分別繼承了親生父親歐古塔維斯和義父凱撒的選舉區，所以他有兩個選區。

其他還有近衛軍團的士兵每人一千塞斯泰契斯銅幣，首都警察官每人五百塞斯泰契斯銅幣，以及全部軍團兵總共十五萬人，每人得到三百塞斯泰契斯銅幣。

奧古斯都在遺書中也指示頭號繼承人臺伯留立刻以現金支付這些遺贈金，因為他從以前就已經準備好了。

雖然金額有差，可是奧古斯都也沒有忘記那些軍團長。不過最高達二萬塞斯泰契斯銅幣的這筆遺贈金無法立刻支付，預定一年後支付。延後支付的理由奧古斯都也寫了，那就是因為自己的資產很「普通」，他也為這筆金額的延後支付而感到抱歉。

此外，奧古斯都還說明自己繼承人全部繼承金額加起來沒有超過一億五千萬塞斯泰契斯銅幣，二十年來，友人、知己所遺贈的財產金額總計超過十四億塞斯泰契斯銅幣，但是連同從兩位父親繼承來的份在內，全部都用在國家和國民的身上了。

奧古斯都的遺書聽起來不像一位皇帝的遺言，倒像是會計師的報告，嫁給這種人做老婆可能會被要求詳細填寫收支簿也說不定，想到這裡我就忍不住要苦笑。不過，如果隨便亂花錢，一個大帝國也無法長久營運下去。雖然花錢隨便未必不能創立帝國，但是絕對不可能維持下去的。這位性格嚴謹、注意細節的羅馬首代皇帝知道，只有在上位者守法，才能夠強制下面的人也遵守法律。

遺書的最後，奧古斯都表示不允許女兒和孫女兩人葬在「奧古斯都陵」之內。

與半世紀前的凱撒一樣，元老院以及公民大會也決議將奧古斯都予以神格化，只要羅馬帝國存在一天，羅馬人都以「神君奧古斯都」來指稱奧古斯都。

從寫作《羅馬帝國衰亡史》的英國歷史學家吉朋 (Edward Gibbon) 開始，歐美的歷史學家對古羅馬的評價簡單來說就是共和時代值得尊敬，但是帝政時代就開始墮落。現代的研究者雖然逐漸推翻這種說法，但是那些為喜歡歷史的讀者所寫的歷史著作卻依然充斥著這樣的評論。

英國的歷史學家湯恩比（Toynbee）甚至表示奧古斯都的功績只是把羅馬的衰亡延後而已。

對我來說，盛者必衰是歷史上不變的道理，即使奧古斯都只是使得羅馬的衰敗延後，那也夠了；況且「延後」的歲月長達數百年，應該可以滿足了。說不定歐美的歷史學家還以為他們自己和榮枯盛衰無緣呢！

這些歷史學家舉出蔑視帝政的理由是，因為帝政時代的羅馬失去了自由，決定國政的自由。

這麼說的話，共和時代的羅馬誰都享受到了嗎？

共和時代羅馬的政體並不是像雅典那樣的直接民主政體，雖然有公民大會，但是事實上是由元老院作主，歷史上稱作寡頭政治的少數領導制。

只有在蘇拉改革之前是三百人，之後增為六百人的元老院議員才能享受到決定國政的自由。進入帝政時代之後失去這項自由的是這六百人，而全羅馬帝國的人口有六千萬人。

我認為由凱撒設想、奧古斯都巧妙地甚至不惜撒謊所建立的帝政，實現了高效率運作的世界國家。證據是，連情感上偏向共和主義者的歷史學家塔西圖斯都不得不忠實記下：行省人民對帝政的評價比較高。也就是說，元老院那六百人怎樣雖然不曉得，但是的確是獲得六千萬人民的好評。所以「羅馬和平」（Pax Romana）才能持久。

被希臘思想家普魯塔克（Plutarch）視作羅馬興盛原因的「敗者同化」精神，即使在進入帝政之後也沒有消失。雖然在帝政時代受到各個皇帝及時代潮流的影響，但是這種精神不但沒有消失，反而被應用在更廣泛的範圍繼續傳承下去。羅馬人為了順應時代的要求而改變政治形態，但是他們的生存方式，也可以說是他們的精神，卻是一直持續的。

當時代走到要求高效率的國家運作與確立和平的地步，六百人決定國政的自由是否有死守不放的價值？我們人類常常被迫做出選擇。因為世間並沒有絕對的善與惡，人類所能做的只是不斷地在中間保持平衡而已。

凱撒做了選擇，奧古斯都也做了選擇。選擇的結果就是廢除共和政體、成立帝政。

研究羅馬史方面的世界權威之一——艾德卡克教授 (F. E. Adcock) 在 *The Cambridge Ancient History* 中有下面的一段話：

「由一人統治的國家型態，對當時的羅馬來說有政治上的必要。」

而他對於確立這種國家型態的那個人給了如下的評論：

「奧古斯都並不像亞歷山大大帝或是凱撒那樣具有過人的智力，但是那個時期的世界正需要像他那樣的人物。」

奧古斯都死前暢遊那不勒斯灣，在坡佐里停留時發生了一段小插曲。有一艘從埃及亞歷山大港剛剛開到的商船，船上的乘客和船員認出了在附近船上休息的老皇帝。於是船上的人開始好像合唱一般，齊聲向皇帝叫道：

「託您的福，我們得以活下去。
託您的福，我們得以安全旅行。
託您的福，我們得以活在自由和平之中。」

這些人突發的讚頌之辭使得老皇帝打從心底感到幸福。在他的指示之下，每人都獲贈金幣四十枚，但是關於金幣的使用他有個條件，那就是這些金幣必須用來購買埃及的物產，然後賣到別的地方去。奧古斯都到老都是一個實際的男人，他知道物產自由流通之後，帝國整體經濟力和生活水準才會提升。而這一切，只有在「和平」的前提下才得以實現。

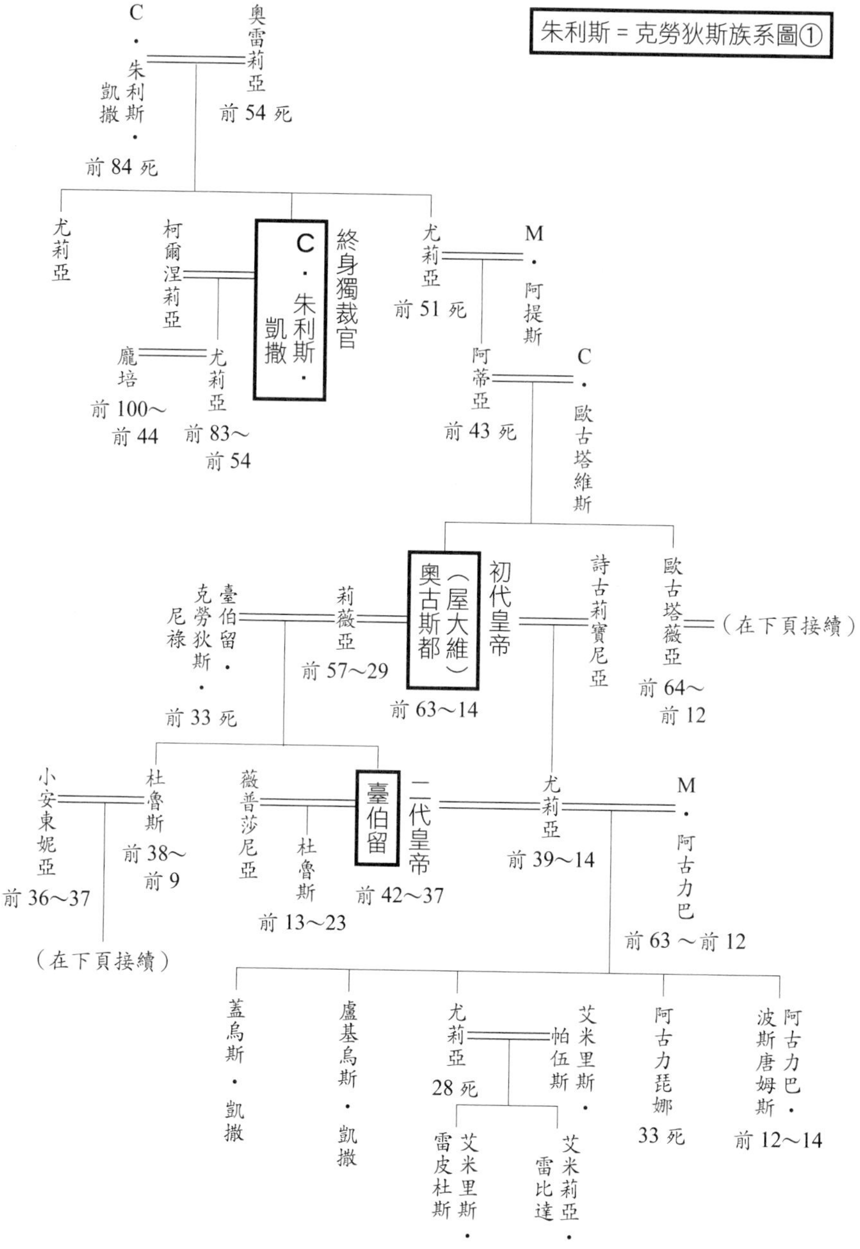
朱利斯＝克勞狄斯族系圖①
C・朱利斯・凱撒
前84死
奧雷莉亞
前54死
尤莉亞
柯爾涅莉亞
C・朱利斯・凱撒
終身獨裁官
尤莉亞
前51死
M・阿提斯
龐培
前100～前44
尤莉亞
前83～前54
阿蒂亞
前43死
C・歐古塔維斯
克勞狄斯・尼祿
臺伯留・
前33死
莉薇亞
前57～29
奧古斯都（屋大維）
初代皇帝
前63～14
詩古莉寶尼亞
歐古塔薇亞
前64～前12
（在下頁接續）
小安東妮亞
前36～37
杜魯斯
前38～前9
薇普莎尼亞
杜魯斯
前13～23
臺伯留
二代皇帝
前42～37
尤莉亞
前39～14
M・阿古力巴
前63～前12
（在下頁接續）
蓋烏斯・凱撒
盧基烏斯・凱撒
尤莉亞
28死
艾米里斯・帕伍斯
阿古力琵娜
33死
阿古力巴・波斯唐姆斯
前12～14
艾米里斯・雷皮杜斯
艾米莉亞・雷比達

朱利斯＝克勞狄斯族系圖②

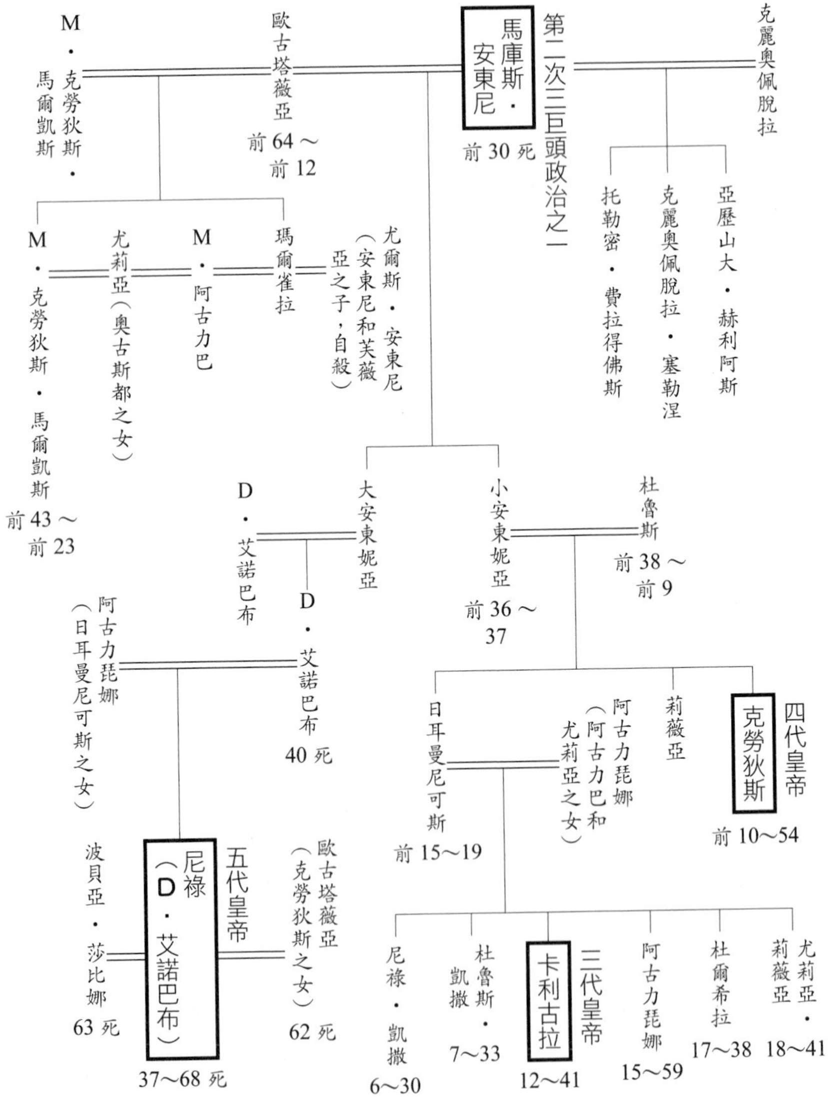

大事年表

年代（西元前）	羅馬世界	中國	日本
四十四	三月十五日，凱撒遭暗殺。翌日遺言開封，指定屋大維（當時十八歲，凱撒妹妹的孫子）為第一繼承人，以及養子、名字的繼承者 四月中旬，屋大維自希臘西岸返國 十月，大部分軍力傾向支持屋大維，安東尼出發攻擊狄奇阿斯．布魯圖斯	前漢時代	彌生時代
四十三	三月，屋大維和執政官希爾提斯、旁薩聯合攻打與布魯圖斯交戰中的安東尼。安東尼撤退，兩執政官戰死，狄奇阿斯．布魯圖斯也被殺 八月，屋大維被選為執政官，被公認為凱撒的養子，成為「蓋烏斯．朱利斯．凱撒．屋大維」 十一月，安東尼、雷比達、屋大維的「第二次三巨頭政治」成立		
四十二	從夏天到秋天，屋大維和安東尼的聯合軍出戰至希臘，於腓利比攻破布魯圖斯和加西阿斯的聯合軍。腓利比會戰之後，屋大維和安東尼協議一人統治西方，一人統治東方		
四十一	秋天，安東尼的弟弟魯奇斯和妻子芙薇亞在佩魯西亞起兵。屋大維和左右手阿古力巴忙著鎮壓，陷入苦戰。翌年二月，吃了敗仗的芙薇亞和魯奇斯逃亡到希臘，芙薇亞不久即死		

四〇	秋天，安東尼應克麗奧佩脫拉之邀造訪亞歷山大港 屋大維啟用馬西納斯擔任外交工作 屋大維與安東尼、雷比達締結「布林迪西協定」。安東尼和屋大維的姊姊歐古塔薇亞再婚 秋天，邀請龐培的次男塞格斯多斯至那不勒斯的米塞諾岬，與屋大維、安東尼簽定「米塞諾協定」 屋大維和塞格斯多斯岳父的妹妹詩古莉寶尼亞結婚，生下他一生唯一的親生兒（女兒）尤莉亞之後，以離婚收場		
三十八	一月，屋大維和克勞狄斯・尼祿的前妻莉薇亞再婚，莉薇亞同時帶進了她和尼祿的小孩臺伯留（後來成為羅馬帝國第二代皇帝）和杜魯斯		
三十七	秋天，安東尼與克麗奧佩脫拉結婚		
三十六	屋大維和阿古力巴全心投入伊利利亞的鎮壓行動		
三十四	春天，安東尼在亞歷山大港舉行遠征亞美尼亞的凱旋式 元老院決議宣布「第二次三巨頭政治」結束，以及「亞歷山大港宣言」無效		
三十三	秋天，屋大維為了紀念伊利利亞戰役勝利，建設朱利斯水道、屋大維迴廊	成帝即位（～前七）	
三十二	秋天，屋大維被選為攻打埃及的「軍隊最高司令官」		
三十一	九月二日，「亞克興角海戰」。安東尼和克麗奧佩脫拉被打敗之後逃到亞歷山大港		彌生時代

三十	七月三十一日，安東尼自殺（翌日死亡） 八月一日，屋大維進入亞歷山大。克麗奧佩脫拉自殺，托勒密王朝滅亡 〈本冊由此開始〉
二十九	八月，羅馬公民為屋大維壯麗的凱旋式陷入狂熱 九月，屋大維宣布在羅馬廣場建造獻給神君凱撒的神殿，大幅削減軍事力
二十八	實施中斷了四十二年的國勢調查 屋大維開始建設「奧古斯都陵」，改變凱撒所制定、持續了三十年的情報公開制度。重整元老院，將超過一千名的議員重新恢復成六百名
二十七	一月十三日，屋大維宣布恢復共和政體 一月十六日，元老院決議贈與屋大維「奧古斯都」的尊稱 奧古斯都（屋大維）設置「內閣」（第一公民的輔佐機關） 秋天，奧古斯都和阿古力巴一同前往南法的納邦，著手處理高盧問題
二十六	從春天起，奧古斯都移往西班牙的塔拉哥那，著手進行伊比利半島的完全稱霸行動
二十四	年底，完成羅馬世界西半部的重整工作，奧古斯都離鄉三年半後重返羅馬
二十三	奧古斯都和阿古力巴一同辭去執政官職位，宣布以後每年由公民大會自由選出。此外，提出希望被授與「護民官特權」，得到元老院同意

	奧古斯都著手改革通貨制度 年底，奧古斯都的外甥、也是女兒尤莉亞的丈夫馬爾凱斯病死。之後尤莉亞再與阿古力巴結婚		
二十二	因小麥存量不足，奧古斯都提供私人財產給陷入危機的首都羅馬 奧古斯都開始帝國東方重整之旅，首先停留在西西里		彌生時代
二十一	奧古斯都停留於希臘。冬天在小亞細亞的薩摩斯度過 五月十二日，羅馬和帕提亞的和平締結儀式舉行		
十九	九月二十一日，羅馬的國民詩人維吉爾過逝 十月二十一日，奧古斯都返回首都羅馬		
十八	奧古斯都制定「朱利斯通姦罪．婚外關係罪法」、「朱利斯正式婚姻法」		
十七	奧古斯都將「世紀祝祭」的祭典定期化		
十六	阿古力巴出發救援受到北方部族襲擊的伊利利亞駐紮地 臺伯留、杜魯斯兄弟出發北征		
十三	「和平祭壇」建設開始		
十二	阿古力巴過逝 羅馬軍開始進攻日耳曼。杜魯斯軍到達威悉河		

十一	杜魯斯軍越過萊茵河
一〇	杜魯斯軍向易北河前進
	奧古斯都將義大利本土分成十一州，首都羅馬分成十四個區，使各地區享有自治權
九	「和平祭壇」完成
	易北河—多瑙河防線成立
	杜魯斯因落馬之傷而死
八	馬西納斯過逝
六	臺伯留隱退羅德斯
五	奧古斯都為十五歲的孫子蓋烏斯・凱撒新設「預定執政官」的職位（蓋烏斯之弟盧基烏斯也一樣）
	將「少年團」常設化，讓兩個孫子分別擔任總裁、副總裁
四	羅馬派的猶太王希律死亡
二	奧古斯都將自己的女兒尤莉亞以「通姦罪」處以終身流放之刑
	元老院獻上「國父」的稱號給奧古斯都
一	這時候猶太王國陷入內亂狀態，亞美尼亞王國也局勢不穩，為了解決東方問題，蓋烏斯以皇帝代理人的身份前往東方

（西元後）			
二	被派到西班牙的盧基烏斯在途中病死於馬賽 蓋烏斯和帕提亞舉行「互不干涉協定」簽署儀式	佛教傳來	
四	蓋烏斯和亞美尼亞的外交交涉失敗，從亞美尼亞逃亡 蓋烏斯病死於小亞細亞西南部的利奇亞 奧古斯都決定臺伯留為後繼者，同時指名日耳曼尼可斯（杜魯斯之子）為臺伯留的後繼者，並且將孫子阿古力巴·波斯唐姆斯收為養子 臺伯留回到日耳曼戰線，除了易北河以外的重要河流都被壓制住		彌生時代
五	羅馬軍經過十四年之後再度到達易北河 羅馬軍開始攻擊馬爾柯曼尼族		
六	旁諾尼亞和達爾馬提亞爆發叛亂，臺伯留立即與馬爾柯曼尼族締結友好條約		
七	奧古斯都將養子阿古力巴·波斯唐姆斯處以流刑		
八	奧古斯都將孫女尤莉亞處以流刑，詩人奧維德也受到波及，處以流刑	王莽滅漢，建立新朝（～二十三）	

九	夏天，旁諾尼亞降服；冬天，達爾馬提亞向羅馬求和 在日耳曼中部的條頓布魯格森林中，維爾斯指揮的三萬五千大軍全數被阿爾密尼斯所率領的日耳曼兵殺害
十三	奧古斯都將「最高司令權」授與三年間一直待在日耳曼戰線的臺伯留。之後，日耳曼戰線交由日耳曼尼可斯負責
十四	奧古斯都和共同統治者臺伯留聯名舉辦國勢調查 奧古斯都寫完《業績錄》，八月十九日於那不勒斯停留期間去世

參考文獻

第一手史料及原始史料——古人所著的史書、文學作品等

與這第VI冊相關的有下列人士的作品：

加西阿斯・狄奥、阿庇尤斯、斯特雷波、蘇埃托尼烏斯、帕提可斯、塞內加、塔西圖斯、佛萊維斯。

不過，前兩者在第I冊的冊末已經介紹完畢，斯特雷波以下的三人在第V冊的參考文獻表中也出現過，而塞內加、塔西圖斯、佛萊維斯等三人和第VII冊要敘述的時代關係較深，因此留待下一冊來介紹比較適當。

此外，水道工程專家法朗提努斯、著有建築書的維特魯維烏斯也是留到別冊專門寫這類事情的時候再介紹比較恰當。

這麼一來只剩下文人而已，奧古斯都時代的代表性文人除了第I冊介紹過的歷史學家李維斯之外，全都是詩人，包括：維吉爾、霍雷斯、奧維德等三人。不論文學價值如何，沒有什麼比文人的作品更能反映時代氣氛了。不過，在日本可以說一點也沒有從這個角度來看文學作品的跡象。被歸為文學而翻譯成日文的有以下作品：

維吉爾 (Vergilius Maro, Publius)

Aeneis《伊尼亞斯　上．下》，田中秀央，木村滿三譯，岩波文庫，1940，改訂版 1949

Bucolica《田園詩．農耕詩》，越智文雄譯，生活社，1947

Georgica《農耕詩》，越智文雄譯，生活社，1947

Aeneis《世界古典文學全集第21卷　維吉爾，魯克里夏斯（伊尼亞斯）》，泉井久之助譯，筑摩書房，1965，改訂版 1983

Aeneis《伊尼亞斯　上．下》，泉井久之助譯，岩波文庫，1976

Bucolica, Georgica《牧歌．農耕詩》，河津千代譯，未來社，1981

霍雷斯 (Horatius Flaccus, Quintus)

De Arte Poeteca Liber《霍雷斯詩論》，田中秀央，黑田正利譯，岩波書店，1927

Epistole《書簡集》，田中秀央，村上至孝譯，生活社，1943，改訂版 1946

Carmina《歌章》，藤井昇譯，現代思潮社，1973

奧維德 (Ovidius Naso, Publius)

Ars Amatoria《愛的技術》，樋口勝彥譯，思索社，1948

Ars Amatoria《戀愛術》，樋口勝彥譯，思索社，1949

Metamorphoses《變身物語》，前田敬作譯，人文書院，1966

Metamorphoses《變身物語　上．下》，中村善也譯，岩波文庫，1981, 1984

Ars Amatoria, Remedia Amoris《戀愛入門．相思病的治療法》，藤井昇譯，瓦拉比書房，

1984

Fasti《祭曆〔叢書亞歷山卓圖書館I〕》，高橋宏幸譯，國文社，1994

Ars Amatoria《戀愛的技法〔平凡社圖書館〕》，樋口勝彥譯，平凡社，1995

此外，今年（1997年）6月起，京都大學學術出版會開始以《西洋古典叢書》為名，發行全套日本語版的希臘、羅馬時代作品集，第一期預定發行的有以下十五卷。進入羅馬時代之後以希臘語寫成的著作仍然很多，反映出羅馬人的雙語主義。

亞里斯多德，《關於天》，池田康男譯

亞典納歐斯，《餐桌上的賢人們1~2》，柳沼重剛譯

伽林，《關於自然機能》，種山恭子譯

艾索克拉底，《辯論集1》，小池澄夫譯

馬庫斯·奧理略，《沉思錄》，水地宗明譯

普魯塔克，《道德論13》，戶塚七郎譯

普魯塔克，《道德論14》，戶塚七郎譯

塞克斯圖斯·安培里克斯，《比羅主義哲學概要》，金山彌平，金山萬里子譯

贊諾芬，《希臘史1~2》，根本英世譯

奧維德，《悲歌／黑海來的信》，木村健治譯

特拉格斯／尤斯提斯，《地中海世界史》，合阪學譯

塞內加，《悲劇集1》，小川正廣，高橋宏幸，大西英文，小林標譯
塞內加，《悲劇集2》，岩崎務，大西英文，宮城德也，竹中康雄，木村健治譯

二手史料——後世所寫的歷史書和研究論文

介紹後人所寫的歷史書和研究書有二種方式。

第一種是只列記參考過並且「同意」該書看法的著作，這種方法常見於以研究者為對象的學術論文。

第二種記載參考文獻的方式是以一般讀者為對象的著作所採用的方式；作者不但參考別人研究的成果，即使對其導出的結論不甚贊同的著作也一併記載。因為最新的學術研究成果對於一般讀者並不具有什麼意義，但是也許其中有一些想知道別種歷史觀的人，而提供這些讀者相關的資料可以視為是作者的一種禮貌。

以我來說，通常是採取第二種方式，因此在我的參考文獻表中也包括了歷史觀與我不同的著作。

歷史和數學是不一樣的，作者處理的對象不是數字而是人。不管面對的是多麼久遠之前存活過的人類，寫書的人自己必定也有他的過去；唯有寫的人將自己完全投入，才能比較貼近所寫對象的存在。歷史不像數學，當然也沒有什麼標準答案。

青柳正規，《古代都市羅馬》，中央公論美術出版，1990

青柳正規，《皇帝之都羅馬——刻劃在都市中的權力者像》，中公新書，1992

南川高志，《羅馬皇帝和那個時代——元首政治期羅馬帝國政治史的研究》，創文社，1995

〔研究機關期刊簡稱〕

AAT = Atti della Accademia delle scienze di Torino.

Acme = Facolta di lettere dell'Universita statale de Milano.

ANRW = Aufstieg und Niedergang der Römischen Welt.

JRS = Journal of Roman Studies.

NC = Numismatic Chronicle.

PBA = Proceedings of the British School at Rome.

RhM = Rheinsches Museum fur Philologie.

RSA = Rivista Storica dell'Antichita.

RSI = Rivista Storica Italiana.

ALFÖLDY G., *Storia sociale dell'antica Roma*, Bologna, 1987.

ASHBY TH., *The Aqueducts of Ancient Rome*, Oxford, 1935.

ASSA J., *Les grandes Dames Romaines*, Paris, 1960.

BAILLIE-REYNOLDS P. K., *The Vigiles of Imperiale Rome*, Oxford, 1926.

BALTRUSCH E., *Regimen morum. Die Reglementierung des Privatlebens der Senatoren und Ritter in der römischen Republik und frühen Kaiserzeit*, München, 1989.

BINDER G., *Saeculum Augustum I*, Darmstadt, 1987.

BIRLEY E., "Senators in the Emperor's Service," in: *PBA, XXXIX*, 1954.

BRACCESI L., *Epigrafia e storiografia*, Napoli, 1981.

BRACCESI L., *Germanico e l' "imitatio Alexandri" in Occidente*, in: *Atti del Convegno "Germanico. La personà, la personalita, il personaggio"* (Macerata-Perugia, 9-II maggio 1986), Roma, 1987.

BRUNT P., *The Romanization of the Local Ruling Classes in the Roman Empire*, Madrid, 1976.

BRUNT P., *The Fall of the Roman Republic*, Oxford, 1988.

BURNETT A., *The Authority to Coin in the Late Republic and Early Empire*, in: *NC, CXXXVII*, 1977.

CAFIERO M. L., *Ara Pacis Augustae*, Roma, 1996.

CAMPBELL J. B., *The Emperor and the Roman Army 31 B.C.–A.D. 235*, Oxford, 1984.

CARANDINI A., *Schiavi in Italia*, Roma, 1988.

CARCOPINO J., *La vita quotidiana a Roma*, Bari, 1983.

CASTAGNOLI F., *Roma antica. Profilo urbanistico*, Roma, 1987.

CAVALLARO M. A., *Spese e spettacoli. Aspetti economici-strutturali degli spettacoli nella Roma giulioclaudia*, Bonn, 1984.

CHRIST K.-GABBA E., *Caesar Augustus* ("Biblioteca di Athenaeum," 12), Como, 1989.

CIMMA M. R., *Reges socii et amici populi Romani*, Milano, 1976.

COARELLI F., *Il Foro romano, II. Periodo repubblicano e augusteo*, Roma, 1985.

COLINI A. M., *Il porto fluviale del Foro Boario a Roma*, 1980.

CORBIER M., *L'aerarium Saturni et l'aerarium militare*, Roma, 1974.

CORBIER M., *L'aerarium Saturni et l'aerarium militare. Administration et prosopographie sénatoriale*, Roma, 1974.

CORBIER M., "L'aerarium militare," in: *Armées et fiscalité dans le monde antique*, Paris, 1977.

CRACCO RUGGINI L., *La città romana dell'età imperiale, Modelli di città. Strutture e funzioni politiche*, Torino, 1987.

CRAWFORD M., "Ecnomia imperiale e commercio estero," in: *Tecnologia, ecnomia e società nel mondo romano*, Como, 1980.

CRAWFORD M., *Coinage and Money under the Roman Republic*, London, 1985.

CRAWFORD M., "Money and Exchange in the Roman World," in: *JRS, LX*, 1970.

CRAWFORD M., *Roman Republican Coinage*, Cambridge, 1974.

CRESSEDI G., “Riflessioni su un progetto per il Foro romano nell’età di Cesare,” in: *Palladio*, n.s., II, 1989.

CROOK J., *Consilium Principis. Imperial Councils and Counsellors from Augustus to Diocletian*, Cambridge, 1955.

D’ARMS J., *The Romans on the Bay of Naples. A Social and Cultural Study of the Villas and Their Owners from 150 B.C. to 400 A.D.*, Cambridge, Mass., 1970.

DE CECCO M., “Monetary Theory and Roman History,” in: *The Journal of Economic History, XLV*, 1985.

DE MARTINO F., *Storia della costituzione romana, IV*, Napoli, 1974^2.

DI PORTO A., *Impresa collettiva e schiavo manager in Roma antica*, Milano, 1984.

DOSI A.-SCHNELL F., *I soldi nella Roma Antica*, Milano, 1993.

DUNCAN-JONES R., *Structure and Scale in the Roman Economy*, Cambridge, 1990.

FABBRINI F., *L’impero di Augusto come ordinamento sovrannazionale*, Milano, 1974.

FABRE J., *Libertus*, Roma, 1981.

FINLEY M. I., *Problemi e metodi di storia antica*, Roma-Bari, 1987.

FORNI G., *Il reclutamento delle legioni da Augusto a Diocleziano*, Milano-Roma, 1953.

FRASCHETTI A., *Roma e il principe*, Bari, 1990.

FREIS H., *Die cohortes urbanae* ("Epigr. Studien," 2), Köln-Graz, 1967.

GABBA E., *Appiani Bellorum civilium liber quintus*, Firenze, 1970.

GABBA E., "Le città italiche del I sec. a.C. e la politica," in: *RSI, XCVIII*, 1986.

GABBA E., "Geografia e politica nell'impero di Augusto," in: *RSI, CI*, 1989.

GAGÈ J., *Res Gestae Divi Augusti*, Paris, 1950^2.

GALLOTTA B., "Germanico oltre il Reno," in: *Acme, XXXIV*, 1981.

GARNSEY P.-SALLER R., *The Early Principate. Augustus to Trajan* ("Greece & Rome, New Surveys in the Classics," 15), Oxford, 1982.

GARNSEY P.-SALLER R., *The Roman Empire. Economy, Society and Culture*, London, 1987.

GIARDINA A., *L'uomo romano*, Roma-Bari, 1989.

GIRARDET K. M., "Die Lex Iulia de provinciis," in: *RhM, CXXX*, 1987.

GRANT M., *Storia di Roma Antica*, Roma, 1981.

GRANT M., *Gli Imperatori romani*, Roma, 1987.

GRELLE F., *Stipendium vel tributum*, Napoli, 1963.

GROS P., *Aurea Templa. Recherches sur l'architecture religieuse de Rome à l'époque d'Auguste*, Rome, 1976.

GROS P.-TORELLI M., *Storia dell'urbanistica. Il mondo romano*, Bari, 1988.

GUIZZI F., *Il principato tra "res publica" e potere assoluto*, Napoli, 1974.

HOPKINS K., "Taxes and Trade in the Roman Empire (200 B.C.–A.D. 400)," in: *JRS, LXX*, 1980.

Il trionfo dell'acqua. Acque e acquedotti a Roma, IV sec. a.C–XX sec., catalogo della mostra organizzata al Museo della civiltà romana, Roma, 1986.

JANKUHN H., *Siedlung, Wirtshaft und Gesellshaft der germanischen Stämme in der Zeit der römischen Angriffskriege*, in: *ANRW*, serie 5, II/1, 1976.

JONES A. H. M., *Documents Illustrating the Reigns of Augustus and Tiberius*, Oxford, 1955[2].

JONES A. H. M., *Procurators and Prefects in the Early Principate*, in: I D., *Studies in Roman Government and Law*, Oxford, 1968.

JONES A. H. M., *L'economia romana*, Torino, 1984.

JONES A. H. M., "The Aerarium and the Fiscus," in: *JRS, XL*, 1950.

KEHOE D. P., *The Economics of Agriculture on Roman Imperial Estates in North Africa*, Göttingen, 1988.

KEPPIE L., *The Making of the Roman Army. From Republic to Empire*, London, 1984.

KIEFER O., *La vita sessuale nell'Antica Roma*, Milano, 1988.

KIENAST D., *Augustus. Prinzeps und Monarch*, Darmstadt, 1982.

LA MONETA ROMANA IMPERIALE da Augusto a Commodo., catalogo della mostra a cura di ROSATI F.P. al Museo Civico Archeologico, Bologna, 1981.

LANA I., *Studi sull'idea della pace nel mondo antico*, in: *AAT*, serie 5, XIII, 1989.

LE BOHE Y., *L'armée romaine sous le Haut-Empire*, Paris, 1989.

LEHMANN G. A., "Zum Zeitalter der römischen Okkupation Germaniens: neue Interpretationen und Quellenfunde," in: *Boreas. Münstersche Beiträge zur Archäologie, XII*, 1989.

LEPORE E., *La società italica dalla "pax Augusta" alla fine dei Giulio Claudi. Principato e "nobilitas"*, in: *Storia della società italiana, II. La tarda repubblica e il principato*, Milano, 1983.

LIBERATI A. M., *Roma antica.*（日語版《古代羅馬群》，青柳正規譯，新潮社，1997）

LEVI M. A., *Augusto e il suo tempo*, Milano, 1994.

LEVI M. A., *La lotta politica nel mondo antico*, Milano, 1963.

LINDERSKI J., "Rome, Aphrodisias and the Res Gestae: The Genera Militiae and the Status of Octavian," in: *JRS, LXXIV*, 1984.

LO CASCIO E., *L'organizzazione annonaria, Civiltà dei Romani, I*, Milano, 1990.

LO CASCIO E., "State and Coinage in the Late Republic and Early Empire," in: *JRS, LXXI*, 1981.

LO CASCIO E., *La riforma monetaria di Nerone: l'evidenza dei ripostigli*, 1980.

LUTTWAK E. N., *The Grand Strategy of the Roman Empire*, Baltimore-London, 1976.

MACDOWALL D. W., *The Western Coinages of Nero*, New York, 1979.

MANN J. C., *Legionary Recruitment and Veteran Settlement during the Principate*, London, 1983.

MATTINGLY H.-SYDENHAM E. A., *The Roman Imperial Coinage, II*, London, 1968^2.

MAZZARINO L. S., *L'impero romano*, Roma, 1956.

MAZZOLANI L. S., *Iscrizioni funerarie sortilegie e pronostici di Roma Antica*, Torino, 1973.

ME di Maggiore Cristina, *Roma Vrbs Imperaorvm Aetate*, Roma, 1986.

MENCII F. C., *The Cohortes Urbanae of Imperial Rome*, Diss. Yale (New Haven), 1968.

MILAN A., *Le Forze Armate nella storia di Roma Antica*, Roma, 1993.

MILLAR F.-SEGAL E., *Caesar Augustus. Seven Aspects*, Oxford, 1984.

MILLAR F., *Triumvirate and Principate*, in: *JRS, LXIII*, 1973.

MILLAR F., *The Emperor, the Senate and the Provinces*, in: *JRS, LVI*, 1966.

MILLAR F., *The Emperor in the Roman World*, London, 1977.

MILLAR F., *Emperors, Frontiers and Foreign Relations, 31 B.C. to A.D. 378*, in: "Britannia," XIII, 1982.

MOMMSEN TH., *Römisches Staatsrecht*, II/2, Basel-Stuttgart, 1963.

MORETTI G., *Die Ara Pacis Avgvstae*, Roma.

MPBELL J. B., *The Emperor and the Roman Army 31 B.C.–A.D. 235*, Oxford, 1984.

NEUMEISTER C., *Das Antike Rom-Ein Literarischer Stadtführer*, München, 1991.

NICOLET C., *Il mestiere di cittadino nell'antica Roma*, Roma, 1980.

NIPPEL W., *Aufruhr und "Polizei" in der römischen Republik*, Stuttgart, 1988.

NOÈ E., *Storiografia imperiale pretacitiana. Linee di svolgimento*, Firenze, 1984.

PAOLI U. E., *Vita romana-Usi, costumi, istituzioni, tradizioni*, Milano, 1995.

PARATORE E., *La letteratura latina dell'etá Repubblicana e Augustea*, Milano, 1993.

PERELLI L., *Il movimento popolare nell'ultimo secolo della repubblica*, Torino, 1982.

PERELLI L., *La corruzione Politica nell'Antica Roma*, Milano, 1994.

PFLAUM G., *Les carrières procuraloriennes équestres sous le Haut-Empire*, Paris, 1960.

Pianta Del Plastico Di Roma, Museo della Civiltà Romana.

PRAUSE G., *Herodes der Grosse*, Hamburg, 1981.

PURCELL N., *The Apparitores: A Study in Social Mobility*, in: *PBSR, LI*, 1983.

RICKMAN G., *The Corn Supply of Ancient Rome*, Oxford, 1980.

RODDAZ J.-M., *Marcus Agrippa*, Rome, 1984.

Roma Constantini Aetate, Museo della Civilta Romana.

SADDINGTON D. B., *The Development of the Roman Auxiliary Forces from Caesar to Vespasian (49 B.C.–A.D. 79)*, Harare, 1982.

SALLES C., *Les bas-fonds de L'Antiquité*, Paris, 1982.

SCHÜRER E., *Storia del popolo giudaico al tempo di Gesú Cristo, I–II*, Brescia, 1985–87.

SERRAO F., *Impresa e responsabilita a Roma nell'età commerciale*, Pisa, 1989.

SERRAO F., *La iurisdictio del pretore peregrino*, Milano, 1954.

SHERWIN-WHITE A. N., *The Roman Citizenship*, Oxford, 1973^2.

SIRAGO V. A., *Principato di Augusto*, Bari, 1978.

SORDI M., *Il confine nel mondo classico*, Milano, 1987.

STARR CH. G., *The Roman Imperial Navy 31 B.C.–A.D. 324*, Cambridge, 1960^2.

SUTHERLAND C. H. V., *The Emperor and the Coinage. Julio-Claudian Studies*, London, 1976.

SYME R., *The Roman Revolution*, Oxford, 1939.

SYME R., *The élites coloniali. Roma, la Spagna e le Americhe*, Milano, 1989.

SYME R., *Roman Papers, IV*, Oxford, 1988.

SYME R., *I confini settentrionali durante il principato di Augusto*, 1934.

TALBERT R. J. A., *The Senate of Imperial Rome*, Princeton, 1984.

TIBILETTI G., *Principe e magistrati repubblicani. Ricerche di Storia Augustea e Tiberiana*,

Roma, 1953.

TORTORICI E., "L'attività edilizia di Agrippa a Roma," in: *Il bimillenario di Agrippa*, Genova, 1989.

VALERA G., "Erario e fisco durante il principato: stato della questione," in: *Storia della società italiana, II*, Milano, 1983.

VEYNE P., *Il pane e il circo*, Bologna, 1984.

VITUCCI G., *Ricerche sulla "praefectura urbi" in etá imperiale*, Roma, 1956.

WALLACH-HADRILL A., *Image and Authority in the Coinage of Augustus*, in: *JRS, LXXVI*, 1986.

WATSON G. R., *The Roman Soldier*, London, 1969.

WEAVER P. R. C., *Familia Caesaris. A Social Study of the Emperor's Freedmen and Slaves*, Cambridge, 1972.

WEBSTER G., *The Roman Imperial Army*, London, 1969.

WELLS C. M., *The German Policy of Augustus. An Examination of the Archeological Evidence*, Oxford, 1972.

WHITTAKER C. R., *Les frontières de l'Empire romain*, Paris, 1989.

WISEMAN T. P., *New Men in the Roman Senate 139 B.C.–14 A.D.*, Oxford, 1971.

ZANKER P., *Augusto e il potere delle immagini*, Torino, 1989.

多人合著 *Storia Di Roma*, vol. VII, Torino, 1989–93.（這是在第I冊書末記載過的研究論文集，但是因為全冊已經發行完畢，所以在此再度登載）

國家圖書館出版品預行編目資料

羅馬人的故事VI：羅馬和平／塩野七生著;張麗君譯.
－－修訂三版一刷.－－臺北市：三民，2023
面；　公分.－－(羅馬人的故事系列)

ISBN 978-957-14-7340-6（平裝）
1. 歷史 2. 羅馬帝國

740.222　　110018750

羅馬人的故事

羅馬人的故事VI——羅馬和平

著作人｜塩野七生
譯者｜張麗君

發行人｜劉振強
出版者｜三民書局股份有限公司
地址｜臺北市復興北路 386 號 (復北門市)
臺北市重慶南路一段 61 號 (重南門市)
電話｜(02)25006600
網址｜三民網路書店 https://www.sanmin.com.tw

出版日期｜初版一刷 2003 年 3 月
二版一刷 2017 年 2 月
修訂三版一刷 2023 年 7 月
書籍編號｜S740170
ISBN｜978-957-14-7340-6

Rôma-jin no Monogatari 6. Pakusu Româna
Copyright © 1997 by Nanami Shiono
First published in Japan in 1997 by SHINCHOSHA Publishing Co., Ltd., Tokyo
Traditional Chinese translation rights arranged with SHINCHOSHA Publishing Co., Ltd.
through Japan Foreign-Rights Centre
Traditional Chinese Copyright © 2023 by San Min Book Co., Ltd.
ALL RIGHTS RESERVED

著作權所有，侵害必究
※ 本書如有缺頁、破損或裝訂錯誤，請寄回敝局更換。

三民書局